SCRUM

Teoría e Implementación práctica

SCRUM

Teoría e Implementación práctica

Alejandro J. Canosa Ferreiro

La ley prohíbe
fotocopiar este libro

SCRUM. Teoría e Implementación práctica
Thema: UMZT - Pruebas y verificación de software
Bisac: COM051230
© Alejandro J. Canosa Ferreiro
© De la edición: Ra-Ma 2024

Editado por:
RA-MA Editorial
Calle Jarama, 3A, Polígono Industrial Igarsa
28860 PARACUELLOS DE JARAMA, Madrid
Teléfono: 91 658 42 80
Fax: 91 662 81 39
Correo electrónico: info@grupoeditorialrama.com
Internet: www.ra-ma.es y www.ra-ma.com
ISBN impreso: 978-84-10181-37-3
ISBN ePub: 978-84-10181-38-0
Depósito legal: M-5178-2024
Maquetación: Antonio García Tomé
Diseño de portada: Antonio García Tomé
Filmación e impresión: Safekat
Impreso en España en marzo de 2024

Este libro esta dedicado a mi padre Juan Manuel Canosa Vázquez ,el hombre más integro y honesto que conocí y a mi madre María Ferreiro Tallón ,la persona que siempre me ha apoyado durante toda la vida.

Gracias por todo.

ÍNDICE

ACERCA DEL AUTOR

ALEJANDRO JUAN CANOSA FERREIRO

Ingeniero técnico en informática de gestión por la Universidad Nacional de Educación a Distancia. Postgrado en Software Quality Assurance por la Universidad Politécnica de Cataluña. Certificado en Scrum Foundation Professional Certification (SFPC), DevOps Essentials Professional Certification (DEPC), Expert Level Certification en Katalon y a punto de certificarse en ISTQB , Professional Scrum Master e ITIL.

Consultor de QA con más de 10 años de experiencia en el mundo de calidad de software entre España y Colombia y experto en automatización de pruebas de software con herramientas como Selenium, TestComplete, Katalon o Rational Functional Tester de IBM.

1

CONCEPTOS FUNDAMENTALES DE CALIDAD

1.1 QUÉ SON LAS PRUEBAS DE SOFTWARE Y SU IMPORTANCIA EN EL CICLO DE DESARROLLO DE SOFTWARE

Las pruebas de software son fundamentales cuando creamos un software o aplicación, su objetivo es fundamentalmente detectar defectos en el software en cualquier fase de su desarrollo y prevenir la aparición de esos defectos en cualquiera de esas fases.

1.1.1 Objetivos de las pruebas

Los objetivos dependen muchas veces del tipo de prueba, del *contexto* o de la metodología de desarrollo, no tiene los mismos objetivos una prueba funcional que una prueba de regresión o de rendimiento o incluso cuando se hacen las pruebas depende mucho de si es una metodología en cascada o una metodología ágil, pero a modo general y teniendo en cuenta todos los distintos tipos de prueba que hay, que hablaremos más adelante de ellas podemos indicar los siguientes:

- �F *Prevenir la aparición de defectos.*
- �F *Verificar que se cumplen los* ***requerimientos.***
- �F *Generar confianza en la calidad del producto que se está desarrollando.*
- �F *Encontrar defectos para solucionarlos y que no llegue a* ***producción.***
- �F *Sirve para obtener información muy importante para la toma de decisiones.*
- �F *Cumplir estándares.*

A continuación, paso a describir algunos conceptos que más adelante se explicaran más en profundidad pero que ahora quiero explicar un poco.

Cuando hablo de contexto me refiero a que hay veces que las pruebas tienen objetivos y se realizan en momentos muy diferentes, por ejemplo, una prueba unitaria se realiza para probar todo el código mientras que una prueba de aceptación se realiza para verificar que el producto entregado cumple con las exigencias que solicitó el cliente.

Los requerimientos son las necesidades que el cliente que nos solicita el software necesita y es fundamental que se cumpla o puede que el cliente no quiera el producto y tengamos que volver a desarrollarlo desde la fase inicial lo que conllevaría retraso en la entrega y pérdidas enormes, por eso es tan importante la captura de requerimientos lo más fiel posible a las necesidades del cliente, pero eso se verá más adelante.

Producción es el ambiente donde el cliente instala el software y donde se hará el uso continuado por parte del cliente, ya lo veremos, pero en desarrollo y calidad de software hay varios ambientes y el último y más importante es el de producción.

1.1.2 Importancia de las pruebas de software

Son muy importantes por muchas razones, pero las más importantes serian:

- �F Ayuda a reducir el riesgo de un error en el entorno real lo que afectaría a la imagen de la empresa, su credibilidad o incluso su facturación anual o mensual; imaginemos que El Corte Ingles que depende su supervivencia de la época de Navidad y del inicio del cole tuviera un fallo en su sistema central de cobro y sus terminales no pudieran cobrar durante 24 horas el día antes del comienzo de la clases la pérdida económica y el daño a su imagen, ya muy deteriorada por su crisis actual, sería brutal, afianzaría la imagen que se tiene que se ha quedado obsoleto comparado con Amazon, Mango o Inditex empresas además que utilizan las últimas técnicas y tecnologías de la calidad de software.

▼ Puede ser requerido por entes reguladores, algo que les pasa a los bancos continuamente como el BBVA, el Banco Santander, la Caixa, etc., no cumplir con los estándares del gobierno y la ley puede acarrearles pérdidas económicas, multas y hasta una pedida en su imagen pública.

▼ Las pruebas permiten que un proyecto se realice adecuadamente, que se cumpla con los requerimientos del cliente y que no haya perdidas no esperadas además que cuanta más calidad tiene un producto mayor es la satisfacción del cliente y por lo tanto se consigue más lealtad en la compra, ¿creéis que si Apple no imprimiera esa calidad en sus componentes y en su diseño habría gente tan fan de su marca?, yo creo que no y un cliente contento paga más por algo y habla a otros de tu marca.

1.1.3 Impacto de no realizar pruebas de software

Puede parecer que las pruebas que se realizan durante el proceso de desarrollo de un software no son importantes, pero afectan de manera determinante tanto en el tiempo de entrega de ese software como en las repercusiones que tienen para el cliente que va a utilizar ese software.

Las consecuencias más importantes suelen ocurrir en el ambiente real, es decir, cuando el software ya está en producción y se está utilizando por los usuarios de la empresa que solicitó el software o aplicación y algunas de ellas serian.

▼ *Pérdida económica de la empresa.*
▼ *Mala reputación de la empresa.*
▼ *Pérdida de credibilidad de la empresa.*
▼ *Pérdida de tiempo.*
▼ *Pueden ocurrir catástrofes.*
▼ *Lesiones.*
▼ *Muertes.*
▼ *No cumplir con estándares obligatorios del gobierno.*
▼ *Perdida de satisfacción del cliente.*
▼ *Que la aplicación no sea lo que el cliente esperaba.*

1.2 ERROR, DEFECTO Y FALLO

Vamos a diferenciar qué es error, qué es un defecto y qué es un fallo y hablare de varios ejemplos de cómo un defecto puede producir un fallo que genera pérdida económica y mala reputación a una empresa.

1.2.1 Error

El error es una equivocación de una persona, realmente es un fallo humano y ocurre porque no somos máquinas y siempre podemos cometer un error.

1.2.2 Defecto

El defecto es una consecuencia del error humano que puede ser de un desarrollador o algunas veces del analista de requerimientos o del analista funcional.

1.2.3 Fallo

El fallo es una consecuencia del defecto ocurrido en el proceso de desarrollo del software y digo proceso y no solo la codificación del software porque puede ocurrir al tomar mal los requerimientos del usuario o al diseñar mal una funcionalidad por eso es muy importante probar todas las fases de desarrollo del software.

1.2.4 Ejemplos de efectos reales de un defecto

Un ejemplo de un fallo podría ser el que al leer el código de barras de un producto en una tienda de zapatos el software si no lee bien el código de barras no pida su repetición, si no que ponga un precio por defecto esto generaría pérdidas a la zapatería importantes.

Otro fallo que demuestra lo importante que es hacer pruebas de rendimiento o de seguridad es las caídas que sufre de vez en cuando WhatsApp, Instagram o Facebook, genera una alarma a nivel mundial, baja satisfacción del cliente y hasta seguramente perdida de usuarios y de imagen sobre todo si ocurren a menudo, también muchas personas se han pasado a Telegram o han dejado su cuenta en Instagram o Facebook por la sensación de falta de privacidad lo que demuestra que las pruebas de seguridad y rendimiento son importantes y digo seguridad porque cumplir con **LOPD**(Ley orgánica de protección de datos española) y **RGPD** (Ley general de protección de datos europea) forma parte de las pruebas de seguridad aunque muchas empresas americanas no les hagan caso por un intento de espiar el consumo de sus clientes para ofrecerles lo que realmente les interesa.

1.3 LOS 7 FUNDAMENTOS DEL TESTING O PRUEBAS DE SOFTWARE

La calidad de software, aseguramiento de calidad o QA en inglés Quality Assurement tiene unos principios, no son 10 como en las tablas de Moisés, ja, ja, ja., pero son 7 y paso a enunciarlos y a explicarlos.

1. **Las pruebas muestran la presencia de defectos no su ausencia o no existencia**

   Esto significa que cuando realizamos unas pruebas de cualquier tipo o de cualquier nivel y no encontramos defectos no significa que no tenga, sino que estas pruebas no los detectaron, puede ser que no se han hecho las pruebas con suficiente profundidad, que han sido muy rápidas porque generalmente siempre se encuentran defectos y es muy raro que no encontraron ninguno.

2. **Las pruebas exhaustivas son imposibles**

   Es imposible probar un software completamente por dos razones, la primera porque si utilizas una metodología ágil como SCRUM hay un tiempo para hacer pruebas y no puedes extenderte semanas porque un sprint suele tardar como mucho eso y dos porque ningún analista es capaz de ver todas las posibilidades que pueden ocurrir, las combinaciones son muchísimas y por lo tanto también los escenarios de prueba.

   No te preocupes si no sabes qué es un escenario de prueba ni qué es analista, son cosas que más adelante te explicare.

3. **Las pruebas tempranas ahorran mucho tiempo y dinero**

   Las pruebas deberían empezar desde la captura de requerimientos con el cliente (es la primera fase en cualquier metodología de desarrollo ágil o clásica).

4. **Los defectos se agrupan**

   Si se encuentran defectos en una funcionalidad o una clase seguro que habrá más defectos porque los defectos suelen generar más defectos y hay mucha más probabilidad de en una parte que ya haya se encuentren más; de hecho, una buena práctica es tener un historial de defectos por funcionalidad y por versión del software para poder tener especial cuidado en esas partes tanto con la codificación del código como con sus correspondientes pruebas.

5. **Los casos de prueba deben actualizarse**

   Una de las creencias que se tiene cuando se realizan los casos de prueba (por ahora solo quiero que sepas que existen, en breve te hablare de ellos, su función, técnicas para realizarlos y que forman parte de un proceso de pruebas del que también te hablare);como te comentaba los casos de prueba son un ente vivo al igual que las aplicaciones que se construyen a esa aplicación se le añaden nuevas funciones, se eliminan otras y se actualizan otras por lo tanto los casos de prueba que sirven para probar esas funcionalidades deben ser eliminados o marcados como obsoletos, actualizados y crear nuevos casos de prueba para probar esas funcionalidades para que el desarrollo cumpla con una mínima seguridad de que no fallara en producción.

6. **Las pruebas dependen del contexto**

Las pruebas no son iguales cuando están probando el código que cuando están probando su funcionalidad o su rendimiento o tampoco si se realizan en entorno de desarrollo, que en **UAT** u otros entornos que existan; hablare sobre los entornos que existen y cuales bajo mi experiencia son fundamentales para tener la máxima calidad posible.

7. **La falacia de la ausencia de errores**

Esto va dirigido a los jefes de proyectos, CEO `s o gerentes si ustedes ven un informe sin defectos de ningún tipo, les están tomando el pelo, siempre hay defectos, bien en el código, bien en el rendimiento o en su funcionalidad y si no hay defectos es solo porque no hubo tiempo suficiente para probar y se probaron las funcionalidades más importante, está claro que no todos los defectos son igual de críticos y hay que intentar que una versión salga a producción con los defectos menos críticos pero cierto es que un defecto poco crítico con el tiempo puede ser un gran defecto como esa gotera que no hace nada hasta que pasan meses y de repente va a más o con el tiempo esa gotera termina dañando algo importante; no poder encontrar todos los defectos ni solucionar todos los defectos no significa que poco a poco vayan siendo eliminados y entiendan un concepto, siempre se puede mejorar.

1.4 ¿QUÉ SON LAS PRUEBAS ÁGILES?

Hoy en día en un mundo globalizado, donde continuamente salen nuevas aplicaciones e ideas no sirve solamente con tener una buena idea hay que crearla rápidamente y con una calidad que cumpla con las necesidades del mercado, por eso las metodologías ágiles son tan importantes.

La filosofía ágil consiste en utilizar la integración continua, las entregas continuas, la colaboración entre equipos y un *feedback* continuado para que el equipo se empape de esa cultura, esa forma de trabajar para lanzar software continuamente, pero de calidad.

En esta cultura ágil y en esta forma de trabajar ágil también las pruebas deben ser ágiles, ¿qué significa esto?, que son las pruebas ágiles.

Las pruebas ágiles son una metodología de trabajo que tiene dos pilares fundamentales: *feedback* continúo y generar software de calidad.

Estas pruebas ágiles se basan en el concepto ágil de desarrollo iterativo e incremental.

A diferencia de otras metodologías de pruebas las pruebas ágiles suceden a la vez que se está desarrollando el software, en cada fase del proceso de desarrollo de software los testers encuentran nuevos errores lo que permite que se puedan ir solucionando y no lleguen a fases más avanzadas donde el coste de resolverlo puede ser mucho más alto.

Las continuas iteraciones que ocurren dentro de un proyecto ágil incluyen comentarios de, **testers**, desarrolladores y usuarios finales lo que ayuda a una mejora continua del software.

Para implantar correctamente las pruebas ágiles no solo sirve con probar en cada fase del desarrollo también crear un equipo multidisciplinar donde los principios de agilidad sean aplicados, hay un *manifiesto ágil* que engloba los principios de cómo ser una organización ágil no solo a la hora de desarrollar un software si no en la propia estructura y organización de la empresa y en su manera de comunicarse y trabajar, de estos principios de agilidad hablaré en próximos temas por ahora solo quiero que se entienda que son las *pruebas ágiles* y que hay un *manifiesto ágil* que aplican muchas empresas en su manera de trabajar cada día.

1.5 QUÉ SON LOS CASOS DE PRUEBA Y EJEMPLO DE UNO

1.5.1 Qué es un caso de prueba

Los casos de prueba son un conjunto de acciones ejecutadas para comprobar una funcionalidad de un software.

Un caso de prueba está formado por varios componentes:

- ⚐ Los pasos del caso de prueba: los pasos que hay que realizar para ejecutar el caso de prueba.

- ⚐ Los datos del caso de prueba: los datos que se utilizan para poder realizar la prueba.

▼ Pueden tener precondiciones y postcondiciones: no siempre son necesarios y cuando es una precondición se tiene que cumplir antes de ejecutar la prueba y cuando es una postcondición después de ejecutar la prueba.

Los casos de prueba forman parte de un escenario de prueba y pueden probar cualquier tipo de software o aplicación.

Los casos de prueba pueden ejecutarse de manera manual, automatizada o utilizando un software de gestión de pruebas como **XRAY**, un componente de **JIRA.**

Algunas veces hay dudas con dos conceptos que pueden parecer iguales, pero no lo son que son el caso de prueba y el escenario de prueba, el caso de prueba es un conjunto de pasos que se tienen que realizar para probar una funcionalidad y ver si funciona como se espera y un escenario de prueba es la funcionalidad que se quiere probar, quizás con un ejemplo se verá mejor.

Probar la funcionalidad de iniciar sesión en una aplicación sería el escenario de prueba y el caso de prueba serian todos los pasos que hay que seguir, junto a los datos necesarios y las precondiciones y postcondiciones si los tuviera.

1.5.1 Cómo escribir un caso de prueba

Un caso de prueba tiene los siguientes campos, indicare cuales son y luego crearemos un caso de prueba para que podáis realizarlo vosotros desde vuestro ordenador en una página de mi propiedad.

▼ **ID del caso de prueba**: este identificar debe ser único y sirve para identificarlo de manera única dentro de un grupo de casos de prueba.

▼ **Título del caso de prueba**: un nombre que identifique el caso de prueba de una manera más clara.

▼ **Descripción del caso de prueba**: se describe la funcionalidad que se va a probar y su objetivo.

▼ **Condiciones previas**: son condiciones que se deben cumplir antes de realizar el caso de prueba.

▼ **Pasos de la prueba**: son los pasos que hay que seguir para poder realizar la prueba.

▼ **Resultado esperado**: es el resultado que se espera después de cada paso realizado.

▼ **Condición posterior**: es la condición que debe cumplir después de realizar la prueba.

Con respecto a escribir un caso de prueba las recomendaciones son:

▶ Nunca utilizar primeras personas.

▶ Escribe siempre como si la persona no tuviera ni idea de la aplicación.

▶ Cada paso debe tener un resultado esperado.

▶ Cada dato necesario comprobar antes para asegurarse que es correcto y no ha cambiado.

▶ Si se puede, adjuntar unas imágenes con las pantallas para que sea más fácil de identificar la funcionalidad que se va a probar y cada uno de los pasos.

Todo esto lo comento porque he estado en proyectos en las que mi función era automatizar pruebas funcionales y es muy complicado cuando no tienes tiempo y ni conoces la aplicación ni ninguno de los funcionales tiene tiempo de explicarte la funcionalidad poder probar o automatizar un caso de prueba por eso es fundamental que haya miembros del equipo que validen los casos de prueba creados y que sea gente que no conozca la aplicación para saber hasta qué punto alguien que no conoce la aplicación es capaz de realizar una prueba.

El ser humano por naturaleza tiende a no ser muy generoso con su conocimiento sobre todo en puestos en que tienen miedo de ser prescindible pero no puede ser que los miedos generen una calidad ínfima sobre todo en algo tan importante para probar una funcionalidad como un caso de prueba.

1.5.2 Ejecución de un caso de prueba en un entorno real

Vamos a ejecutar el caso de prueba iniciar sesión en una tienda virtual que se llama *www.pruebasqafenix.com*, es una aplicación donde podremos realizar todo tipo de pruebas y que utilizaremos en varias prácticas de este libro, la ejecución del caso de prueba tendrá más campos que los indicados en el caso de prueba y se puede ver en la siguiente tabla:

ID= 1

Titulo= Inicio de sesión de un cliente con cuenta en la tienda virtual.

Descripción= Comprobar que un cliente de la tienda virtual pruebasqafenix.com puede acceder correctamente a su página de cliente registrado.

Condiciones previas= La página tiene que estar online y con un tiempo de respuesta inferior a 10 segundos y tener un usuario con cuenta en la página.

Pasos	Datos	Resultado esperado	Resultado real	Estado
Abrir un navegador				OK
Escribir en la barra de navegación la url de la tienda virtual	www.pruebasqafenix.com	Se carga correctamente y en menos de 10 segundos	Se carga correctamente y en menos de 10 segundos	OK
En el menú principal hacer clic en **Mi Cuenta**		Se carga correctamente y se muestra dos formularios el de acceder y registrarse	Se carga correctamente y se muestra dos formularios el de acceder y registrarse	OK
En el campo usuario escribir el usuario	Juan. Sánchez	Se muestra el texto en el campo usuario	Se muestra el texto en el campo usuario	OK
En el campo contraseña escribir la contraseña	Deportivo 2023	Se muestra la contraseña en asteriscos en el campo contraseña con tantos asteriscos como caracteres	Se muestra la contraseña en asteriscos en el campo contraseña con tantos asteriscos como caracteres	OK
Hacer clic con el ratón en el botón acceder		Accede a la página de inicio de mi cuenta	Accede a la página de inicio de mi cuenta	OK

Una buena postcondición sería cerrar la sesión y el navegador para que volviera estar el escenario en su estado inicial, esto se hace mucho en entornos donde se automatiza la prueba.

Un buen caso de prueba debería tener los pasos grabados en un video o imágenes porque así se vería mucho más claramente los pasos, por eso lo vamos a hacer en este ejemplo práctico.

● **PASO 1.**

● **PASO 2.**

- **PASO 3.**

- **PASO 4.**

- **PASO 5.**

• **PASO 6.**

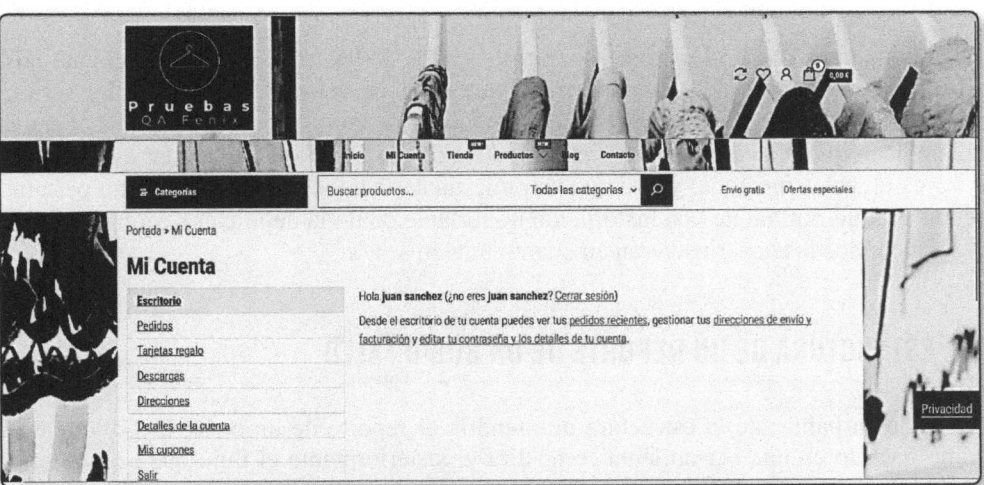

1.6 QUÉ SON LOS FALLOS Y EJEMPLO DE UNO

Un fallo realmente es cuando en producción ocurre algo inesperado, por ejemplo, intentamos acceder a nuestra tienda virtual favorita y nos da un error de que el certificado no es seguro, algo como lo de abajo.

Este error ocurre cuando el certificado digital de la página no concuerda con el dominio.

Pero estamos en un libro de **QA** y de **SCRUM** y lo que nos interesa es un fallo que tiene que ver más con el proceso de desarrollo.

Supongamos que en los requerimientos sacados de las reuniones con el cliente nos pide que los clientes de la tienda virtual que estamos construyendo al iniciar sesión accedan la página de inicio de su cuenta pero cuando estamos en producción los clientes nos indican que al acceder están siendo redirigidos al carrito de la tienda; este tipo de error es un error funcional y genera una molestia sería a los clientes porque no permite seguir el flujo normal de una historia tan importante como la de iniciar sesión ya que es algo que todos los usuarios verán en cuanto inicien sesión.

1.7 ESTRUCTURA DE UN REPORTE DE UN BUG O FALLO

Vamos a hablar de la estructura que tendría el reporte de un error, luego veremos cómo hacerlo en una herramienta como Jira y posteriormente el flujo que seguiría ese bug en un entorno real y cómo se solucionaría.

Las partes de un defecto serian:

- *Identificador= Un identificador único.*

- *Título= Un título que resuma el error.*

- *Descripción= Un pequeño resumen del error.*

- *Fecha.*

- *Autor= Quien encontró el defecto y lo creo en la herramienta.*

- *Identificación del elemento que pruebas= El nombre de la historia que estas probando.*

- *Fase del ciclo de desarrollo (sprint).*

- *Detalles para reproducirlo= Suele ser o pasos o un video con los pasos.*

- *Imagen o video del defecto= Una imagen en formato. jpf o un video .mp4.*

- *Resultado actual= Es lo que está ocurriendo.*

- *Resultado esperado= Es lo que debería ocurrir.*

- *Impacto= Puede ser crítico, severo, alto, normal o bajo.*

- *Prioridad= Muy alta, alta, media, baja, muy baja.*

- *Estado= Si está solucionado, si está a la espera de estar solucionado o si está a la espera de ser probado.*

1.8 JIRA COMO HERRAMIENTA PARA GESTIONAR UN PROYECTO ÁGIL

Quiero hacer una introducción a Jira porque es la herramienta que vamos a utilizar para mostrar la metodología **SCRUM**.

JIRA es la herramienta más utilizada a día de hoy la para gestión de proyectos ágiles que utilizan metodologías ágiles como **Kanban**, **XP** o **SCRUM,** pero originalmente fue diseñada para rastrear y gestionar errores en el desarrollo de un proyecto de software.

JIRA tiene 3 núcleos fundamentales:

- ▶ **Jira Software**= Es para gestionar proyectos de creación de software sobre todo metodología SCRUM y Kanban.

- ▶ **Confluence**= Es para la gestión documental y se suele utilizar para documentación relacionada a los proyectos que existen en JIRA.

- ▶ **Jira Service Management**= Es para contacto entre clientes y empleados en grandes empresas para que sea ágil y rápido sobre todo cuando son quejas de clientes o correos importantes entre clientes.

Para nuestra práctica en la última sección de este tema tendremos que crear una cuenta en JIRA solo necesitaras un correo dado que tiene plan gratuito, pulsando en ese botón con líneas verdes podrás darte de alta en la plataforma, de todas maneras indicare todos los pasos para darse de alta, crear un proyecto de SCRUM, crear requerimientos, historias de usuarios, errores, tareas y todo lo que necesitemos.

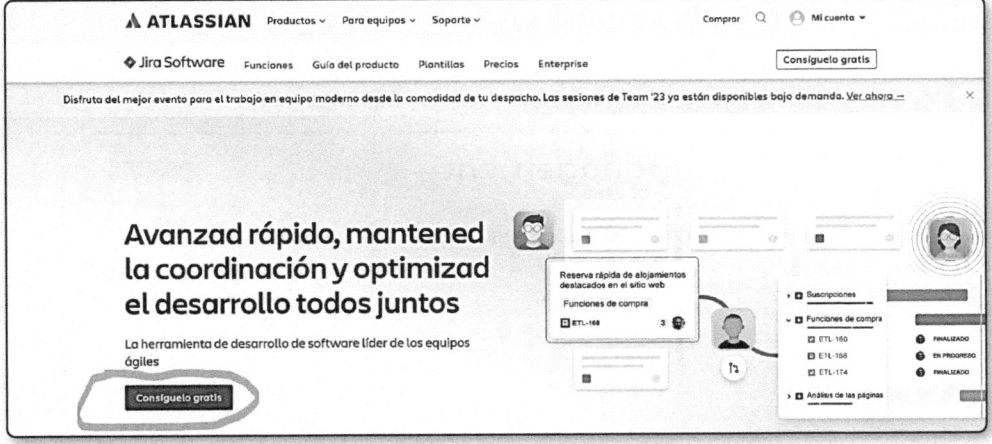

Abajo se puede ver algunos de los módulos que tiene JIRA.

Abajo se puede ver **JIRA Software** y algunas plantillas para crear distintos tipos de proyectos.

Se puede solicitar probar el módulo **Jira Service Management**.

Y por último podemos ver el módulo **Confluence** que como comentamos se utiliza mucho para gestionar todos los documentos asociados a un proyecto, capacitación de un proyecto, acuerdos a los que se llega, etc.

1.9 CICLO DE VIDA DE UN BUG EN JIRA

Jira como comentamos, se creó de inicio para gestionar errores pero con el tiempo se transformó en una plataforma para gestionar todo tipo de proyectos y además tiene un montón de plugins para añadir funcionalidades a la plataforma desde automatizar pruebas, a gestionar pruebas, enlazar con herramientas como **Slack** todo eso se consigue gracias a su módulo de plugins y el que nos interesa ahora es **XRay**, un plugin que nos permitirá crear planes de prueba, ejecutar pruebas, crear pruebas y reportar defectos y hacer un seguimiento de los defectos.

Desde aplicaciones podemos instalar en **XRay** a **Jira.**

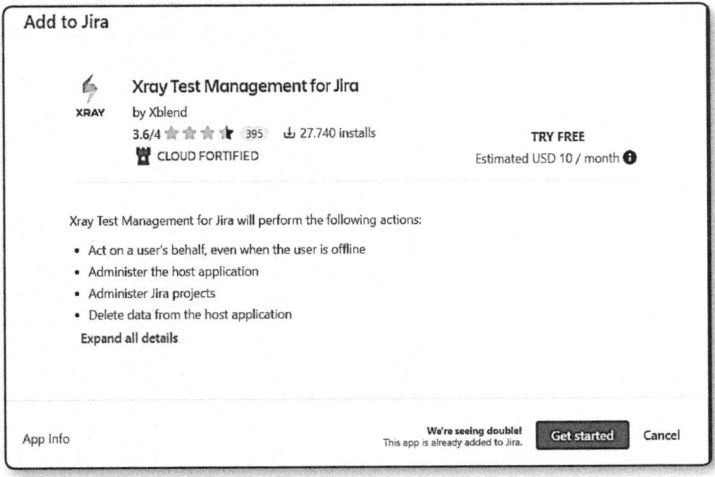

Pulsando en *Get started* podemos probarlo y ya luego por usuario pagar 10 dólares mes; al instalarlo en Aplicaciones nos aparecerá el icono de **XRay.**

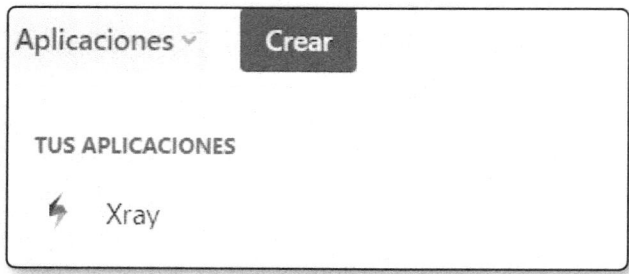

Al pulsar en **XRay** podemos acceder a la pantalla general del plugin para configurarlo, yo ya lo tengo configurado y os lo muestro para que veáis como debería estar.

Las tareas de tipo **QA** en un proyecto serían las que se muestran en la imagen.

La configuración general de **XRay** es la siguiente.

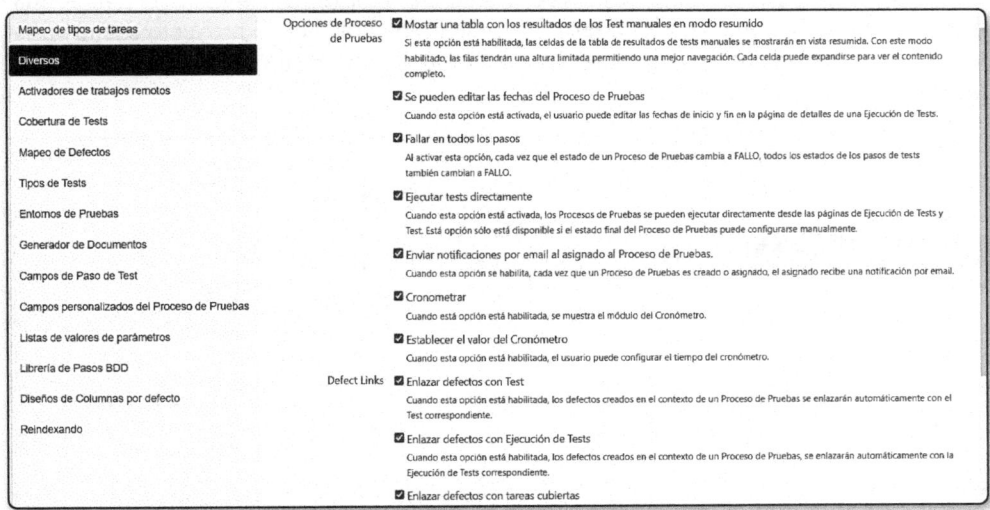

XRay tiene la opción de que se active una ejecución de manera remota desde herramientas **CI/CD** como **Jenkins**, **Bamboo**, etc., pero necesitas la licencia **Enteprise**.

Vamos a suponer que solo vamos a realizar pruebas a historias de usuario, requerimientos y errores porque es lo más importante, los errores porque habrá que verificar que se han solucionado y los requerimientos porque hay que verificar que son los que realmente quiere el cliente porque el costo de crear funcionalidades de una forma distinta a lo que busca el **stakeholder** o la gente involucrada en el proyecto es muy alta pero puedes realizar pruebas de tareas y subtareas de una historia de usuario si así lo queréis.

En un proyecto puede haber distintos defectos, puede llamarse bug cuando se encuentra en el código, defecto cuando es en la historia de usuario (diseño de la funcionalidad) u obtención de requerimientos en el momento en que se habla con el cliente y se captura sus necesidades o un fallo que podría ser cuando ocurre en producción, pero en este proyecto que he creado solo hay un tipo de defecto, pero como digo podéis diferenciarlos.

Los tipos de pruebas que podemos tener en **XRay** son 3, manuales, genéricas y por **Cucumber** que es un framework **BDD** (1).

Los entornos de prueba en un proyecto suelen ser el de **QA,** desarrollo, **UAT**, en mi proyecto he puesto solo uno, pero quizás más adelante necesitemos dos más.

(1) Significa Behavior Driven Development (BDD), o desarrollo orientado al comportamiento, es una metodología ágil de desarrollo software en la que una aplicación se documenta y diseña en función del comportamiento que los usuarios esperan o desean experimentar al interactuar con ella.

La última parte importante en la configuración es la que nos permite configurar las columnas de un paso de un caso de prueba en general suelen tener solo las 3 columnas siguientes.

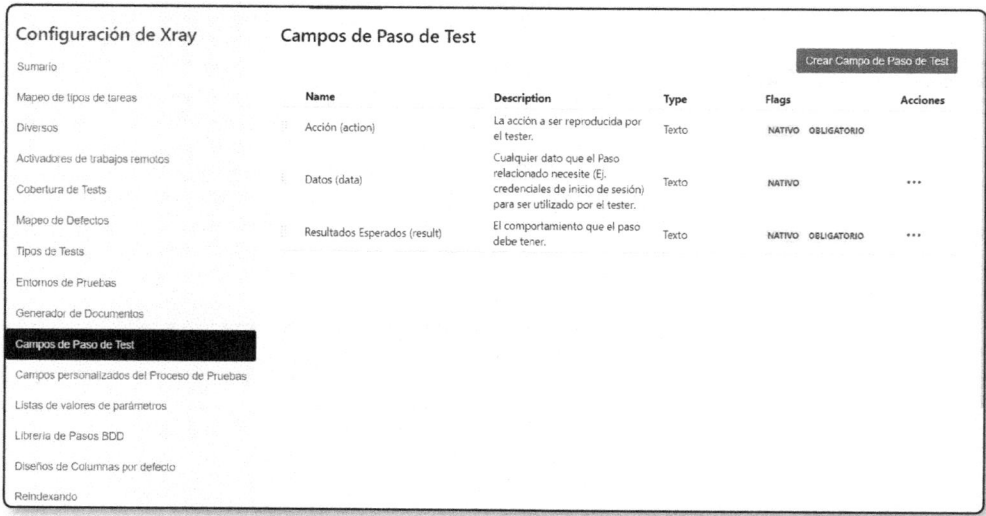

El resto de las secciones por ahora no son importantes; ya tenemos configurado una funcionalidad dentro de **JIRA** para poder gestionar las pruebas y nos vendrá bien para la práctica de este primer tema donde ya hablamos de un ciclo completo de un bug dentro del proceso de desarrollo de una tienda virtual.

En la sección siguiente hablaremos de qué es un caso de prueba y las técnicas para diseñar un caso de prueba.

1.10 TÉCNICAS DE DISEÑO DE CASOS DE PRUEBA

Lo primero que hay que tener en cuenta es qué es un caso de prueba y para qué sirve.

1.10.1 Qué es un caso de prueba, para qué sirve y partes

Los casos de prueba son un conjunto de pasos que se utilizan para validar una característica determinada que puede ser funcional o no funcional y sirve para:

- *Validar que esa característica funciona como se espera.*
- *Ofrece la seguridad al cliente que la aplicación se está construyendo adecuadamente.*
- *Algunos sectores como los de sanidad o banca deben cumplir estándares de calidad estrictos y es obligatorio pasarlos.*

Un caso de prueba tiene las siguientes partes:

1. *ID= Idéntica al caso de prueba de manera única.*
2. *Título= Una descripción corta de lo que se va a probar, por ejemplo, inicio de sesión de usuario.*
3. *Precondición= Alguna condición que debe cumplir para poder realizar el caso de prueba.*
4. *Datos= Los datos necesarios para realizar la prueba.*
5. *Pasos de la prueba= Los pasos para realizar la prueba.*
6. *Resultado esperado= El resultado esperado para cada paso de prueba.*

1.10.2 Técnicas para realizar casos de prueba

Las técnicas que debemos utilizar dependen de varios factores:

- *La complejidad del sistema o del componente.*
- *De estándares regulatorios.*
- *Requerimientos de usuarios.*
- *Niveles de riesgo.*
- *Documentación disponible.*
- *Del conocimiento y habilidades del tester.*

Al final las 3 técnicas que tenemos para diseñar casos de prueba son:

1. *Técnicas de prueba de caja negra.*
   Basadas en requerimientos funcionales y no funcionales.

2. *Técnicas de prueba de caja blanca.*
   Basadas en el código fuente de la aplicación y su arquitectura.

3. *Técnicas de prueba basadas en la experiencia.*
   Están basadas en la experiencia de los testers y analistas de calidad.

1.10.2.1   TÉCNICAS DE PRUEBA DE CAJA NEGRA

Existen 5 técnicas y las paso a explicar brevemente para luego mostrar ejemplos:

1. **Clases de equivalencia**

   Se basa en los valores de entrada de una funcionalidad, dividimos los datos en datos de entrada válidos y datos de entrada inválidos, supongamos una aplicación que para utilizarla tienes que ser mayor de edad, con esta técnica tendríamos 2 clases de equivalencia la primera con valores menores de 18 cuyo resultado esperado sería un mensaje que no tienes la edad adecuada para utilizar la aplicación, eso pasa con **Gmail** y con **TikTok** y la otra clase de equivalencia sería de más de 18 años lo que te permitiría acceder al formulario de registro de la aplicación.

   Se tienen que probar las clases al menos una vez (un dato sería 16 años y otro 24 para tener cobertura total en la prueba utilizando clases de equivalencia).

   Se puede utilizar esta técnica en cualquier nivel de prueba que más adelante veremos cuáles son, pero ejemplos son *pruebas unitarias* y *pruebas de integración*.

2. **Análisis de valores límite**

   Se utiliza con los valores límite o frontera de las clases de equivalencia y los valores tienen que poder ser ordenados.

   En el ejemplo anterior hablábamos de una funcionalidad para permitir probar una aplicación, podría ser un desplegable con años de nacimiento o tu fecha de nacimiento, con esta técnica tendríamos que hilar más fino y por ejemplo podríamos tener otras 2 clases de equivalencia y utilizando esta técnica tendríamos valores alrededor de los valores límite de las clases de equivalencia.

En la tabla de abajo podemos ver un ejemplo de cómo aplicar esta técnica.

	Clase 1	Clase 2	Clase 3	Clase 4
Rangos de valores	<18	>= 18	<0	>110
Valores de datos	17,16,10	18,19,30	-1,0,1	109,110,111
Comportamiento función	No permite acceder a registro	Permite acceder a registro	Valores no permitidos	Valores no permitidos

Esta técnica se puede utilizar en pruebas de cualquier nivel.

3. **Tablas de decisión**

Es para reglas de negocio complejas y se basa en crear una tabla con todas las posibles entradas y el resultado esperado.

Se utiliza en todos los niveles de prueba y la cobertura de la prueba se mide por la siguiente fórmula.

Cobertura prueba= Número de combinaciones que se han probado Número de combinaciones totales

4. **Técnicas de pruebas de transición de estados**

El objetivo es probar los caminos entre estados y que vaya por los estados correctos. Se utilizan diagramas de estados.

5. **Pruebas de caso de uso**

Se verifica que los requerimientos de los usuarios se cumplen, es muy importante para que luego las pruebas de aceptación no fallen. Es una técnica que lo que hace es probar desde el punto de vista del usuario y prueba los escenarios del negocio para que sean como quieren los usuarios.

1.10.2.2 PRÁCTICAS DE TÉCNICAS DE CAJA NEGRA

1.10.2.2.1 Práctica de clases de equivalencia

Un banco tiene diferentes intereses para cuenta de ahorros dependiendo el dinero que tenga el cliente en la cuenta.

▼ Para una cuenta que tiene un saldo de 0 a 500 euros el tipo de interés es del 0.5 %.

▼ Si la cuenta tiene un saldo de más de 500 euros y 9999 euros tiene un tipo de interés del 1.5 %.

▼ Si la cuenta tiene 10.000 o más euros de saldo el tipo de interés es del 3 %.

▼ Si la cuenta tiene más de 50.000 euros tiene que estar en una cuenta diferente a la de ahorro, debería ser cuenta hipotecaria para compra de una casa.

Tipo de clases	Clase inválida	Clase válida 1	Clase válida 2	Clase válida 3
Rango de valores	<0 euros	0-500	500-9999	>= 10.000
Valores de datos	-1,-2	200,300	1500,5700	11.000

En esta práctica vemos que hay 4 clases de equivalencia, una clase inválida y otra clase válida; la primera tiene valores inválidos y los tres siguientes valores válidos.

Para que se tenga una cobertura del 100% se tendría que hacer 4 casos de prueba, uno para cada clase de equivalencia.

1.10.2.2.2 Práctica de análisis de valores límite

Si seguimos con la práctica anterior vamos a elegir valores límite alrededor de los valores límite de los rangos y vamos a suponer que si tiene más de 50.000 euros no podrán tener cuenta de ahorro si no otra cuenta distinta y deberá cambiarla, cuenta hipotecaria, por ejemplo.

Tipo de clases	Clase inválida	Clase válida 1	Clase válida 1	Clase válida 2	Clase válida 2	Clase válida 3	Clase inválida
Rango de valores	< 0 euros	0-500	0-500	500-9999	500-9999	>= 10000	>50000
Valores de datos	-1,	0	1	1000	9999	10000	50001

Tendríamos 5 casos de prueba, pero esta técnica se utiliza para elegir los datos alrededor de los límites porque ahí es donde suele haber más errores en el código, utilizamos varios datos para el mismo caso de prueba, pero los casos de prueba serian 5.

1.10.2.2.3 Práctica de tablas de decisión

Se utiliza en un sistema que tiene que reaccionar a una combinación de entradas.

Esta técnica se utiliza sobre todo cuando se tiene que comprobar omisiones en los requerimientos.

Vamos a suponer que tenemos una aplicación de préstamos en que como entrada se recibe la cantidad a pagar mensual y el número de años del préstamo. Las condiciones son el pagaré y la finalización del préstamo.

Al tener dos condiciones donde cada una puede tener los valores de verdadero y falso tenemos 4 combinaciones.

Condiciones	Regla 1	Regla 2	Regla 3	Regla 4
Cantidad para pagar	V	V	F	F
Fin de préstamo	V	F	V	F

Esto significa lo siguiente en la primera regla tenemos como entrada la cantidad a pagar y el fin del préstamo.

En la segunda regla tenemos como entrada solo la cantidad a pagar.

En la tercera regla solo tenemos como entrada el fin del préstamo.

En la cuarta regla no tenemos ninguna entrada.

Visto esto las salidas que tendría el sistema serían las siguientes.

Condiciones	Regla 1	Regla 2	Regla 3	Regla 4
Cantidad para pagar	V	V	F	F
Fin de préstamo	V	F	V	F
Salidas				
Procesar cantidad	V	V		
Procesar fin del préstamo	V		V	

¿Bueno y preguntareis para qué es esto? Pues para saber el número de casos de prueba que necesitamos para probar un sistema como este, en este caso son 4 casos de prueba, uno por cada uno de las reglas o combinaciones que tiene este sistema.

1.10.2.2.4   Práctica de pruebas de transición de estados

Esta técnica se aplica para sistemas que tienen las siguientes características:

▶ Un número finito de estados.

▶ Tienen resultados diferentes con las mismas entradas dependiendo del estado anterior.

▶ Pueden ser representados por diagramas de estados.

▶ Pueden ser representados con mucho detalle.

▶ Los modelos de transición de estados están compuestos por los siguientes componentes:

▶ Los estados en que puede estar la aplicación.

▶ La transición de un estado a otro.

▶ Los eventos que causan las transacciones.

▶ Las acciones que resultan de una transacción.

Un ejemplo de un sistema que se puede representar con un modelo de transición de estados sería retirar dinero de un cajero y su diagrama de estados se puede ver abajo.

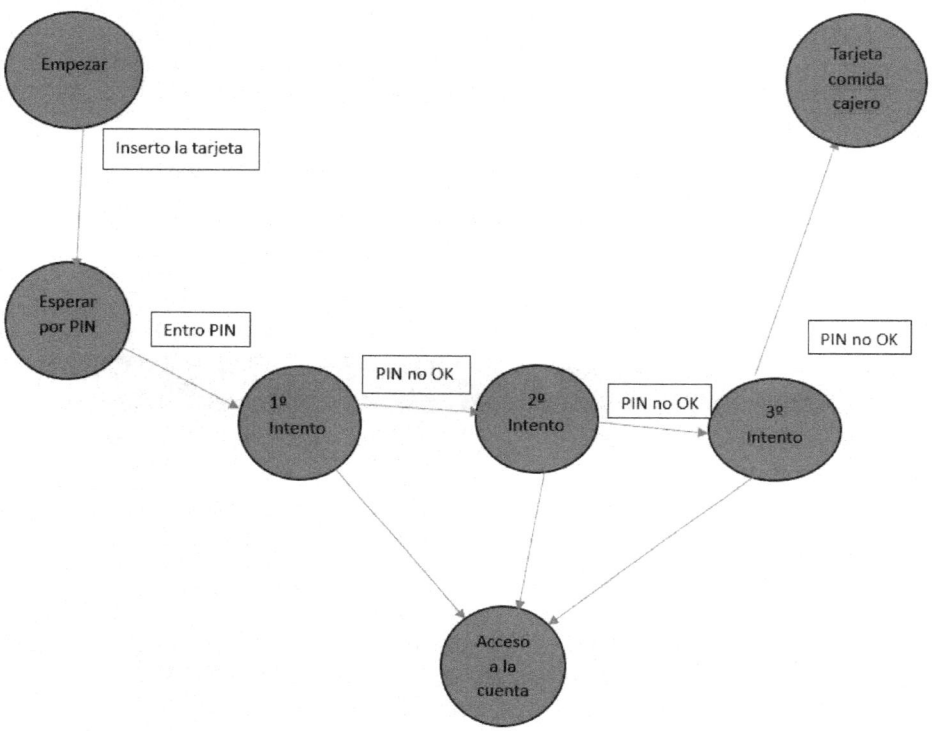

1. Acceso a la cuenta al meter el PIN a la primera.

2. Acceso a la cuenta al meter el PIN a la segunda.

3. Acceso a la cuenta al meter el PIN a la tercera.

4. Cajero come la tarjeta.

Con estos casos de prueba recorreríamos todos los estados y tendríamos una cobertura del 100%.

1.10.2.2.5   Práctica de casos de uso

Antes de ver esta técnica debemos entender que es un caso de uso.

1.10.2.2.5.1 Caso de uso

Un caso de uso es la descripción de un uso particular que un usuario también llamado actor le da a un sistema.

El objetivo de los casos de uso es describir todos los usos que se le pueden dar a un sistema al completo, de inicio a fin.

Los actores que interactúan con el sistema pueden ser usuarios, pero también lo pueden ser sistemas y subsistemas.

Los casos de uso se definen en términos de actos, es decir, lo que puede y no puede hacer un usuario en un sistema.

1.10.2.2.5.2 Reglas para la definición de un caso de uso

▶ Se debe usar un lenguaje de negocio y no técnico.

▶ Sirven de base para la creación de casos de prueba de aceptación (en la parte de historias de usuario veremos esto).

▶ Si un caso de uso tiene una precondición debe especificarse.

▶ Un caso de uso puede tener pos condiciones y deben especificarse.

1.10.2.2.5.3 Ejemplo de caso de uso

Vamos a utilizar el ejemplo de retirar dinero de un cajero que ya vimos en la sección anterior.

Escenario principal A: Actor S: Sistema	Pasos	Descripción
	1	A: inserta tarjeta
	2	S: validar tarjeta y pide PIN
	3	A: entra el PIN
	4	S: valida el PIN
	5	S: permite el acceso a la cuenta
Escenario secundario	2a	Tarjeta no valida S: rechaza la tarjeta y muestra un mensaje
	4a	PIN no valido Muestra un mensaje y vuelve a pedir el PIN
	4b	PIN erróneo 3 veces Se come la tarjeta y muestra un mensaje

1.10.2.3 TÉCNICAS DE PRUEBA DE CAJA BLANCA

En estas técnicas el objetivo real es el análisis del código fuente y la ejecución de todos los caminos e instrucciones que tiene un código, en general una función que pertenece a una clase.

Una clase es un conjunto de métodos que realizan funcionalidades determinadas, cada método tiene un código que o bien realiza alguna acción o bien devuelve un resultado.

Un ejemplo sería la clase de operaciones aritméticas donde podemos tener los métodos suma resta multiplicación y división, cada uno de esos métodos tiene un código que al ser ejecutado al llamar al método desde otro lugar o desde la misma clase devuelve un valor.

Bien, una vez hablado por encima qué son las técnicas de caja blanca y lo que es una clase y los métodos voy a pasar a describir las técnicas que hay de caja blanca.

Tenemos básicamente 2 técnicas, cobertura de sentencia y cobertura de decisión, que son técnicas para pruebas unitarias.

1.10.2.3.1   Cobertura de decisión

En esta técnica se prueban las sentencias verdaderas y falsas de una condición.

1.10.2.3.2   Cobertura de sentencia

Este concepto es bastante importante porque luego cuando hablemos de pruebas unitarias se hablará mucho de la cobertura de una prueba.

A la cobertura de sentencia también se le llama cobertura de línea y se basa en que se ejecuten las sentencias que sean ejecutables o dicho de otra manera las líneas de código que se puedan ejecutar, por ejemplo, un comentario no se puede, entonces si ejecutas todas las líneas de código de un método la cobertura será del 100%.

Para medir la cobertura de una prueba que realmente sería cobertura de prueba unitaria sería la siguiente formula:

$$Cobertura = \frac{Sentencias\ probadas}{Total\ de\ sentencias}$$

1.10.2.4   PRÁCTICAS DE CAJA BLANCA

1.10.2.4.1   Cobertura de sentencia

Vamos a utilizar un seudocódigo para esta práctica.

```
READ X
READ Y
Z= (X +5) * Y
IF Z > 60 THEN
PRINT Z
END IF
```

En este tipo de técnicas los valores de entrada o valores que le damos a las variables X, Y y Z son muy importantes porque determinan si ejecutamos todas las sentencias o no y el objetivo es una cobertura del 100% que es ejecutar todas las sentencias.

Una diferencia con respecto a cobertura de decisión es que en las condiciones que sería la *IF Z > 60 THEN* solo se contara la parte de condición verdadero, aunque en este caso da igual porque solo hay una sentencia en el caso verdadero no falso.

Prueba 1: X= 5 Y= 4 entonces Z= 40 cobertura del 80% porque son 5 sentencias y se ejecutan 4.

Prueba 2= X= 10 Y = 5 entonces Z= 75 cobertura del 100% porque son 5 sentencias y se ejecutan las 5 al ser TRUE la condición del seudocódigo.

La prueba 2 sería nuestro caso de prueba que nos permitiría con esos datos probar completamente este código que seguramente estaría dentro de un método.

1.10.2.4.2   Práctica de cobertura de decisión

Una característica de la técnica de cobertura de decisión es que cubre tanto las condiciones verdaderas como falsas, en la cobertura de sentencia solo se prueba la condición TRUE por lo que si la condición tiene sentencia tanto para TRUE como para FALSE, aunque nos dé FALSE solo pasaremos por TRUE.

IF 5 > 7 THEN

PRINT TRUE

ELSE

PRINT FALSE

Con la cobertura de sentencia solo ejecutaríamos *PRINT TRUE* pero con la cobertura de decisión ejecutaríamos las 2.

Por lo tanto, en la cobertura de sentencia el 100% de cobertura implica haber ejecutado todas las sentencias al menos una vez mientras que en la cobertura de decisión implica ejecutar todas las sentencias, pero en las decisiones ejecutar tanto las ramas TRUE como las ramas FALSE incluso si no hay una rama de sentencia FALSE explícita como ocurría en la práctica de cobertura de sentencia.

Ejemplo

READ X

READ Y

IF X > Y THEN

Z= 0

END IF

En este ejemplo para tener una cobertura del 100% necesitaras.

Casos de prueba con estos datos.

X= 5 Y= 4
X= 4 Y = 5

No hay rama de condición *FALSE,* pero esta técnica ejecuta esa rama *FALSE,* aunque no exista y la tiene en cuenta es decir por la *cobertura de sentencia* tendríamos 4 sentencias por la *cobertura de decisión* tendríamos 5 sentencias.

1.10.2.5 PRUEBAS BASADAS EN EXPERIENCIA

Para poder aplicar esta técnica el conocimiento y experiencia de los **testers** son muy importantes.

Este tipo de pruebas se realizan en aplicaciones de bajo riesgo y cuando los **testers** ya tienen un conocimiento amplio de la aplicación y saben dónde puede fallar y donde tienen que probar, se da muchos en gente que conoce muy bien el negocio como en los bancos y en ministerios públicos como de justicia o sitios así.

Hay básicamente 3 técnicas basadas en la experiencia.

1.10.2.5.1 Predicción de errores

Esta técnica se basa en analizar los errores que ocurrieron en el pasado en esa aplicación o en aplicaciones parecidas para probar si ocurre en la aplicación.

Tener un histórico de los errores que ocurrieron a lo largo del desarrollo y evolución de una aplicación es muy importante porque ayuda a ir a los componentes y funcionalidades donde más errores se dan y ya se tuvo la solución, por lo tanto aumenta la calidad del producto y el tiempo de entrega de un nuevo **release** o versión del producto.

1.10.2.5.2 Pruebas exploratorias

En las pruebas exploratorias no se definen casos de prueba, solo navegamos por la aplicación con el objetivo de conocerla más, no se entrega documentación técnica y de hecho estas pruebas se hacen cuando ocurren tres condiciones.

1. No hay documentación o casi no hay de la aplicación.

2. Se necesita realizar unas pruebas rápidas con el objetivo de ver el estado general de la aplicación.

3. Los **testers** tienen bastante experiencia en las labores QA.

La herramienta que ya vimos **XRay** permite pruebas exploratorias.

1.11 CASO PRÁCTICO. DISEÑO DE UN CASO DE PRUEBA

Vamos a diseñar los casos de prueba del formulario siguiente que está en la página web *https://demoqa.com/automation-practice-form*

Para eso vamos a utilizar la técnica de las pruebas sintácticas que tiene tres pasos:

1. La creación de las situaciones de prueba basadas en las características de los campos del formulario que pueden ser las siguientes:
   - Tipo de dato, que puede ser numérico, alfanumérico, alfabético.
   - Tamaño del campo.
   - Si el campo tiene valor por defecto.
   - Si el campo es obligatorio.
   - Qué tipo de campo es radiobutton, checkbox, desplegable y si puede seleccionar 1 solo valor o varios valores.
   - Cuáles son los valores máximo y mínimo que puede tener un campo.
   - El campo permite valores especiales como punto coma guion.
   - Si es un campo de fecha qué formato puede tener dd/mm/aa o dd/mm/aaaa o dd-mm-aaaa.
   - Qué atributos tiene el campo en qué posición esta, qué color tiene, qué fuente utiliza, tamaño de la fuente, color.

   Todo esto nos permite crear las situaciones de prueba.

2. Crear los **casos de prueba lógicos** utilizando estas situaciones de prueba.

3. Crear los **casos de prueba físicos**, que sería utilizar los casos de prueba lógicos, pero utilizando valores reales.

Empezamos analizando la página, es página de un registro de estudiante que tiene un montón de campos y los vamos a ir analizando de la siguiente manera, lo primero le damos Enter a un campo, en otros formularios tienes que darle al botón Enviar para que se valide los campos y así saber qué campos son obligatorios porque mostrara un mensaje de error indicando que es necesario, también puedes pulsar botón derecho y darle a la opción de inspeccionar lo que te permitirá ver sus atributos en el lenguaje HTML viendo si es obligatorio o no por el atributo **required.**

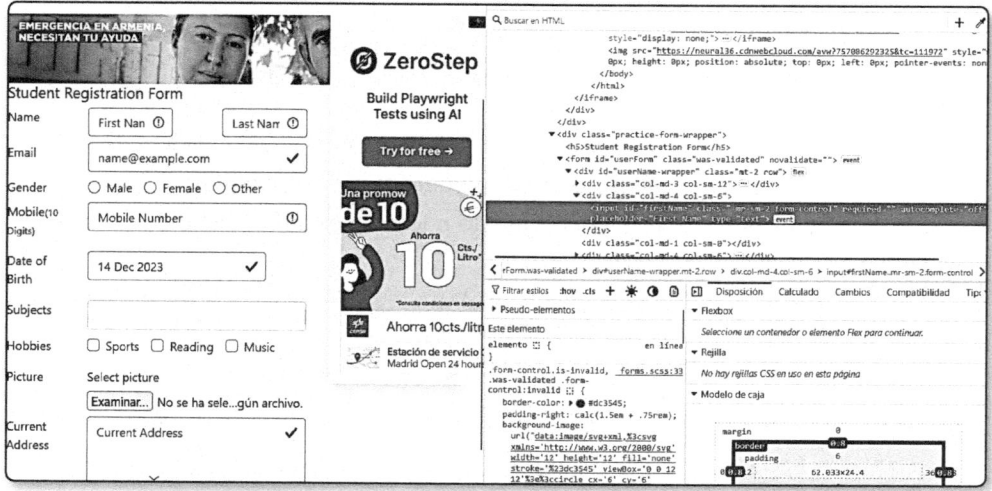

Vamos a ir aplicando todos los análisis que vimos de la técnica de prueba sintáctica en este formulario con cada campo, si es obligatorio, tipo de campo, valores máximos y mínimos del campo, si tiene valor por defecto, si permite caracteres especiales, el tipo de campo que es para saber si permite un solo valor o varios y el formato de un campo por si es de una fecha, en este caso no es necesario pero atributos como su posición, su color o la fuente que utiliza podría ser una situación de prueba si es una prueba de diseño pero aquí estamos haciendo una prueba no funcional.

- El campo **First Name** es obligatorio, es un campo de tipo *input* que acepta valores alfanuméricos, permite números letras y caracteres especiales y también espacios en blanco, no tiene un valor por defecto su mínimo tamaño permitido es 1 y parece que no tiene tamaño máximo.

- El campo **Last Name** es obligatorio, es un campo de tipo *input* alfanumérico, permite números letras y caracteres especiales y también espacios en blanco, no tiene un valor por defecto su mínimo tamaño permitido es 1 y parece que no tiene tamaño máximo.

- El campo **Email** no es obligatorio, es un campo de tipo *input*, acepta valores alfanuméricos, no permite caracteres especiales, debe tener un correo electrónico correcto como *canosa1@gmail.com* es decir con usuario, dominio principal y secundario, no tiene valor por defecto, su tamaño mínimo es 7 y parece que no tiene tamaño máximo.

- El campo **Gender** es un campo obligatorio, no tiene valor por defecto, es un campo de tipo *RadioButton*, puede tener un solo valor a la vez y los valores que puede tener son *Male*, *Female* y *Other.*

- El campo **Mobile** es obligatorio, no tiene valor defecto, es un campo de tipo *input*, acepta solo valores numéricos, tiene 10 números como máximo, y diez números como mínimo.

- El campo **Date of Birth** no es obligatorio, tiene el valor por defecto del día que se visita la página, es un campo de tipo *calendar y* su formato es dd mmm yyyy con los meses en inglés, si borras el campo desaparece el formulario esto puede ser un error.

- El campo **Subject** es un campo no obligatorio, de tipo *input* que acepta valores alfanuméricos, *que no* se sabe su tamaño máximo pero su tamaño mínimo es cero porque es optativo.

- El campo **Hobbies** es un campo de tipo *checkbox,* que no es obligatorio, que permite seleccionar varios valores va la vez y que tiene los valores Sports, Reading, Music.

- El campo **Picture** es un campo no obligatorio, de tipo *file y que acepta solo archivos de imágenes.*

- *El campo* **Current Address** es un campo no obligatorio, de tipo *Área, que* acepta valores alfanuméricos y parece que acepta 5 filas de texto.

Situaciones de prueba serian:

1. Registro correcto de todo el formulario.
2. Todos los campos vacíos del formulario.
3. Todos los campos rellenos excepto los campos opcionales.
4. Campo FirstName vacío y los demás rellenos.
5. Campo LastName vacío y los demás rellenos.
6. Campo Email con caracteres especiales.
7. Campo Email sin @
8. Campo Email con un correo de menos de 7 caracteres.
9. Todos los campos rellenos y el campo Gender con valor Male.
10. Todos los campos rellenos y el campo Gender con valor Female.
11. Todos los campos rellenos y el campo Gender con valor Others.
12. Todos los campos rellenos y el campo Gender sin valores marcados.
13. Todos los campos rellenos y el campo Mobile vacío.
14. Todos los campos rellenos y el campo Mobile con texto.
15. Todos los campos rellenos y el campo Mobile con 9 números.
16. Todos los campos rellenos y el campo Subject vacío.
17. .Todos los campos rellenos y el campo Hobbies sin valores marcados.
18. Todos los campos rellenos y el campo Hobbies con los valores Sports y Music marcados.
19. Todos los campos rellenos y el campo Picture vacío.
20. Todos los campos rellenos y el campo Picture con un archivo de tipo Word.
21. Todos los campos rellenos y el campo Current Address vacío.
22. Todos los campos rellenos y el campo Current y el campo Current Address con 6 filas.
23. Borramos el campo Date of Birth.

De todas estas 23 situaciones de prueba las más importantes serían las siguientes.

En la tabla de abajo se ven los casos de prueba lógicas.

Casos de prueba	Titulo	Resultado esperado
CP 1	Registro correcto de todo el formulario	Éxito
CP 2	Todos los campos rellenos excepto los campos opcionales	Éxito
CP 3	Todos los campos vacíos del formulario	Error
CP 4	Campo Email con caracteres especiales	Error
CP 5	Campo Email sin @	Error
CP 6	Campo Email con un correo de menos de 7 caracteres	Error
CP 7	Todos los campos rellenos y el campo Gender sin valores marcados	Error
CP 8	Todos los campos rellenos y el campo Mobile vacío	Error
CP 9	Todos los campos rellenos y el campo Mobile con texto	Error
CP 10	Todos los campos rellenos y el campo Mobile con 9 números	Error
CP 11	Todos los campos rellenos y el campo Picture con un archivo de tipo Word	Éxito
CP 12	Borramos el campo Date of Birth	Error

Y abajo tendremos la tabla con los 11 casos de prueba físicos que serían con el identificador, título de caso de prueba, pasos, los valores y el resultado esperado.

Caso de prueba	Titulo	Pasos	Valores	Resultado
CP 1	Registro correcto de todo el formulario	Rellenar todos los campos con valores correctos y pulsar la tecla Enter	Name: Manuel Ferreiro Email: Manuel.ferreiro@gmail.com Gender: male Mobile: 6674567450 Date of Birth: 14 Nov 1977 Subjects: prueba Hobbies: music Picture: C:/imagen.jpg Current Address: esto es una prueba	El formulario no devuelve ningún mensaje de error

CP 2	Todos los campos rellenos excepto los campos opcionales	Rellenar todos los campos obligatorios con valores correctos y pulsar la tecla Enter	Name: Manuel Ferreiro Email: Manuel.ferreiro@gmail. com Gender: male Mobile: 6674567450	El formulario no devuelve ningún mensaje de error
CP 3	Todos los campos vacíos del formulario	Dejar todos los campos vacíos y pulsar Enter		Los campos obligatorios se ponen en rojo y en los campos de tipo input aparece un círculo con una exclamación en rojo
CP 4	Campo Email con caracteres especiales	Rellenar todos los campos con valores correctos y el campo Email con caracteres especiales y pulsar la tecla Enter	Name: Manuel Ferreiro Email: Manuel<$ferreiro@gmail. com Gender: male Mobile: 6674567450 Date of Birth: 14 Nov 1977 Subjects: prueba Hobbies: Music Picture: C:/imagen.jpg Current Address: esto es una prueba	El campo Email se pone en rojo y con un círculo rojo con signo de exclamación
CP 5	Campo Email sin @	Rellenar todos los campos con valores correctos y el campo Email sin arroba y pulsar la tecla Enter	Name: Manuel Ferreiro Email: Manuel.ferreirogmail.com Gender: male Mobile: 6674567450 Date of Birth: 14 Nov 1977 Subjects: prueba Hobbies: music Picture: C:/imagen.jpg Current Address: esto es una prueba	El campo Email se pone en rojo y con un círculo rojo con signo de exclamación

CP 6	Campo Email con un correo de menos de 7 caracteres	Rellenar todos los campos con valores correctos y el campo Email con un correo de 7 caracteres y pulsar la tecla Enter	Name: Manuel Ferreiro Email:a@msn.c Gender: male Mobile: 6674567450 Date of Birth: 14 Nov 1977 Subjects: prueba Hobbies: music Picture: C:/imagen.jpg Current Address: esto es una prueba	El campo Email se pone en rojo y con un círculo rojo con signo de exclamación
CP 7	Todos los campos rellenos y el campo Gender sin valores marcados	Rellenar todos los campos con valores correctos y el campo Gender sin valores marcados y pulsar la tecla Enter	Name: Manuel Ferreiro Email: a@msn.c Gender: sin marcar Mobile: 6674567450 Date of Birth: 14 Nov 1977 Subjects: prueba Hobbies: music Picture: C:/imagen.jpg Current Address: esto es una prueba	Los radiobutton Male Female y Others se ponen en color rojo
CP 8	Todos los campos rellenos y el campo Mobile vacío	Rellenar todos los campos con valores correctos y el campo Mobile vacío y pulsar la tecla Enter	Name: Manuel Ferreiro Email: Manuel.ferreiro@gmail.com Gender: Male Mobile: Date of Birth: 14 Nov 1977 Subjects: prueba Hobbies: Music Picture: C:/imagen.jpg Current Address: esto es una prueba	El campo Mobile se pone en rojo y con un círculo rojo con signo de exclamación
CP 9	Todos los campos rellenos y el campo Mobile con texto	Rellenar todos los campos con valores correctos y el campo Mobile con texto y pulsar la tecla Enter	Name: Manuel Ferreiro Email: Manuel.ferreiro@gmail.com Gender: Male Mobile: tres cuatro seis Date of Birth: 14 Nov 1977 Subjects: prueba Hobbies: Music Picture: C:/imagen.jpg Current Address: esto es una prueba	El campo Mobile se pone en rojo y con un círculo rojo con signo de exclamación

CP 10	Todos los campos rellenos y el campo Mobile con 9 números	Rellenar todos los campos con valores correctos y el campo Mobile vacío y pulsar la tecla Enter	Name: Manuel Ferreiro Email: Manuel.ferreiro@gmail.com Gender: Male Mobile: 6674567450 Date of Birth: 14 Nov 1977 Subjects: prueba Hobbies: Music Picture: C:/imagen.jpg Current Address: esto es una prueba	El campo Mobile se pone en rojo y con un círculo rojo con signo de exclamación
CP 11	Todos los campos rellenos y el campo Picture con un archivo de tipo Word	Rellenar todos los campos con valores correctos y el campo Picture se selecciona un archivo Word	Name: Manuel Ferreiro Email: Manuel.ferreiro@gmail.com Gender: Male Mobile: 6674567450 Date of Birth: 14 Nov 1977 Subjects: prueba Hobbies: Music Picture: C:/archivo.doc Current Address: esto es una prueba	El formulario muestra un mensaje de archivo no permitido
CP 12	Borramos el campo Date of Birth	Rellenar todos los campos con valores correctos y borramos el campo Date of Birth	Name: Manuel Ferreiro Email: Manuel.ferreiro@gmail.com Gender: Male Mobile: 6674567450 Date of Birth: Subjects: prueba Hobbies: Music Picture: C:/imagen.jpg Current Address: esto es una prueba	El campo de Date of Birth se borra

Se puede ver como el diseño de casos de prueba físico y lógico, es que en el primero utilizamos valores reales, indicamos los pasos y el resultado esperado y en el otro no, solo indicamos el nombre y si es un caso de prueba que valida un caso de éxito o un caso de no éxito que debe ser controlado con algún tipo de mensaje.

En los casos de prueba 11 y 12 debería ocurrir el resultado esperado, pero no ocurre y es cuando es un defecto del software que tendríamos que registrar en una herramienta de gestión de defectos como **Mantis o Jira** y hacer un seguimiento hasta que se resuelve el defecto haciendo un ciclo de pruebas.

2

PROCESO DE PRUEBAS Y GESTIÓN DE PRUEBAS

En el tema anterior aprendimos los conceptos fundamentales del **QA** o aseguramiento de calidad o calidad de software, fundamentales para poder ser un buen **tester** e incluso un analista de calidad, en este tema aprenderemos los conceptos fundamentales para ser un líder de pruebas y poder entender cuál es el proceso de pruebas y cómo gestionar las distintas pruebas.

2.1 PROCESO DE PRUEBAS

Lo primero que se debe saber es que no hay un proceso universal de pruebas, el proceso de pruebas dependerá de distintos factores que serían los siguientes:

- *Modelo de desarrollo utilizado.*
- *Tipos de pruebas utilizadas.*
- *Riesgos del producto.*
- *Riesgos del proyecto.*
- *Riesgos del negocio.*
- *Del sector.*
- *De características como presupuesto, tiempo y complejidad.*
- *De las políticas y estándares de calidad utilizados.*
- *De los estándares internos y externos.*

Por lo tanto el proceso de pruebas será distinto si estamos en un proyecto para la creación de una app para el Ministerio de Sanidad, que tendrá que utilizar unos estándares de calidad determinados y tendrá unos riesgos inherentes a esas aplicaciones además de un presupuesto y unos tiempos determinados comparando una aplicación web de venta de entradas para espectáculos donde los estándares que se utilizan, las tecnologías, el tiempo, el coste, pueden ser menos exigentes dado que las aplicaciones sanitarias son las más complejas y que tratan los datos más importantes y confidenciales que hay.

2.2 ACTIVIDADES Y TAREAS DE LAS PRUEBAS

Cuando se realiza un proceso de pruebas suele haber unas fases que se realizan y que suelen ser siempre las mismas, las fases son las mismas, ahora las pruebas, estándares, tecnologías, riesgos varían como dije en el apartado anterior.

Esas fases son las que aparecen a continuación.

2.2.1 Planeación

En la planeación ponemos los objetivos de las pruebas, el enfoque y las restricciones de contexto, se puede realizar en una herramienta como **XRay**.

2.2.2 Análisis

Decimos que probar, analizamos requerimientos, documentación técnica, reporte de análisis de riesgos y al final se prueban aquello que tiene más riesgo de fallar y tiene un mayor impacto en el negocio.

2.2.3 Diseño

En el diseño diseñamos los casos de prueba, identificamos los datos que necesitamos, el ambiente de pruebas y las herramientas que vamos a necesitar.

2.2.4 Implementación

Comprobamos que el ambiente de pruebas está preparado, creamos la suite de pruebas en una herramienta como **XRay,** programamos su ejecución, desplegamos el **release** de turno con los últimos cambios, comprobamos que la BD está correcta y actualizada y utilizamos los datos necesarios para las pruebas.

2.2.5 Ejecución

Ejecutamos las pruebas manuales con **XRay** por ejemplo y las pruebas automatizadas con **Selenium** o **Katalon** o **Cypress,** comparamos los resultados actuales con los esperados y si no coinciden reportamos los defectos y los problemas y bloqueos que tuvimos.

2.2.6 Monitoreo y control

Vamos haciendo un seguimiento de las pruebas y tomando decisiones como parar las pruebas si por ejemplo la mitad de los casos de prueba fallan, se puede hacer con **XRay**.

2.2.7 Finalización

Verificamos que todos los defectos reportados han sido solucionados y cerrados y creamos un informe de pruebas con los defectos encontrados, los casos de prueba ejecutados, cuántos fallos, cuántos exitosos, los solucionados, si alguno no se soluciona se pone y la severidad de los defectos.

2.3 ARTEFACTOS DE LAS PRUEBAS

Los artefactos son todos los productos que se van creando durante el proceso de pruebas.

Vamos a indicar los artefactos que se crean en el proceso de pruebas según la fase de la prueba.

- ▼ **Planeación**= Aquí se crean los *planes de prueba.*

- ▼ **Análisis**= Definir las *condiciones de prueba (que el ambiente este estable, por ejemplo) y priorización de las pruebas.*

- ▼ **Diseño**= Se crean los casos *de prueba.*

- ▼ **Implementación**= *Procedimientos de pruebas y suite de pruebas.*

- ▼ **Ejecución de pruebas**= *Informe de resultado de pruebas e informe de defectos.*

- ▼ **Monitoreo y control**= *Distintos reportes de pruebas y estatus de defectos.*

- ▼ **Finalización**= *Un resumen de las pruebas.*

2.4 LA PSICOLOGÍA EN LAS PRUEBAS

En las empresas de software suele haber una guerra encubierta entre los desarrolladores y los **testers** porque los segundos encuentran los defectos de los primeros y a nadie le gusta eso, pero un **tester** debe tener empatía y diplomacia y un desarrollador debe ver las pruebas como una manera de que su trabajo sea excelente, hay que entender y subirse al carro de la idea central de una mejora continua de un proceso.

Voy a poner algunos consejos para los **testers** cuando trabajen o se comuniquen con el equipo de desarrollo.

- ▼ *Mostrar que es una colaboración entre el equipo de QA y el equipo desarrollo con el objetivo de mejorar el producto.*

- ▼ *Enfatizar los beneficios para todos que tienen las pruebas.*

- ▼ *Presentar los resultados de manera objetiva.*

- ▼ *Tener empatía.*

- ▼ *Tener comunicación cordial.*

- ▼ *Recordar que la calidad de software está para ayudar a mejor no para buscar culpables.*

2.5 CAMBIOS EN EL SOFTWARE

Hay momentos en los que es necesario realizar pruebas que además están pruebas, se llaman pruebas de regresión y es cuando ocurren ciertos eventos como los siguientes:

▼ *Modificaciones en el código.*

▼ *Migraciones de tecnología o plataformas.*

▼ *Actualización de una versión a otra.*

▼ *Añadir o retirar componentes.*

Estos cambios muchas veces no sabemos el impacto que tendrán y necesitamos analizar documentos de requerimientos, casos de prueba, documentación, realizar reuniones con **skateholder** para mirar el impacto que tendrán y saber qué partes se tendrán que probar, quizás no hay que hacer una prueba de regresión completa solo parcial de una parte de un componente.

2.6 PRUEBAS ESTÁTICAS Y PRUEBAS DINÁMICAS

Las pruebas estáticas son aquellas en las que no se ejecuta la aplicación se analiza el código fuente o los artefactos del proceso de desarrollo o de pruebas.

Las pruebas estáticas son importantes en el proceso de desarrollo de aplicaciones para sectores como aviación, sanidad o software nuclear, por ejemplo, aunque se empiezan a utilizar en todas las aplicaciones.

2.6.1 Artefactos a probar

Los artefactos para probar con estas pruebas estáticas serían los siguientes:

▶ *Requerimientos de todo tipo, funcionales, no funcionales, de seguridad.*
▶ *Épicas, historia de usuario, criterios de aceptación.*
▶ *Diseño de arquitectura.*
▶ *Código fuente.*
▶ *Artefactos de pruebas como casos de pruebas, script de automatización.*
▶ *Guías de usuarios y manuales.*
▶ *Contratos.*
▶ *Planes de proyecto.*

2.6.2 Beneficios de las pruebas estáticas

Hemos hablado de las pruebas estáticas, en dónde se utilizan y los artefactos que prueban o más bien analizan porque aquí se analiza sobre todo software y documentación, pero los beneficios de esto son los siguientes:

▶ *Detección temprana de los defectos, lo que ahorra costes.*

▶ *Mayor eficacia detectando defectos y corrigiéndolos porque ves claramente el defecto que existe, si un caso de prueba no tiene un resultado esperado o una historia de usuario no tiene criterios de aceptación sabes que es un defecto.*

▶ *Se identifican defectos que son más difíciles de ver en pruebas dinámicas, si tú quieres calcular un préstamo y te da un error sin ver el código, ni idea porqué ocurre.*

▶ *Reduce el coste de las pruebas y el tiempo, porque detectas errores antes del despliegue de la versión de software.*

▶ *Reduce el coste en el tiempo de desarrollo porque la documentación, historias de usuario y demás artefactos es más claro de más calidad.*

2.6.3 Diferencias entre pruebas estáticas y pruebas dinámicas

En la tabla de abajo vamos a ver las diferencias entre pruebas estáticas y pruebas dinámicas, que es la mejor forma de ver qué son las pruebas dinámicas.

Pruebas estáticas	Pruebas dinámicas
Encuentran defectos en los artefactos	Encuentran defectos cuando la aplicación está en ejecución
Se puede encontrar el defecto con menos esfuerzo	Hay que realizar acciones en la aplicación para encontrar los defectos
Mejora la calidad de los artefactos	Se enfoca en la parte visible del comportamiento
Los defectos encontrados son más baratos de solucionar porque se encuentran en las fases iniciales, las de requerimientos o desarrollo	Los defectos encontrados son más costosos porque se encuentran al realizar las pruebas funcionales cuando ya existe el paquete y se instala en los ambientes de pruebas

2.6.4 Defectos típicos en pruebas estáticas

Analizando los distintos proyectos en los que he estado, he visto que los defectos habituales que se encuentran cuando hacemos pruebas estáticas son los siguientes:

▼ *Defectos en los requerimientos funcionales y no funcionales.*

▼ *Defectos en los diseños de historia de usuario, criterios de aceptación o de casos de uso.*

▼ *Defectos en el código fuente o un código mal escrito, aunque funcione.*

▼ *Vulnerabilidades de seguridad.*

▼ *Defectos de mantenimiento, el código no es reutilizable o no hay descripción de los métodos.*

2.7 NIVELES DE INDEPENDENCIA DE LAS PRUEBAS. BENEFICIOS E INCONVENIENTES

Hay estándares de calidad que miden el nivel que tienen en pruebas las empresas, pero cuando hacemos pruebas de manera general podríamos hablar de 4 niveles a la hora de probar.

▼ 1° nivel. Probadores no independientes= Los que desarrollan el producto son los mismos que lo prueban, ahorras costes, pero es el nivel menos desarrollado de pruebas.

▼ 2º nivel. Probadores/Desarrolladores independientes dentro del equipo= Es cuando en un equipo de desarrollo el código que hizo la *persona 1* lo prueba la *persona 2* y al revés.

▼ 3º nivel. Equipo de pruebas dentro de la organización= Hay un equipo de QA que prueba todo el software que se realiza en la organización.

▼ 4º nivel. Equipo de pruebas fuera de la organización= Se contrata un equipo externo para realizar las pruebas también se llama subcontratación.

En la actualidad en los equipos ágiles los **testers** forman parte del equipo ágil mientras que en equipos no ágiles suelen estar en equipos separados.

2.7.1 Beneficios de las pruebas por equipos externos

Algunas veces los directivos no ven los beneficios de tener un equipo QA de una empresa diferente a la propia, pero hay beneficios y no son pocos.

▼ *Suelen ser enfoques y roles diferentes a los que tiene la empresa constructora del software y eso puede dar una perspectiva más objetiva.*

▼ *Permite verificar y cuestionar la especificación de requerimientos por gente que no está involucrada personalmente en el proyecto.*

▼ *No hay presión de la compañía o compañeros que puede hacer que las pruebas no sean tan exhaustivas.*

▼ *Los testers no están contaminados con prácticas que a lo mejor no son muy buenas.*

2.7.2 Inconvenientes de las pruebas por equipos externos

▼ *Está aislado del equipo de desarrollo.*

▼ *El equipo de desarrollo puede descansarse en exceso en temas de calidad.*

▼ *Puede verse al equipo externo como un competidor o generador de problemas en vez de sentir que tienen el mismo objetivo.*

▼ *La comunicación quizás sea más lenta al sentir que no forman parte de la organización.*

2.8 TAREAS DEL LÍDER DE PRUEBAS Y TESTER

En un equipo de QA hay distintos especialistas **testers**, analistas de calidad, analistas de automatización de pruebas, arquitecto de automatización, consultor de QA, analista de pruebas de rendimiento, hoy en día se quiere unificar y que un **tester** sea todo eso, pero la realidad es que hay pocas personas que tengan todo ese conocimiento ya que se necesita pasar por todos esos puestos, yo he pasado por bastantes de ellos y al final se podría dividir los puestos en dos, el **líder de pruebas** o **QA Lead** y un **Tester** aunque un tester sería una persona novel con poca experiencia pero para generalizar y nombrar las funciones de cada uno nos sirve.

2.8.1 Tareas del líder de pruebas

▼ *Crea la estrategia de pruebas para un proyecto, una empresa o un **release** o versión de un producto software.*

▼ *Planifica las actividades de un plan de pruebas y las asigna a los miembros del equipo.*

▼ *Escribe y actualiza el plan de pruebas.*

▼ *Diseña los **KPI** o métricas para el seguimiento de las pruebas del plan de pruebas.*

▼ *Ayuda a mejorar y desarrollar las actividades de los miembros del equipo.*

▼ *Es el portavoz del equipo de **QA** en las reuniones con el cliente.*

2.8.2 Tareas del tester

▼ *Realizar las actividades asignadas por el líder.*

▼ *Analizar y revisar los requerimientos, historias de usuarios y criterios de aceptación.*

▼ *Diseñar y ejecutar los casos de pruebas.*

▼ *Buscar y preparar los datos de las pruebas.*

▼ *Preparar el entorno para las pruebas.*

▼ *Automatizar las pruebas funcionales y no funcionales.*

▼ *Crear un informe de ejecución con los casos de prueba que pasaron los que fallaron y si lo sabe, la razón del fallo.*

▼ *Creación de casos de prueba y defectos en una herramienta como **Jira** en su componente **Xray.***

2.9 PLAN DE PRUEBAS Y CONTENIDO

2.9.1 Qué es un plan de pruebas

El plan de pruebas es un documento fundamental en el proceso de desarrollo de software sea utilizando una metodología ágil o sin ser ágil porque planifica todas las pruebas que se van a realizar.

El plan de pruebas se está actualizando continuamente en el ciclo de vida de un proyecto y es donde se indican las pruebas que se van a realizar y las actividades que se van a realizar; en general suele haber un **plan de pruebas maestro** y después planes de prueba hijos para cada una de las pruebas que se van a realizar en cada iteración del proyecto o sprint, podríamos tener un **plan de pruebas funcionales, plan de pruebas de rendimiento, plan de pruebas de usabilidad**, etc.

2.9.2 Contenido de un plan de pruebas

Cada plan de pruebas es diferente, depende del proyecto y de lo que se va a probar, pero tiene unos contenidos que suelen repetirse que son os siguientes:

▸ *Alcance, objetivos y riesgos de las pruebas.*

▸ *Definición del enfoque de pruebas.*

▸ *Integrar y coordinar actividades de prueba.*

▸ *Seleccionar métricas para el monitoreo y control de las pruebas.*

▶ *Presupuesto para las actividades de pruebas y cómo se asigna a cada actividad.*

▶ *Cronograma con el tiempo de cada actividad y las fechas,*

▶ *Determinar la documentación a entregar y la estructura y el nivel de detalle.*

Un ejemplo de plan de pruebas funcional lo podemos encontrar en un documento que está en la siguiente **URL** de la Junta de Andalucía.

https://www.juntadeandalucia.es/servicios/madeja/contenido/recurso/462

2.10 TIPOS DE ESTRATEGIAS DE PRUEBAS

Una estrategia de pruebas describe cuál es el objetivo de las pruebas y en qué se basan y las estrategias que podemos tener son las siguientes:

▶ **Analítica**= Tiene como objetivo analizar riesgos y requerimientos.

▶ **Basada en modelos**= El objetivo de las pruebas se basa en la estructura interna de la aplicación no en las funcionalidades.

▶ **Metódica**= Se definen las actividades que se van a realizar en las pruebas y cómo se va a probar la aplicación.

▶ **Cumplimiento de procesos**= El objetivo de las pruebas es cumplir estándares externos.

▶ **Aversión a las regresiones**= El objetivo es hacer pruebas rápidamente por lo que no se hacen pruebas de regresión manuales si no solo automáticas.

▶ **Dirigida**= El objetivo de las pruebas es aprender una nueva tecnología mediante el asesoramiento externo.

▶ **Reactiva**= El objetivo es realizar pruebas, pero no con una planificación si no probando a medida que ocurren los cambios en la aplicación; esto ocurre cuando no se sabe de antemano qué se va a cambiar en la aplicación o qué se va añadir nuevo, se hace en función de las necesidades en tiempo real.

2.11 EJECUCIÓN DE PRUEBAS. PRIORIDADES

La ejecución de pruebas es cuando se realizan las pruebas y cuando hay un montón de casos de prueba a ejecutar o probar es muy importante cuales son los casos de prueba que primero se tienen que ejecutar y eso se sabe porque se les asigna unas prioridades a cada caso de prueba que muchas veces vienen dadas por el impacto que podría tener esa funcionalidad si fallara que prueba el caso de prueba y el riesgo que tiene esa funcionalidad de fallar, *cuanto más alto es el riesgo y el impacto más alta es su prioridad.*

Para indicar la prioridad de cada caso de prueba y su orden de ejecución, sus dependencias entre casos de pruebas y la fecha que se ejecutaran utilizamos un cronograma, abajo pondré un ejemplo de cronograma y luego explicaré porque es así su orden de ejecución, porque también depende de las dependencias entre casos.

Orden de ejecución	Caso de prueba	Prioridad	Dependencias	Fecha de ejecución
CP2	CP1	4	N/A	25/10/2023
CP4	CP2	2	N/A	25/10/2023
CP1	CP3	7	N/A	25/10/2023
CP5	CP4	9	CP2	25/10/2023
CP3	CP5	7	CP1	25/10/2023

Se ejecuta el caso de prueba 2 primero porque el caso de prueba 4 que es el que tiene más prioridad depende del caso de prueba 1 y el caso de prueba 5, se ejecuta antes el 1 que el 5 porque el 5 depende del caso de prueba 1 y por último el caso de prueba 3, ¿pero por qué antes el caso de prueba 5 que el caso de prueba 3? Porque si un caso de prueba depende de otro debería ejecutarse antes si tienen la misma prioridad.

2.12 CRITERIOS DE ENTRADA Y DE SALIDA

En metodologías ágiles hay dos conceptos muy importantes y que hay que tener en cuenta y que están relacionados con las pruebas en entornos ágiles que son cuando las pruebas pueden empezar y cuando pueden terminar y cuando una **historia de usuario** o una **tarea** se pueden empezar a probar y cuando están finalizadas.

Definición de listo (DoR)

Es cuando una historia de usuario está preparada para probarse.

Los criterios de entrada para saber si una historia está lista para probarse son historia refinada, entorno estable con los cambios, datos en la base de datos y equipo de trabajo preparado.

Definición de completado (DoD)

Es cuando una tarea se ha finalizado y si tiene todas las tareas de una historia de usuario finalizadas es que la historia de usuario está finalizada.

Los criterios de salida de una historia de usuario serian hacer las pruebas y solucionar todos los defectos que se encuentren si ya no hay más defectos encontrados y los que se encontraron ya se solucionaron está completada esa historia de usuario.

2.13 TÉCNICAS DE ESTIMACIÓN DEL TIEMPO DE LAS PRUEBAS

Una de las cosas más importantes a la hora de realizar las pruebas es estimar el tiempo que nos llevara en hacer una actividad, sea automatizar una funcionalidad, probar de manera manual una funcionalidad, diseñar los casos de prueba, básicamente porque el tiempo cuesta dinero a las consultoras y en función de las horas de un servicio así cuesta, no trataremos el coste por hora pero las consultoras cobran una cantidad por día trabajado a sus clientes así que hacer una buena estimación del tiempo de las pruebas es importante.

Tenemos 2 técnicas de estimación de pruebas.

▼ **Basada en métricas**= Se basa en analizar proyectos parecidos, si en otro proyecto una funcionalidad parecida se tardó 3 días en probar, en el actual proyecto se podría tardar un tiempo parecido.

En este caso el esfuerzo de una historia de usuario se saca mirando una parecida si fue de 10 en otro **sprint** aquí se pone de 10 también y si es el primer **sprint** entonces le damos a cada tarea de la historia de usuario 1 punto o 2 y se suma todas las tareas de la historia de usuario para saber su esfuerzo total.

▼ **Basada en expertos**= Se basa en el conocimiento del **tester**.

Cada **tester** le da una puntuación a una historia de usuario y la puntuación más repetida es el esfuerzo de la historia de usuario.

2.14 MONITOREO DE PRUEBAS. KPI'S

Esta tarea la suele realizar el líder de pruebas y también el gerente de un proyecto y básicamente lo que se hace es:

▼ *Priorizar las pruebas en función de los resultados.*

▼ *Cambiar el cronograma de pruebas si es necesario.*

▼ *Analizar los criterios de entrada y salida para ordenar a los **tester** que empiecen o terminen las pruebas.*

▼ *Ir creando los informes de seguimiento de pruebas e informes finales.*

2.14.1 KPI's

Los KPI's o métricas ayudan muchísimo a saber cómo va el proyecto y si se están cumpliendo objetivos, de hecho, hay una herramienta de Microsoft que permite crear diagramas con métricas que es **Microsoft Power Bi DeskTop** y es muy utilizada por los líderes y gestores de proyectos.

Abajo tenéis una tabla con las métricas o KPI's más utilizadas en QA.

KPI	Descripción	Formula
Cobertura de pruebas	Permite saber el porcentaje de casos de prueba que se han ejecutado del plan de pruebas, ejemplo tenemos 100 cp y se han ejecutado 70 pues la cobertura de pruebas es del 70%	Cobertura de pruebas = (Número de casos de pruebas ejecutados / Número total de casos de prueba) x 100
Pruebas creadas	Permite ver el número de casos de prueba que se han diseñado comparado con los que se han planificado diseñar, permite ver si llegaremos a tiempo para realizar el diseño total de los casos de prueba para una funcionalidad	Pruebas creadas = (Número de casos diseñados / Total de casos a diseñar) x 100
Eficacia de las pruebas	Permite ver la calidad de los casos de prueba ejecutados y su eficacia, cuantos más defectos detecta un caso de prueba mejor es el caso. Suele encontrarse muchos defectos en pruebas unitarias e ir bajando en cada nivel	Eficacia de los casos de prueba = (Número de defectos detectados / Número de casos de prueba ejecutados) x 100

Cobertura de casos de prueba pasados	Mide el número de casos de prueba que han fallado; permite medir la calidad del software entregado, suele utilizarse esta métrica en pruebas de aceptación; lógicamente cuantos menos fallos más calidad tendrá el producto software	Cobertura de casos de prueba fallados = (Número de pruebas KO/ Número total de casos de prueba fallidos) x 100
Porcentaje de defectos solucionados	Permite saber cuántos defectos se han solucionado, esto sirve para saber el progreso diario en la solución de defectos y cuántos casos de prueba están bloqueados para ejecutarse a la espera de que se resuelva el defecto	Porcentaje de defectos reparados = (Nº de defectos reparados / Número total de defectos detectados) x 100
Porcentaje de defectos críticos	Es muy importante saber el porcentaje de defectos críticos que tenemos en las pruebas, primero para que los desarrolladores prioricen las tareas y segundo para saber si un release estará preparado para la fecha pactada; no debería haber más de un 20% de defectos	Porcentaje de defectos críticos = (Nº de defectos críticos / Total de defectos reportados) x 100
Tasa de éxito de resolución de defectos	Esta métrica nos permite ver que eficaces son los desarrolladores al solucionar un defecto, muchas veces un defecto se reabre varias veces y se tiene que hacer varias re-ejecuciones del caso de prueba, esto genera retrasos en la entrega, esta métrica nos permite mejorar eso	Tasa de éxito de la resolución de defectos = [(Nº total de defectos solucionados) – (Nº total de defectos reabiertos) / (Número total de defectos solucionados)] x 100
Relación de calidad	Las veces que se ejecutan los casos de prueba y que se re-ejecutan influye mucho en el tiempo para realizar las entregas, porque cada ejecución conlleva el tiempo de ejecutar, abrir el defecto y conseguir los datos, implantar estándares y herramientas que mejoren el desarrollo es fundamental y esta métrica nos ayuda a medir eso	Relación de calidad = (Casos de prueba ok / Nº total de casos de prueba ejecutados) x 100

2.15 TIPOS DE INFORMES A ENTREGAR

Informes de progreso

Son informes que muestran cómo va la ejecución de los casos de prueba, suelen enviarse al gerente de proyecto y clientes para que vean si la nueva versión de un producto va bien o hay problemas.

Informes finales

Se entregan al final de las pruebas cuando el nuevo **release** está preparado para demostrar la calidad de la versión y asegurar al cliente que está libre de errores críticos, se suelen entregar después de cada nivel de pruebas y después de cada tipo de prueba realizado.

De hecho, en el siguiente capítulo hablaremos de los niveles de prueba que hay, los tipos de pruebas y terminaremos haciendo una prueba de rendimiento con **JMeter** porque es algo muy utilizado en los proyectos reales.

3

PRUEBAS FUNCIONALES Y NO FUNCIONALES

Online Testing

En los temas anteriores hablamos de lo fundamental del **QA**, los conceptos más importantes y en el segundo capítulo ya hablamos del proceso de pruebas y todo lo que necesitas saber.

Ahora en este tema hablaremos de los niveles de pruebas que existen cuando construimos un software o aplicación y los tipos de pruebas más realizados y otros que no se realizan tanto pero que existen.

3.1 PRUEBAS FUNCIONALES

Mike Cohn creó una estructura en forma de pirámide con distintos niveles para permitir a los equipos que trabajan con metodologías ágiles como **SCRUM** organizar las pruebas de una manera más lógica. Así nacía el concepto de la "Pirámide de Cohn", que fue publicada en 2009 en su libro 'Succeeding with Agile' y presenta la siguiente estructura que podemos ver en la imagen de abajo:

Las pruebas funcionales son aquellas que garantizan que las características y las funcionalidades del software que se está construyendo se comportan según los requerimientos del cliente, es decir, según lo esperado y acordado. A su vez estas pruebas se pueden clasificar en las siguientes.

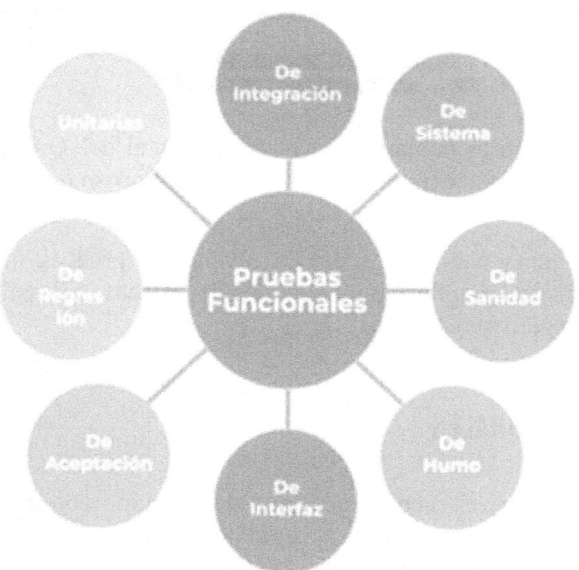

Pruebas unitarias

Se basa en probar pequeñas unidades de código que llamamos clases o varias unidades relacionadas entre sí. Se utiliza un dato de entrada y se observa la salida correspondiente.

Son pruebas que siempre hacen los desarrolladores, pero los últimos años son pruebas que suelen hacerlo los equipos de **QA**.

Ayudan a reducir el riesgo de defectos posteriores y sirven para asegurar que devuelven los resultados esperados.

Estas pruebas suelen utilizar **framework** como **Junit** o **TestNG** y suelen ser automatizados muchas veces en los entornos ágiles para favorecer la rapidez en las pruebas.

Pruebas de humo

Esta prueba se realiza sobre todo para asegurase que el software que se está probando esté listo o estable para seguir con pruebas de más nivel como las que serían las de integración, permite determinar que no existe ningún defecto tapón o bloqueante que impediría realizar el resto de las pruebas.

Pruebas de integración

Este tipo de pruebas tiene como objetivo tomar un módulo o componente de una aplicación que esté compuesto por un conjunto de unidades con sus respectivos subelementos, lo que sería un módulo compuesto de clases donde cada clase tiene métodos que hacen pequeñas funcionalidades y que ya han sido probadas con las pruebas unitarias y construir una estructura de programa que haya sido diseñada previamente, se cogen distintos componentes se combinan entre ellos realizando llamadas desde un componente a otro para ver si todo funciona como se espera.

Su objetivo es verificar el correcto funcionamiento de las interfaces.

Este tipo de pruebas antes las realizaban los desarrolladores, pero ahora cada vez más lo hacen los **testers** dado que muchas veces se utilizan **API's**[1] para construir el negocio de la aplicación porque permiten hacerlo todo más rápido y se utilizan herramientas como **Postman** para probar esas **API's** e incluso paquetes como **Newman** para automatizar las pruebas de esas **API's**.

---

1   Una API web o API de servicios web es una interfaz de procesamiento de aplicaciones entre un servidor web y un navegador web. Todos los servicios web son API, pero no todas las API son servicios web. La API de REST es un tipo especial de API web que utiliza el estilo arquitectónico estándar explicado anteriormente.

Pruebas de sistemas

Las pruebas de sistemas es un tipo de prueba muy importante porque permite realizar comprobaciones del sistema que existe en su totalidad; consiste en integrar todos los módulos que existan hasta el momento y sus componentes individuales (clases) y comprobar que el sistema con todos esos módulos y componentes individuales funciona como se esperaba o como esperaba el usuario final o cliente.

Estas pruebas realmente están compuestas por pruebas más pequeñas como son las siguientes:

▼ **Pruebas funcionales** = Dirigidas a asegurar que la aplicación realiza correctamente todas las funciones que se han detallado en los requerimientos dados por el cliente o usuario final.

▼ **Pruebas de comunicaciones**= Determinan que las interfaces entre los componentes del sistema funcionan adecuadamente, tanto a través de dispositivos remotos, como locales. Asimismo, se han de probar las interfaces hombre/maquina.

▼ **Pruebas de recuperación**= Consisten en demostrar que el sistema puede recuperarse ante fallos, tanto de equipo físico como lógico, sin comprometer la integridad de los datos ni los componentes de la aplicación.

▼ **Pruebas de operación**= Consisten en comprobar la correcta implementación de los procedimientos de operación, incluyendo la planificación y control de trabajos, arranque y rearranque del sistema, etc.

▼ **Pruebas de entorno**= Consisten en verificar las interacciones del sistema con otros sistemas dentro del mismo entorno.

Pruebas de interfaz

Tiene como objetivo la comprobación visual de la interfaz gráfica de usuario conforme a los requisitos visuales que se hayan definido por el diseñador gráfico; en esta prueba se comprueban el tamaño de los botones, la alineación de texto, las tablas y su contenido, el menú su posición color y forma.

Hay herramientas que permiten automatizar esto y ahorran mucho tiempo como es la herramienta de **Katalon Studio** que tiene una funcionalidad para comprobar las interfaces visuales de las aplicaciones de manera automatizada.

Pruebas de regresión

Consiste en probar las partes fundamentales de una aplicación que ha sufrido cambios para garantizar que no se han introducido nuevos defectos en ninguna parte.

Pruebas de aceptación

En el entorno ágil las pruebas de aceptación forman parte del sprint y no son algo tardío y su objetivo es que el software cumpla las expectativas desde el punto de vista del cliente y los usuarios finales.

Es una buena práctica que cuando se estén creando las historias de usuarios se escriban también los criterios de aceptación porque hay herramientas que te permitirán crear automáticamente a través de ellas las pruebas de aceptación.

Las pruebas de aceptación tienen que seguir estas pautas:

▼ *Estas pruebas tendrán una duración de 2 semanas.*
▼ *Las pruebas tendrán que realizarse con documentos reales.*
▼ *Las pruebas deben hacerse con datos reales.*
▼ *Las pruebas deberán ser ejecutadas por usuarios finales.*
▼ *Las pruebas de usuario deberán ser realizadas en los puestos de trabajo del cliente final.*

3.2 PRUEBAS NO FUNCIONALES

Son aquellas pruebas que se basan en los requerimientos operativos no funcionales, como puede ser el tiempo de respuesta de la aplicación, máximos usuarios que soporten, si la aplicación se entiende fácil o si proteges los datos de los usuarios correctamente.

Las pruebas no funcionales se pueden clasificar en las siguientes.

Pruebas de rendimiento

Sirve para probar el rendimiento de la aplicación en tiempo de ejecución y se utiliza para probar la velocidad y eficiencia de la aplicación.

Pruebas de estrés

Se realiza cuando se pretende forzar un sistema más allá de sus especificaciones para ver qué fallos ocurren, se le da unas determinadas condiciones al entorno, determinado ancho de banda, ubicación geográfica y se mide como se comprueba bajo una carga pesada, superando los límites que se supone que aguanta la aplicación. Un ejemplo sería un montón de usuarios que superan los usuarios típicos que están haciendo una compra para simular el **Black Friday.**

Pruebas de volumen

Consisten en someter a la aplicación a una gran cantidad de datos para verificar el comportamiento y el tiempo de respuesta. Cuando una aplicación tiene que registrar grandes volúmenes de datos puede afectar muchísimo al tiempo de procesamiento de cualquier acción.

Pruebas de seguridad

En las pruebas de seguridad se analiza el software, la aplicación o el sitio web para ver si está protegido contra **virus** o software maliciosos, si los procesos de autorización son correctos, las certificaciones, si cumple la ley orgánica de protección de datos, si tiene **vulnerabilidades**; pueden realizarse **auditorías de seguridad**, pruebas de penetración donde hackers intentan acceder a la aplicación o a los datos confidenciales o son capaces de hacer un **ataque de denegación de servicios.**

Pruebas de escalabilidad

El objetivo de las pruebas de escalabilidad es probar la compatibilidad del software en equipos con configuración diferente, diferentes navegadores con versiones diferentes y en sistemas operativos diferentes.

Pruebas de recuperación

Las pruebas de recuperación validar como de rápido se recupera un software o aplicación después de fallos o desastres naturales como podía ser un terremoto. Determina si la aplicación puede continuar con la operación que estaba realizando en el momento del fallo o desastre.

Un ejemplo sería el caso que en una tienda virtual cuando un usuario está pagando una compra y el sistema falla, ver si es capaz de dar marcha atrás a esa compra o la cancela antes de que se caiga el sistema.

Pruebas de usabilidad

Las pruebas de usabilidad verifican la facilidad de uso de una aplicación para saber si la aplicación es fácil de usar y es intuitiva. Si el usuario encuentra dificultades para realizar acciones o aprender la aplicación hay que documentarlo.

3.3 CASO PRÁCTICO. PRUEBA DE RENDIMIENTO CON JMETER

Apache **JMeter** es una herramienta gratuita que permite realizar pruebas de rendimiento sobre aplicaciones web y servicios web principalmente, aunque se utiliza para probar otro tipo de protocolos, pero yo hablaré cómo utilizarla para hacer pruebas de rendimiento en la tienda http://www.testingyes.com/onlineshop/

Para descargar **JMeter** hay que ir a la página web *https://jmeter.apache.org/* , aquí puedes encontrar toda la documentación de esta herramienta y para descargarla tienes que ir a sección **Download Releases.**

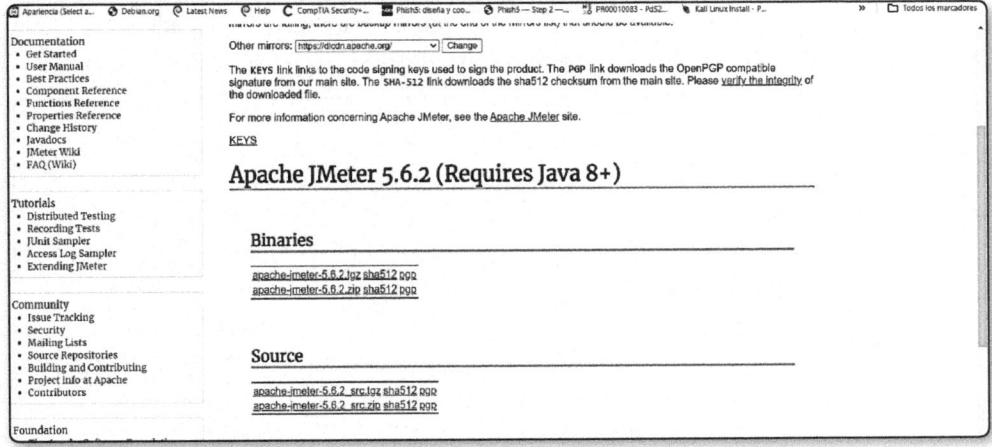

Pulsamos en el enlace marcado en rojo para descargarlo, **JMeter** está formado por varios archivos no es solo un ejecutable.

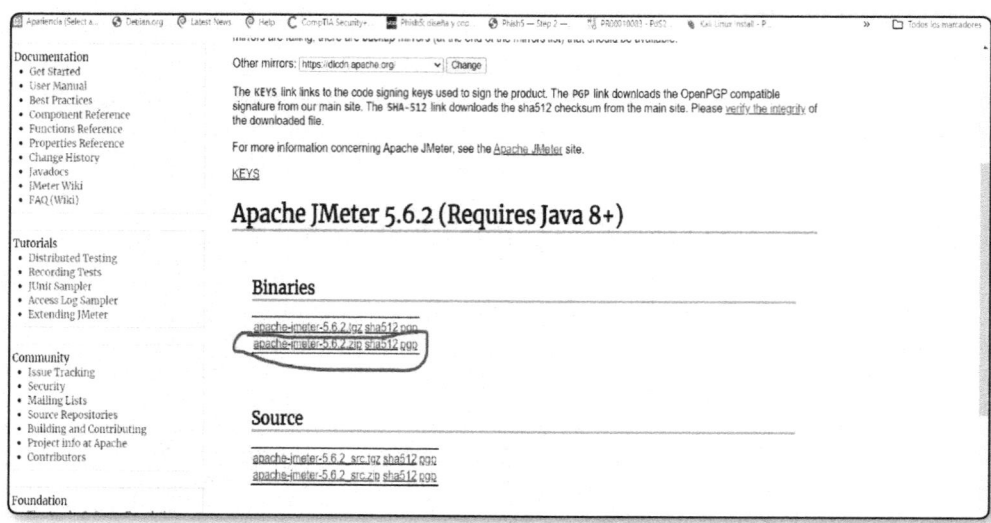

Una vez se haya descargado en por ejemplo la carpeta Downloads tienes que descomprimirlo porque es un archivo con extensión .zip.

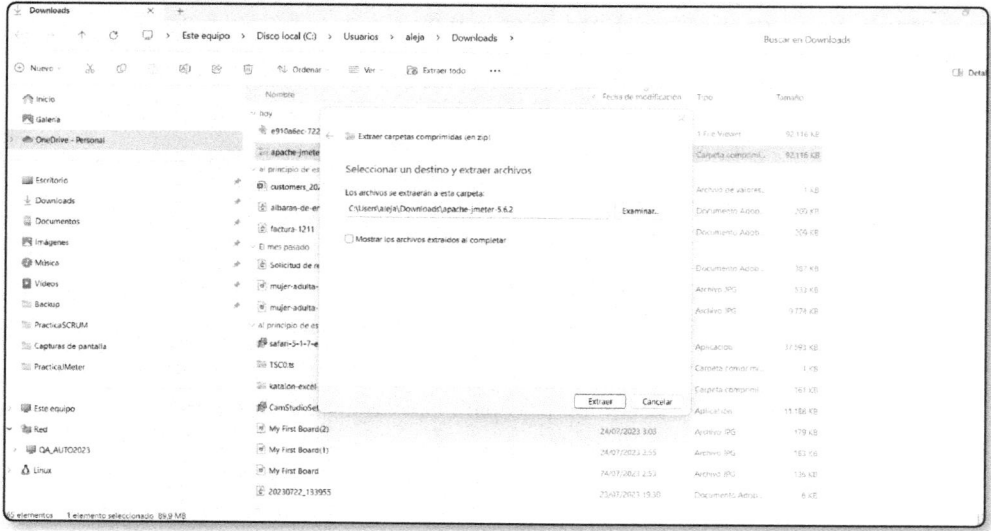

Las carpetas y archivos que debe tener son los siguientes.

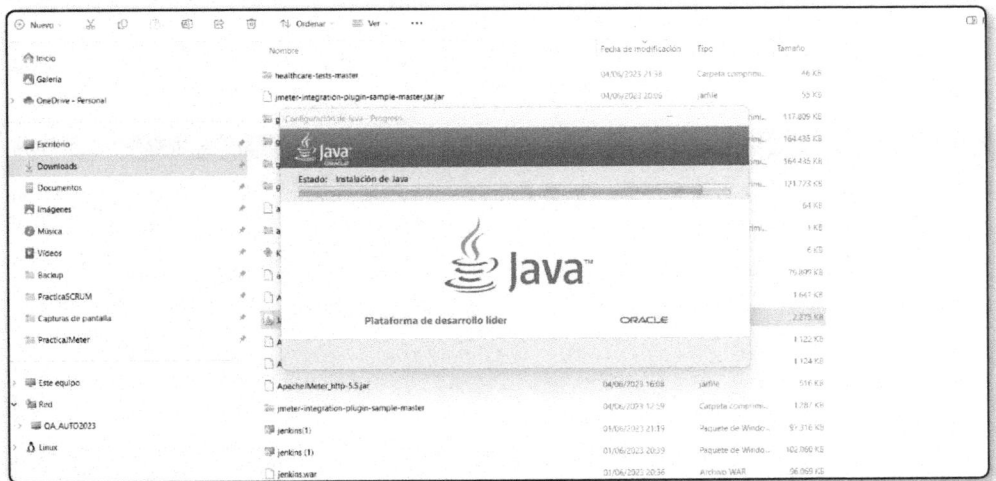

hoy			
bin	24/12/2023 12:42	Carpeta de archivos	
docs	24/12/2023 12:42	Carpeta de archivos	
extras	24/12/2023 12:42	Carpeta de archivos	
lib	24/12/2023 12:42	Carpeta de archivos	
licenses	24/12/2023 12:42	Carpeta de archivos	
printable_docs	24/12/2023 12:42	Carpeta de archivos	
LICENSE	24/12/2023 12:42	Archivo	18 KB
NOTICE	24/12/2023 12:42	Archivo	1 KB
README.md	24/12/2023 12:42	Archivo MD	11 KB

Para poder utilizar **JMeter** necesitamos tener instalado un **JDK** o JSE de versión 1.8 sino no podremos utilizar esta versión, si no lo tienes búscalo en Oracle e instálalo, tendrás que registrarte para poder descargarlo.

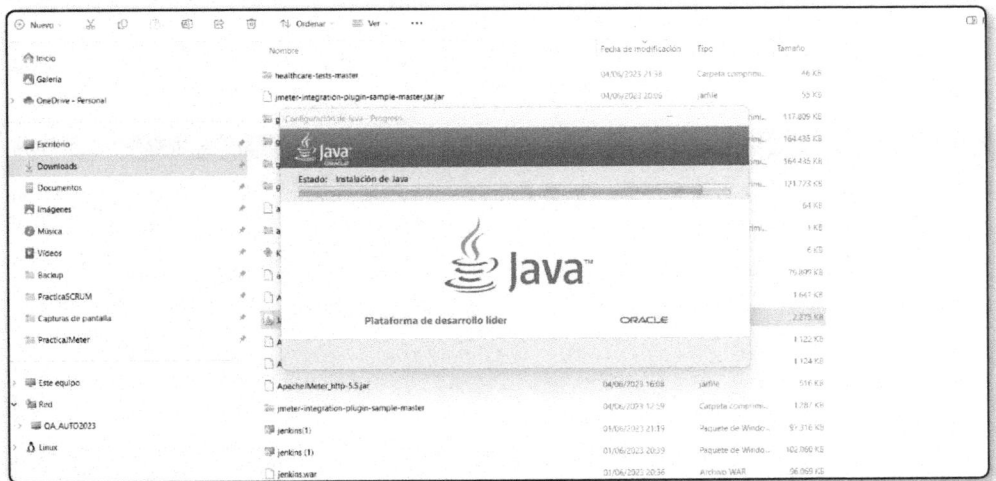

Después de ejecutar el programa de instalación si tienen una versión anterior te dará la opción de borrarla y finalizará la instalación.

Después tienes que ir a la carpeta *bin* dentro de la carpeta de **Jmeter** y darle dos clics al archivo **ApacheJMeter.jar.**

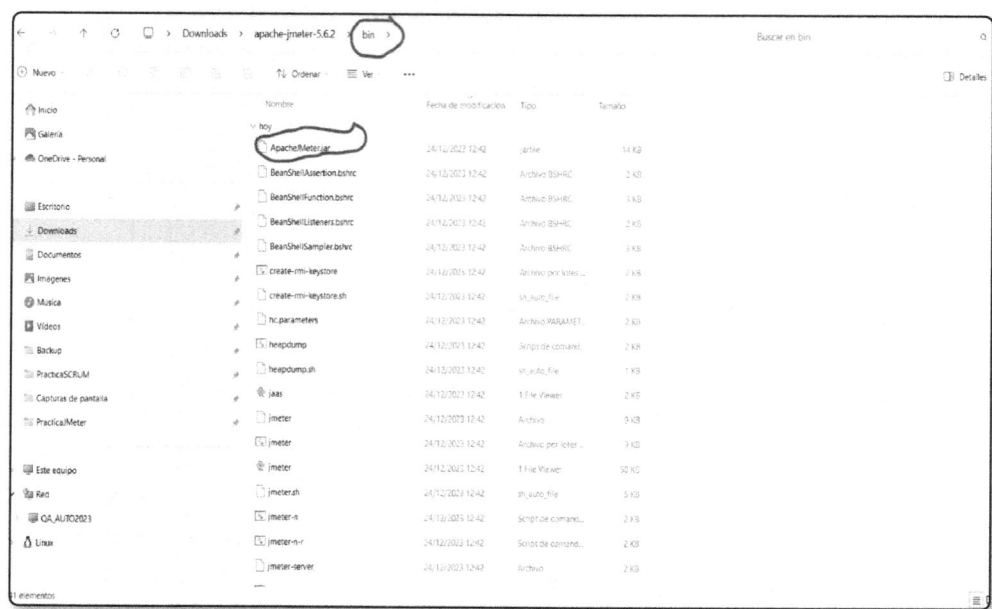

Al ejecutar ese archivo **jar** aparecerá la siguiente ventana que es la herramienta de **JMeter.**

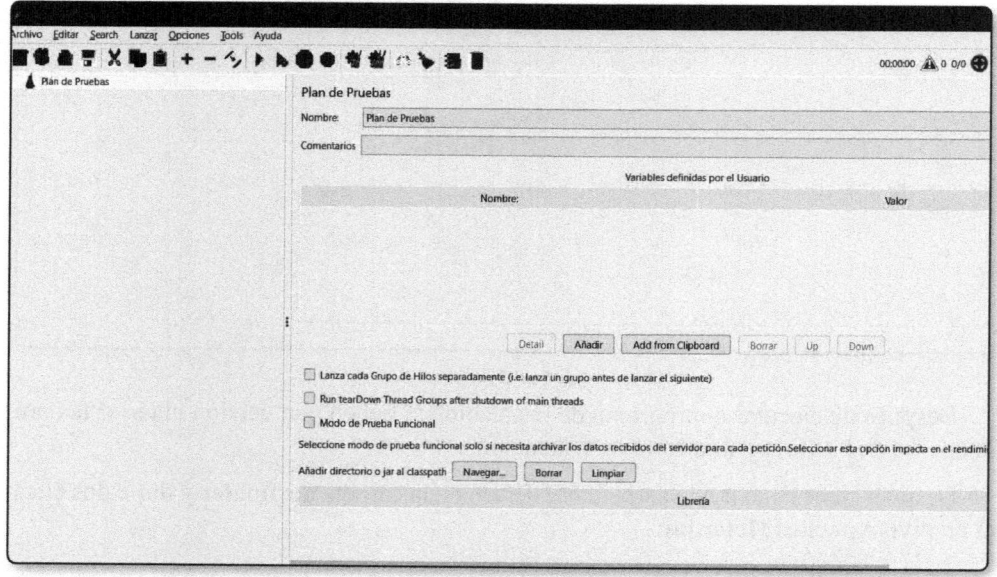

Con el botón derecho le damos a Plan de pruebas y en *Añadir->Hilos->Grupo de Hilos* hacemos clic y se crea un grupo de hilos.

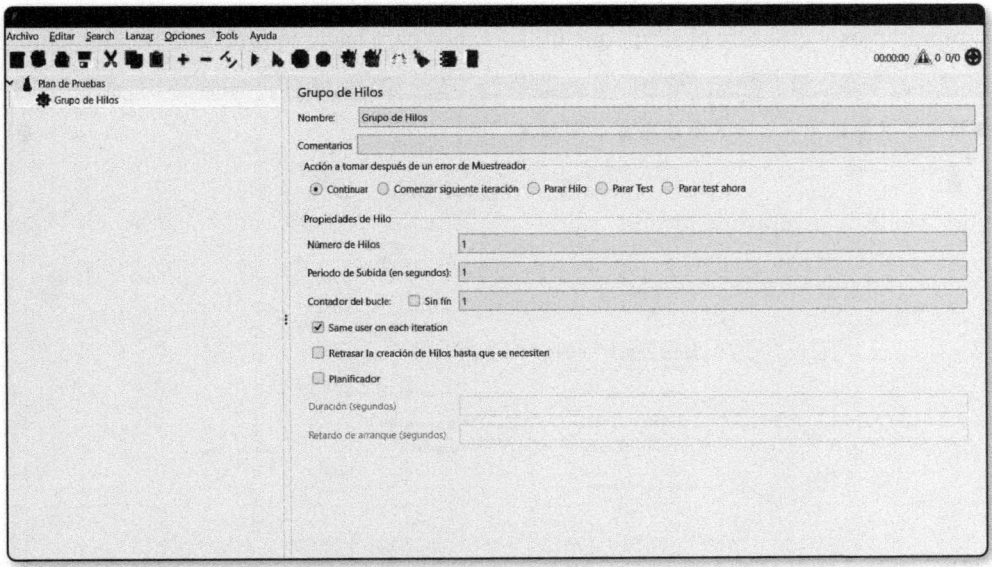

En este grupo de hilos que podemos llamar prueba de rendimiento, es quien se encargará de recoger todas las solicitudes que aparecen entre la página web y JMeter.

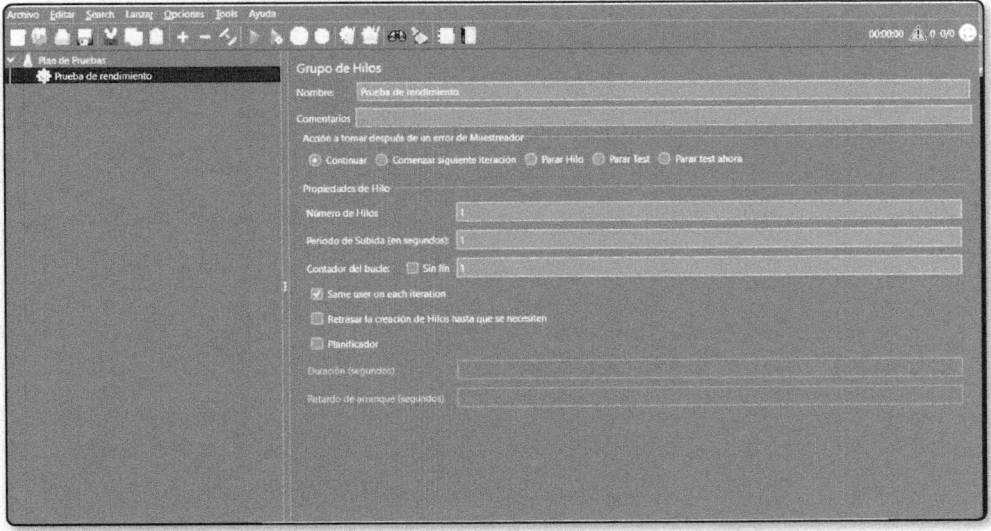

Ahora hacemos clic con el botón derecho en Plan de pruebas y en **Añadir -> Elementos Nodeprueba -> Servidor proxy HTTP** y tendremos que poner el puerto que queremos utilizar con el **proxy** que en mi caso es el **8888** y luego configurar un **proxy** con ese puerto en el navegador Firefox, esto se hace para capturar todas las solicitudes que se haga en este caso a la página web de prueba.

Nosotros iniciaremos sesión con un usuario en la tienda buscaremos un producto y lo compraremos y este será el script que utilizaremos para hacer la prueba de rendimiento.

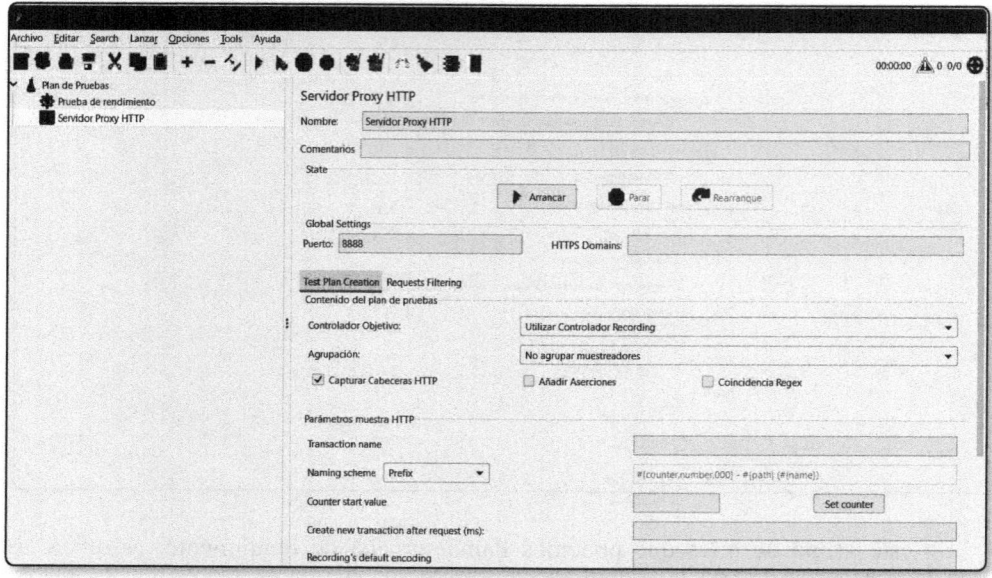

Ahora arrancamos el navegador *Firefox* y pulsamos en *Ajustes* en la barra de búsquedas escribimos proxy y pulsamos en *Configuración*...

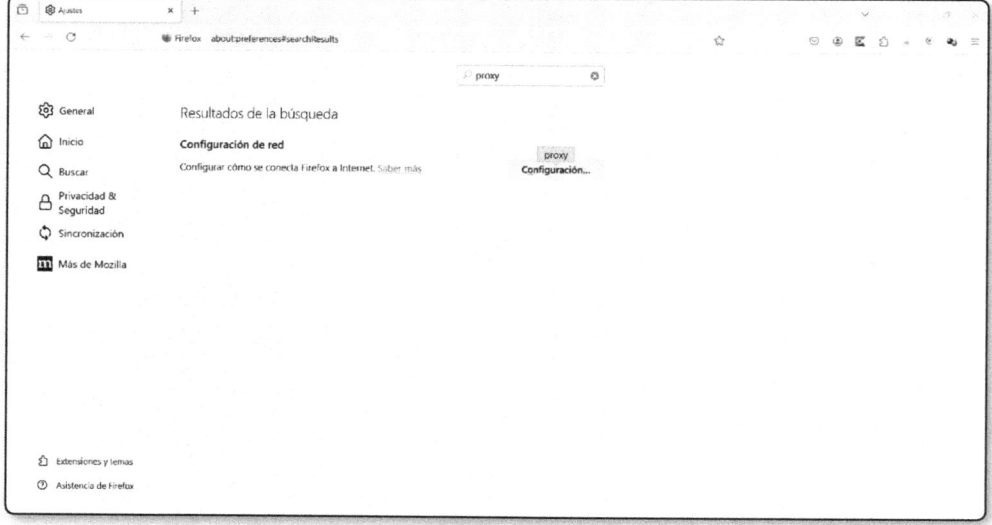

En la ventana de configuración en el proxy HTTP ponemos *localhost* y en el puerto *8888* que es el mismo que hay en **JMeter.**

Configuración de conexión   ✕

Configurar acceso proxy a Internet

○ Sin proxy

○ Autodetectar configuración del proxy para esta red

○ Usar la configuración del proxy del sistema

● Configuración manual del proxy

   Proxy HTTP | localhost | Puerto | 8888

   ☑ Usar también este proxy para HTTPS

   Proxy HTTPS localhost   Puerto   8888

   Host SOCKS | | Puerto | 0

   ○ SOCKS v4 ● SOCKS v5

○ URL de configuración automática del proxy

   | | Recargar

No usar proxy para

| |

Ejemplo: .mozilla.org, .net.nz, 192.168.1.0/24

Las conexiones a localhost, 127.0.0.1 y ::1 nunca pasan por proxy.

                                                      Aceptar   Cancelar

---

Queremos que las solicitudes de recursos como imágenes, **JavaScript** no aparezcan por eso vamos a realizar los siguientes pasos, vamos a **Request Filtering.**

Y queremos que se añadan un filtro para que excluyan determinadas solicitudes que no aportan nada a la prueba para eso hacemos clic en ***Add suggested Excludes.***

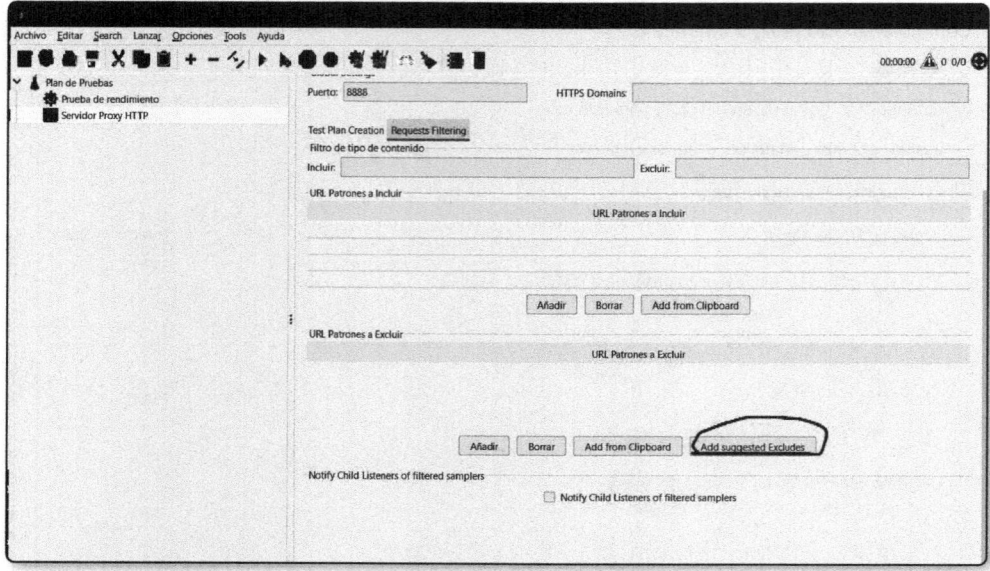

Aparece el patter que nos eliminara todo aquello que no se necesita para la prueba.

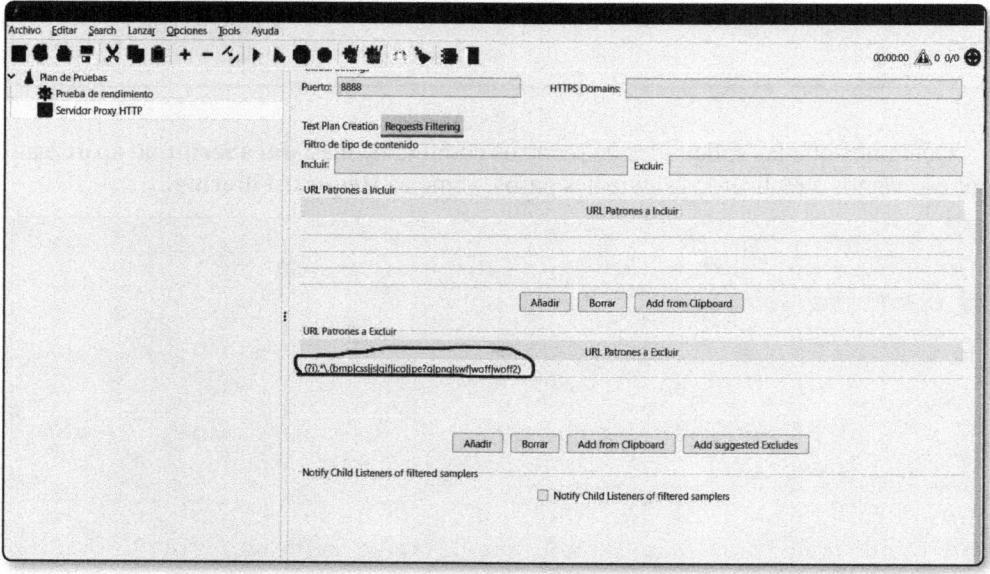

Dentro del *Servidor Proxy HTTP en la sección Controlador Objetivo* seleccionamos *Plan de pruebas > Prueba de rendimiento* y pulsamos en *Arrancar.*

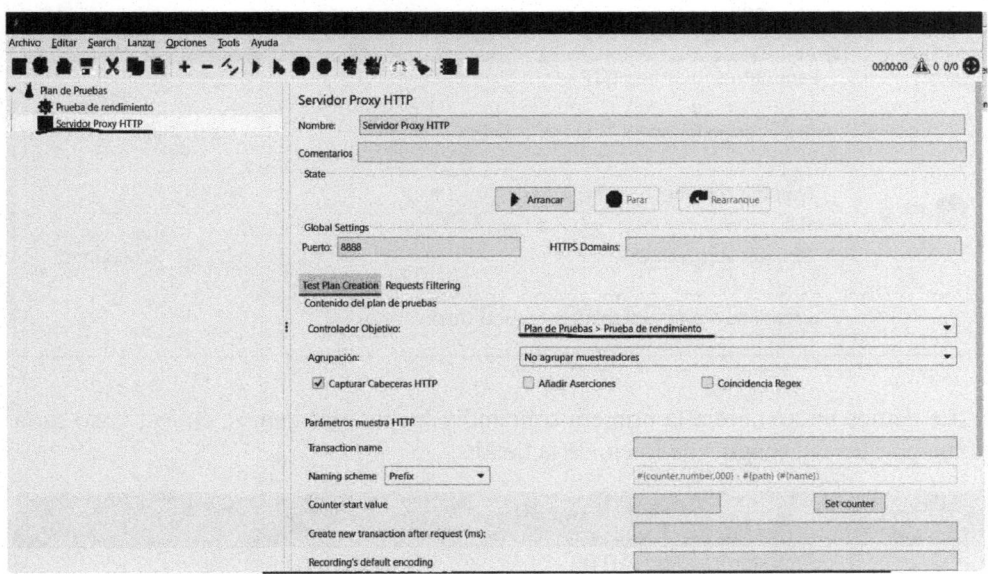

Aceptamos el certificado que nos aparece.

Ahora aparece esta ventana donde en el campo *Transaction name* tendremos que ir poniendo el nombre a cada solicitud que hagamos a la aplicación web. *http://www. testingyes.com/onlineshop/* .

Le damos un nombre a la primera solicitud y luego a las demás, en este caso sería Home porque es la página de inicio de la tienda.

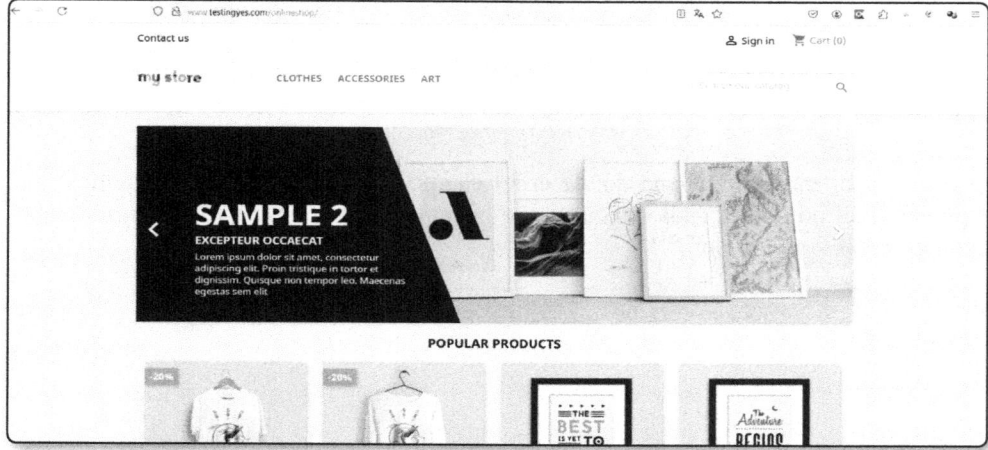

Iré mostrando los pasos de script que se deben hacer.

Accedemos a la página de inicio de la tienda.

Pulsamos en Sign in y accedemos al formulario de login, escribimos el usuario *test1@ testingyes.com* y password *test12345 y pulsamos en Sign in.*

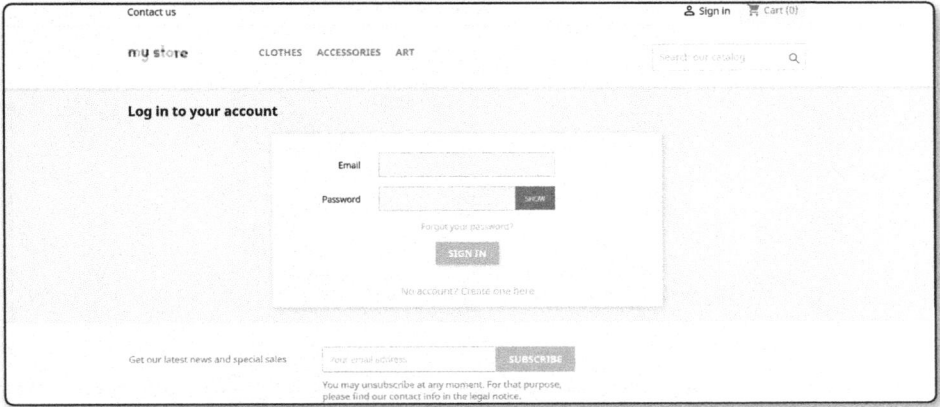

Después accederemos a la cuenta del usuario.

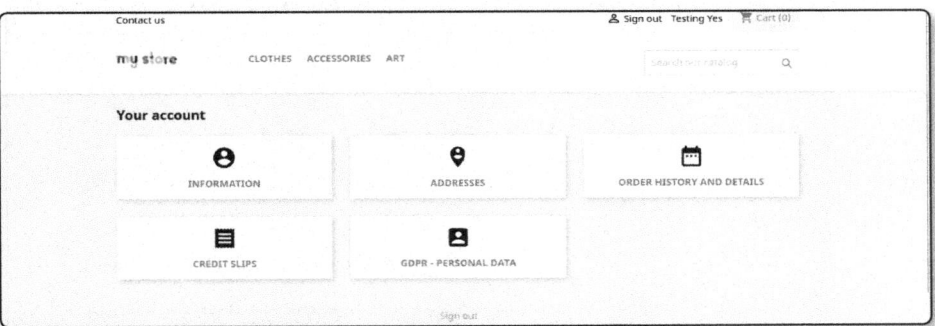

Accedemos a la sección de artículos de ropa de hombre.

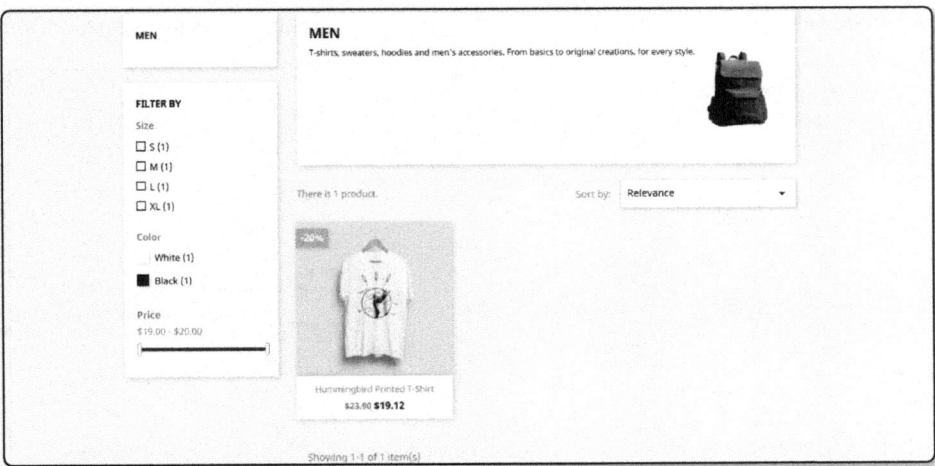

Hacemos clic en la camiseta para acceder al detalle y pulsamos en **add to cart**, nos aparece una ventana y la cerramos.

Pulsamos encima del carrito para ver el carrito y pulsamos en **proceed to checkout.**

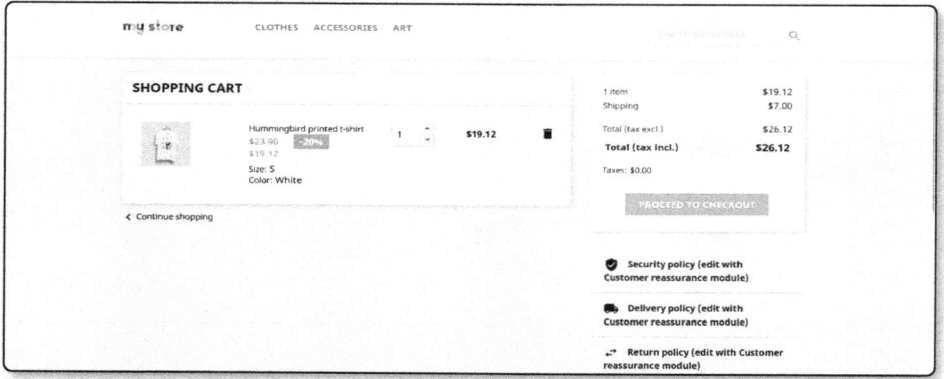

Aparece seleccionada la única dirección que tiene el cliente y pulsamos en Continúe.

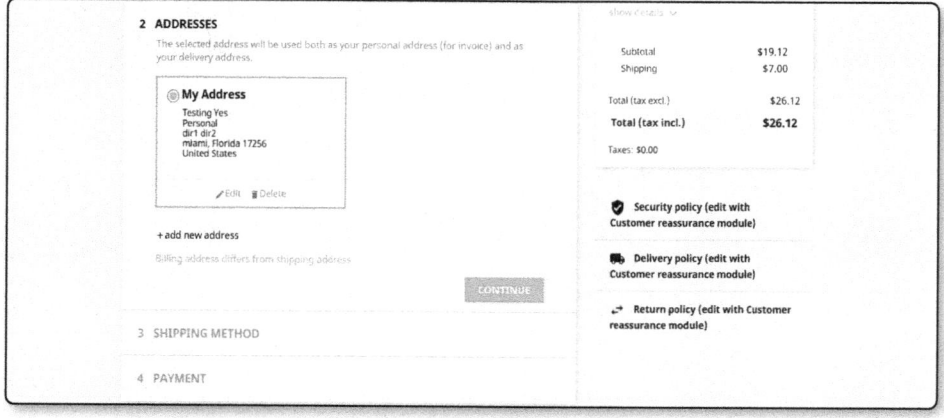

Aparece la pantalla selecciona método de envío y le damos a continuar porque solo hay una posibilidad.

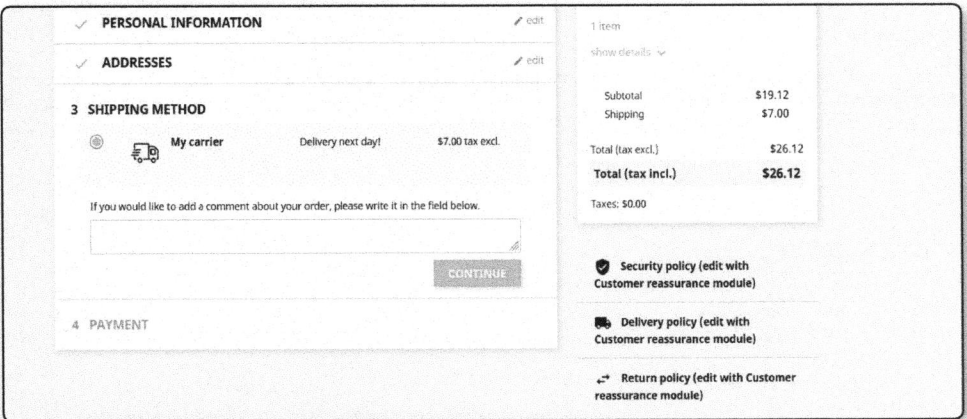

Nos dirige a la página de Payment que es de pagos y seleccionamos la segunda opción pago por banco, aceptamos condiciones y pulsamos en *Order with obligation to pay*.

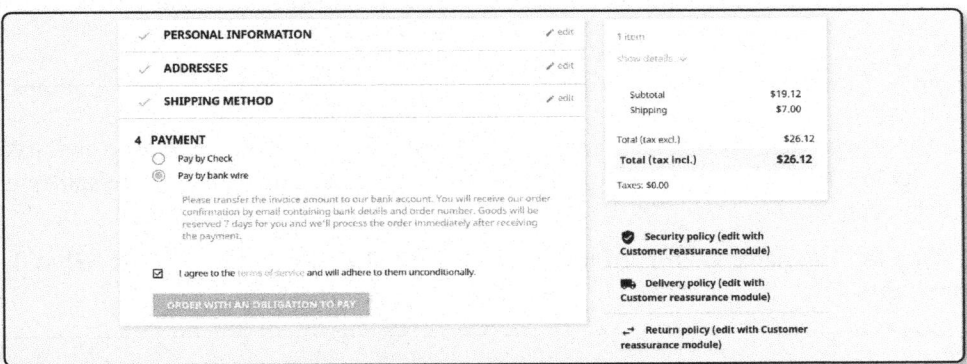

Nos envía a la página de orden confirmada.

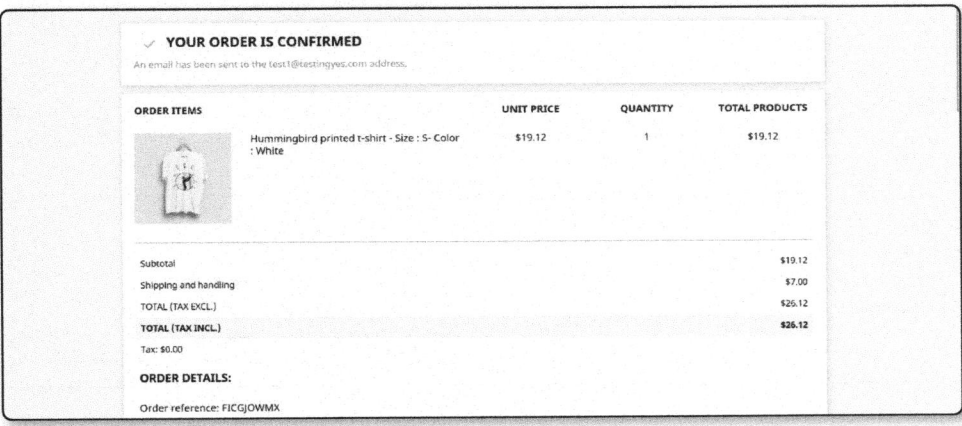

Después que hayas hecho todas estas acciones tiene que aparecer en nuestro **JMeter** una imagen como esta, para que aparezca estos nombres en el **Recorder** del que hablamos al inicio de la grabación tienes que ir dándole los nombres antes de realizar la acción en la página web.

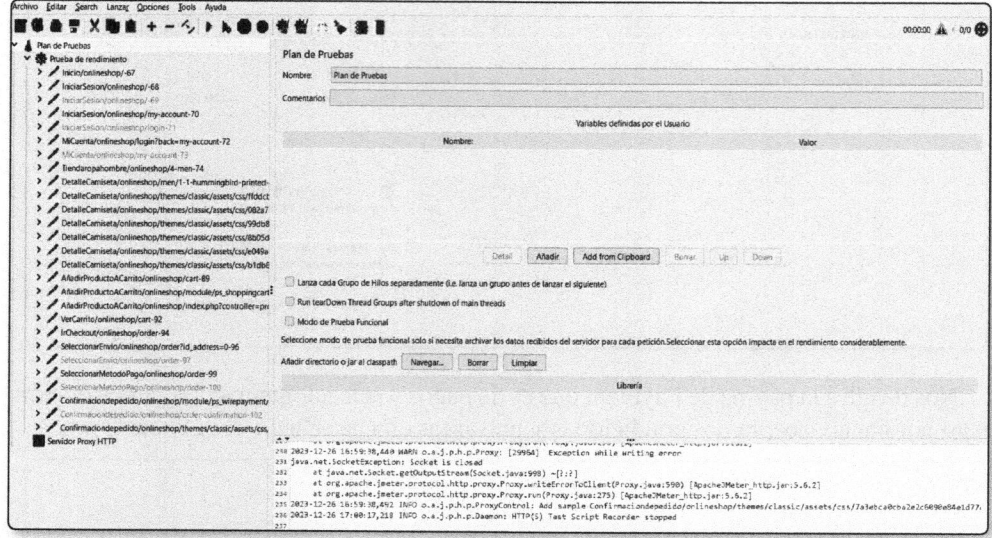

Ahora necesitamos crear un elemento que se llama *Ver árbol de resultados* y que sirve para ver que todas las solicitudes que se envían al servidor se devuelven correctamente, es decir, con una *respuesta 200*.

Para eso clic derecho en **Plan de pruebas ->Añadir->Receptor->Ver de árbol de resultados**.

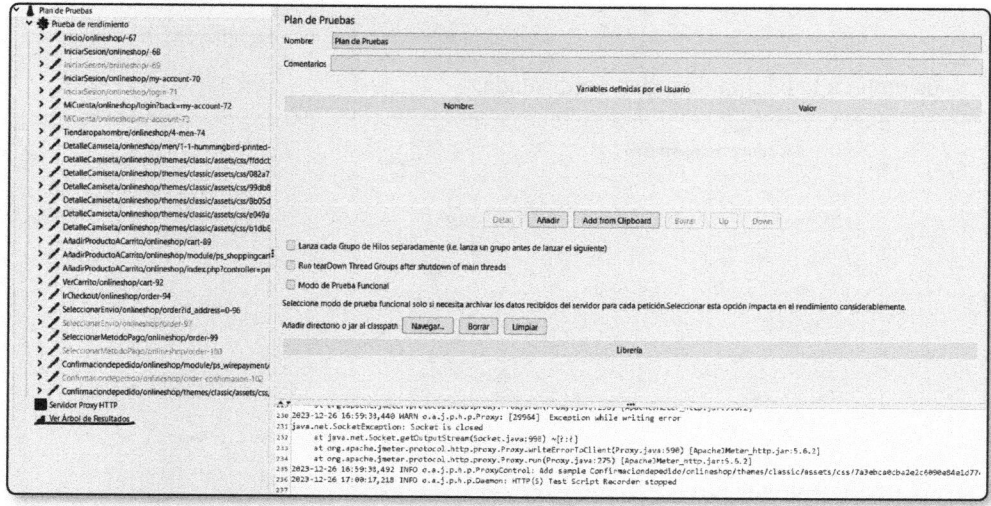

Ahora vamos a ejecutar este **script** pero para eso hay que guardar el script que tendrá una extensión. **Jmx.**

Al pulsar en la flechita verde se ejecuta el script y si está todo correcto todas las peticiones estarán en verde si hay un error estará en rojo y te indicará la respuesta que te indicará el error.

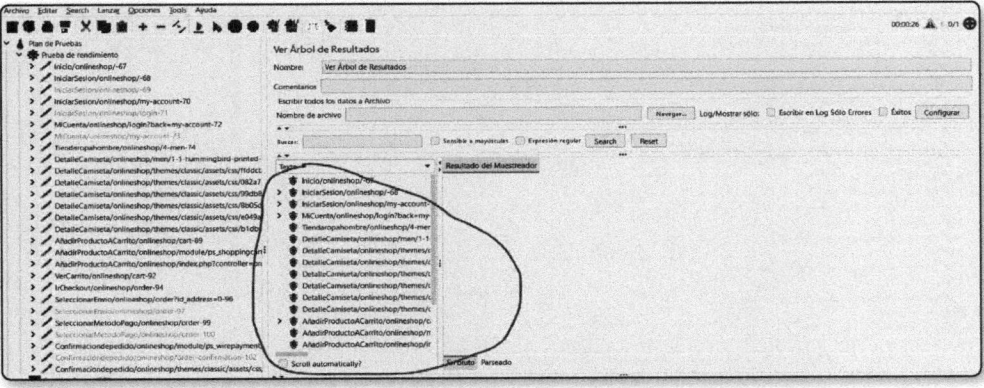

Al seleccionar la petición de iniciar sesión podemos ver que el estado de la respuesta es 200 y la respuesta correcta si hubiera un error te devolvería otro código indicando el error.

```
Resultado del Muestreador  Petición  Datos de Respuesta

Nombre del hilo:Prueba de rendimiento 1-1
Comienzo de muestra:2023-12-26 17:26:08 CET
Tiempo de carga:860
Connect Time:0
Latencia:363
Tamaño en bytes:9733
Sent bytes:874
Headers size in bytes:2257
Body size in bytes:7476
Conteo de muestra:1
Conteo de error:0
Data type ("text"|"bin"|""):text
Código de respuesta:200
Mensaje de respuesta:OK


HTTPSampleResult campos:
ContentType: text/html; charset=utf-8
DataEncoding: utf-8

En bruto  Parseado
```

Ahora tenemos que ver el tiempo de respuesta de cada petición y para eso hay que agregar el elemento Informe agregado para eso clic derecho en **Plan de pruebas ->Añadir->Receptor->Ver de árbol de resultados.**

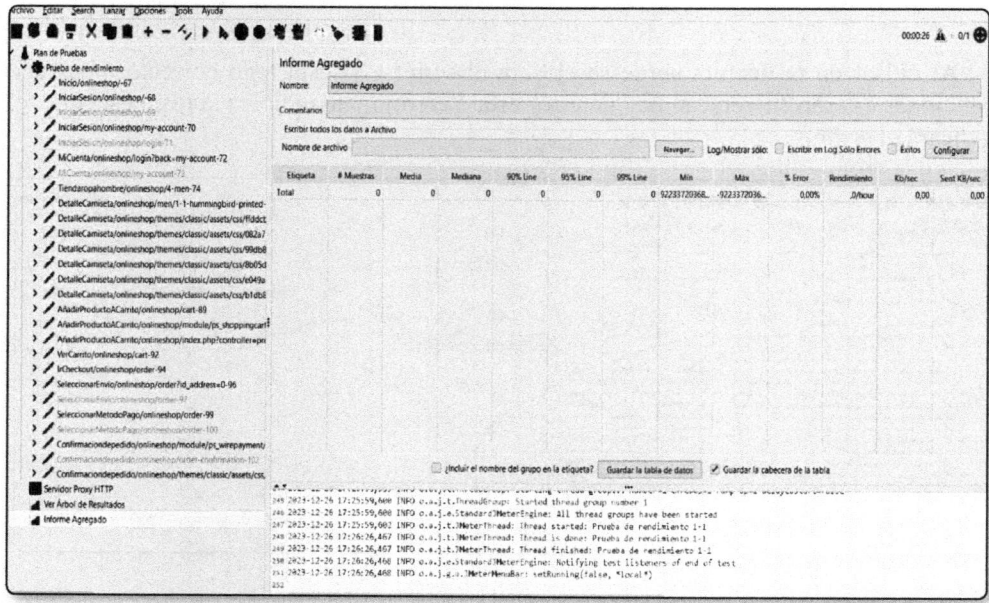

Ejecutamos de nuevo el script y podemos ver dentro del informe agregado a la izquierda cada petición y la derecha el tiempo que tardó en responder la página.

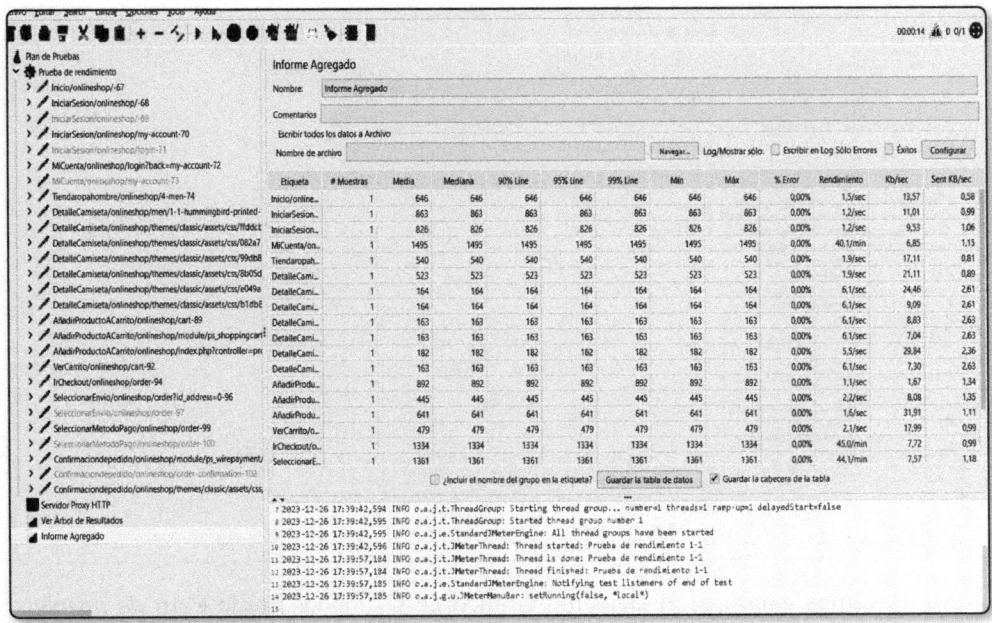

Si queremos limpiar la ejecución pulsamos en el segundo icono rodeado en rojo **Limpiar todo**.

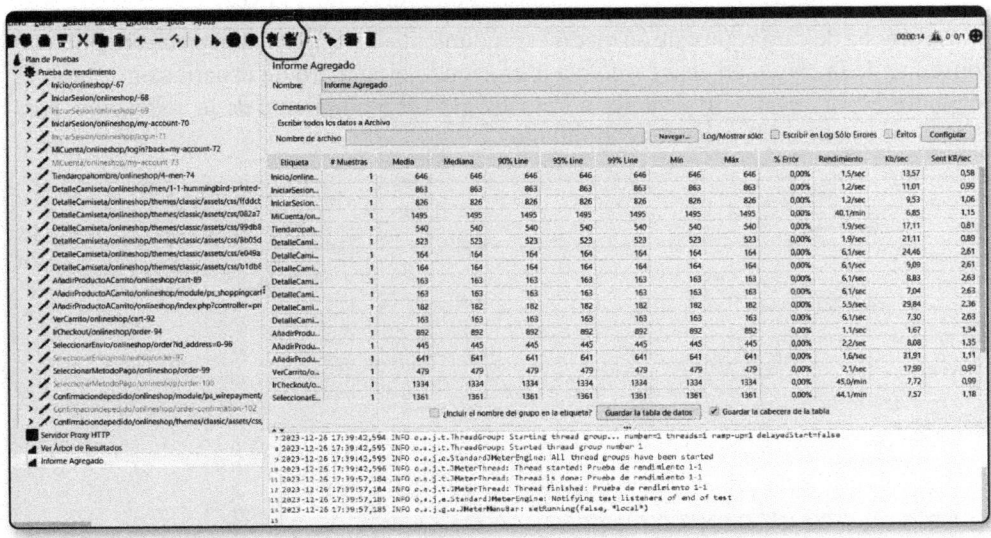

Ahora para que entre cada petición haya un tiempo aleatorio y sea más normal se agrega un temporizador **aleatorio** *Plan de pruebas ->Añadir->Temporizador->Ver de árbol de resultados- >Temporizador aleatorio uniforme y se pone debajo de Prueba de rendimiento para que sea para todas las peticiones.*

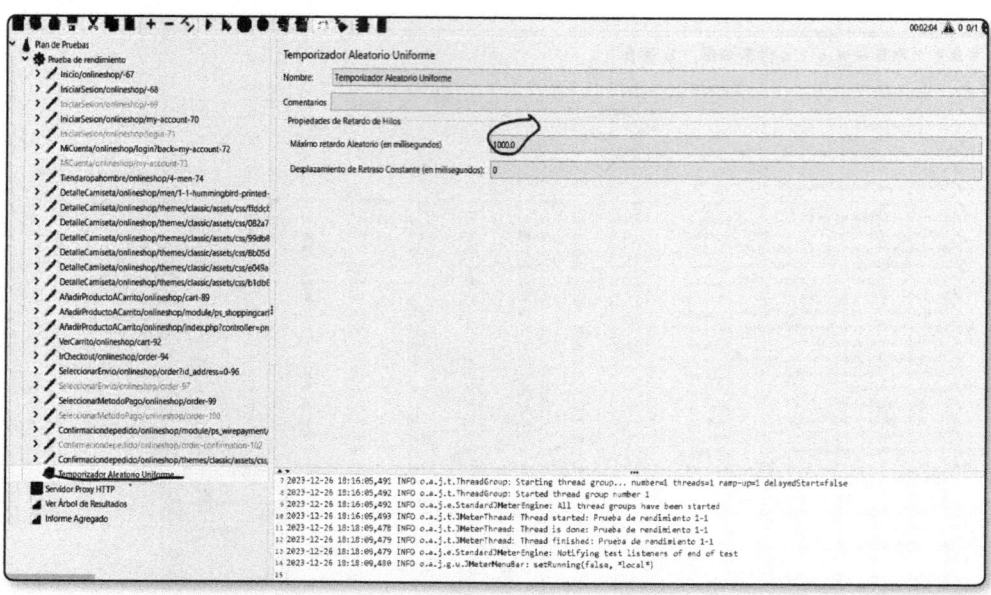

Ahora vamos a agregar el elemento Gráfico de resultados desde **Plan** *de pruebas ->Añadir->Receptor->Gráfico de resultados;* esta gráfica nos permitirá medir el rendimiento *de la aplicación web.*

Vamos a realizar una prueba de carga y una prueba de estrés, para ello vamos a suponer que la aplicación soporta 30 usuarios como máximo a la vez.

La prueba de carga consiste en medir el rendimiento de la aplicación en un crecimiento constante de la carga, en este caso va a ir creciendo el número de usuarios en 1 cada 12 segundos hasta llegar a 30 y vamos a ir analizando el rendimiento de la aplicación, para eso hacemos clic en Prueba de rendimiento.

El campo Número de hilos representa el número de usuarios que van a estar haciendo la transacción que grabamos antes de realizar una compra en la tienda que sería la transacción más importante de una tienda, Periodo de subida es cada cuanto tiempo va a crecer en un usuario en segundos hasta llegar a 30 y dividiendo los segundos por 30 será aproximadamente cada 12 segundos y en Contador en buble le decimos que siga realizando las transacciones hasta que paremos la ejecución haciendo clic en el icono STOP.

Después de ejecutar la prueba vamos a mirar tres elementos, **Ver Árbol de Resultados, Informe Agregado, Grafico de Resultados**.

Al final de la prueba con 30 usuarios se ve como muchas peticiones fallan.

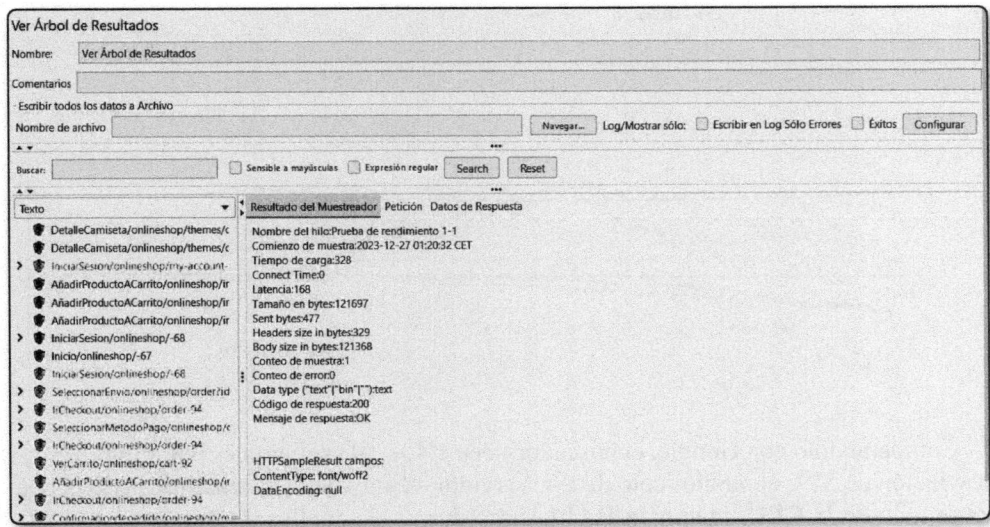

Abajo se ve una media del tiempo en milisegundos que tarda en responder la tienda a cada una de las solicitudes, se puede ver que tarda en algunos casos hasta 17 segundos, muchísimo tiempo, el usuario a partir de los 6 segundos ya le parece molesto.

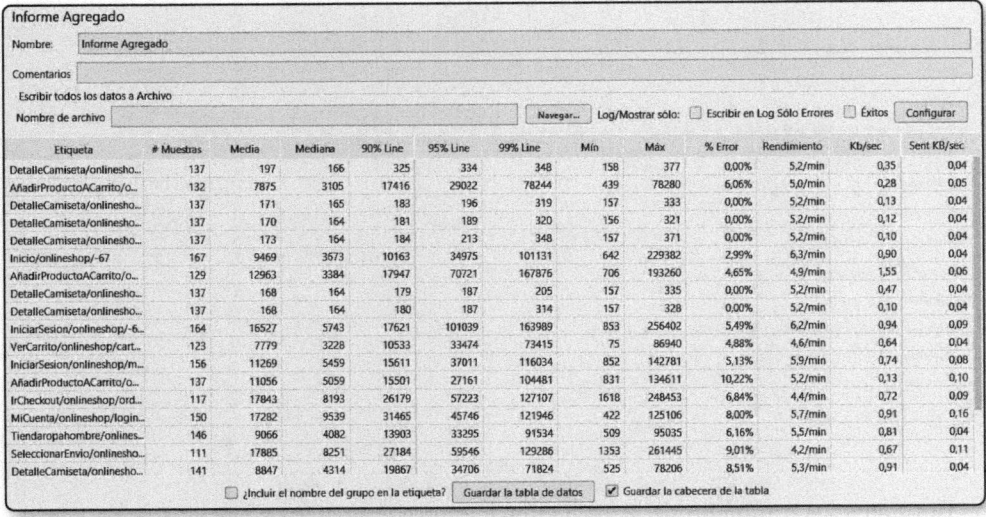

Etiqueta	# Muestras	Media	Mediana	90% Line	95% Line	99% Line	Mín	Máx	% Error	Rendimiento	Kb/sec	Sent KB/sec
DetalleCamiseta/onlinesho...	137	197	166	325	334	348	158	377	0,00%	5,2/min	0,35	0,04
AñadirProductoACarrito/o...	132	7875	3105	17416	29022	78244	439	78280	6,06%	5,0/min	0,28	0,05
DetalleCamiseta/onlinesho...	137	171	165	183	196	319	157	333	0,00%	5,2/min	0,13	0,04
DetalleCamiseta/onlinesho...	137	170	164	181	189	320	156	321	0,00%	5,2/min	0,12	0,04
DetalleCamiseta/onlinesho...	137	173	164	184	213	348	157	371	0,00%	5,2/min	0,10	0,04
Inicio/onlineshop/-67	167	9469	3573	10163	34975	101131	642	229382	2,99%	6,3/min	0,90	0,04
AñadirProductoACarrito/o...	129	12963	3384	17947	70721	167876	706	193260	4,65%	4,9/min	1,55	0,06
DetalleCamiseta/onlinesho...	137	168	164	179	187	205	157	335	0,00%	5,2/min	0,47	0,04
DetalleCamiseta/onlinesho...	137	168	164	180	187	314	157	328	0,00%	5,2/min	0,10	0,04
IniciarSesion/onlineshop/-6...	164	16527	5743	17621	101039	163989	853	256402	5,49%	6,2/min	0,94	0,09
VerCarrito/onlineshop/cart...	123	7779	3228	10533	33474	73415	75	86940	4,88%	4,6/min	0,64	0,04
IniciarSesion/onlineshop/m...	156	11269	5459	15611	37011	116034	852	142781	5,13%	5,9/min	0,74	0,08
AñadirProductoACarrito/o...	137	11056	5059	15501	27161	104481	831	134611	10,22%	5,2/min	0,13	0,10
IrCheckout/onlineshop/or...	117	17843	8193	26179	57223	127107	1618	248453	6,84%	4,4/min	0,72	0,09
MiCuenta/onlineshop/login...	150	17282	9539	31465	45746	121946	422	125106	8,00%	5,7/min	0,91	0,16
Tiendaropahombre/onlines...	146	9066	4082	13903	33295	91534	509	95035	6,16%	5,5/min	0,81	0,04
SeleccionarEnvio/onlinesho...	111	17885	8251	27184	59546	129286	1353	261445	9,01%	4,2/min	0,67	0,11
DetalleCamiseta/onlinesho...	141	8847	4314	19867	34706	71824	525	78206	8,51%	5,3/min	0,91	0,04

Abajo podemos ver cómo la desviación es de **20.295** y **105** peticiones respondidas por el servidor por minuto. Eso es una desviación muy alta y muy pocas respuestas en un minuto.

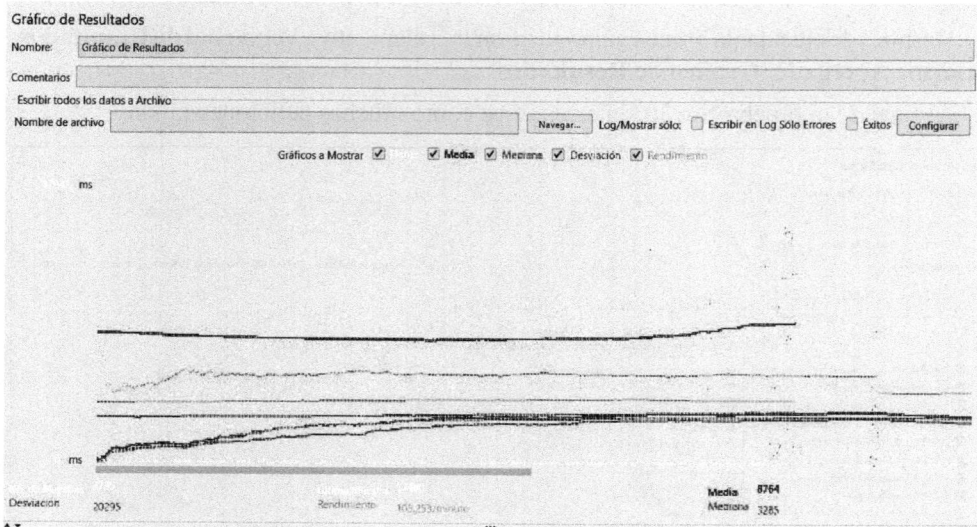

Comparándolo con Google, el buscador tiene 1.491.193 solicitudes por minuto y una desviación de 577; el rendimiento de este servidor es muy bajo; el rendimiento depende sobre todo de la **CPU**, **memoria RAM**, disco duro y de **cuellos de botella** que puede haber en determinados módulos de la tienda.

Ahora vamos a hacer una prueba de estrés que consistirá en poner 35 usuarios, 5 más de los que se supone que aguantara la tienda y que cada segundo aumente en 1 el número de usuarios concurrentes.

Borramos los resultados de la ejecución anterior y volvemos a ejecutar.

La ejecución ha durado 15 minutos y solo 20 transacciones han terminado correctamente.

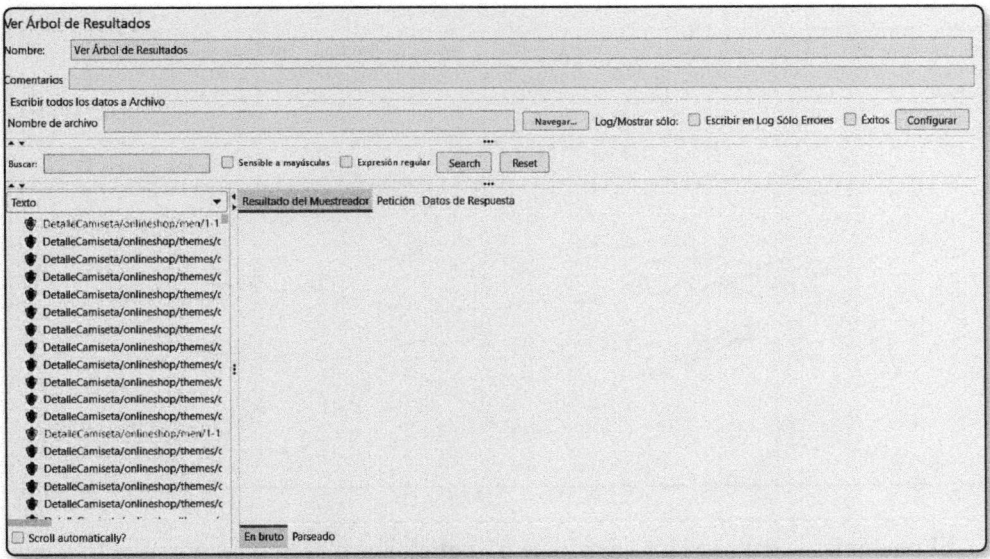

El tiempo medio de respuesta del servidor para cada página web va de **4 segundos a 10 segundos** y eso es la media de las respuestas si nos fijamos en el máximo de tiempo en que el servidor responde a una petición de página (desde que se solicita, se procesa hasta que se carga totalmente) llega en algunos casos a **28, 32, 27 segundos** y eso es una barbaridad.

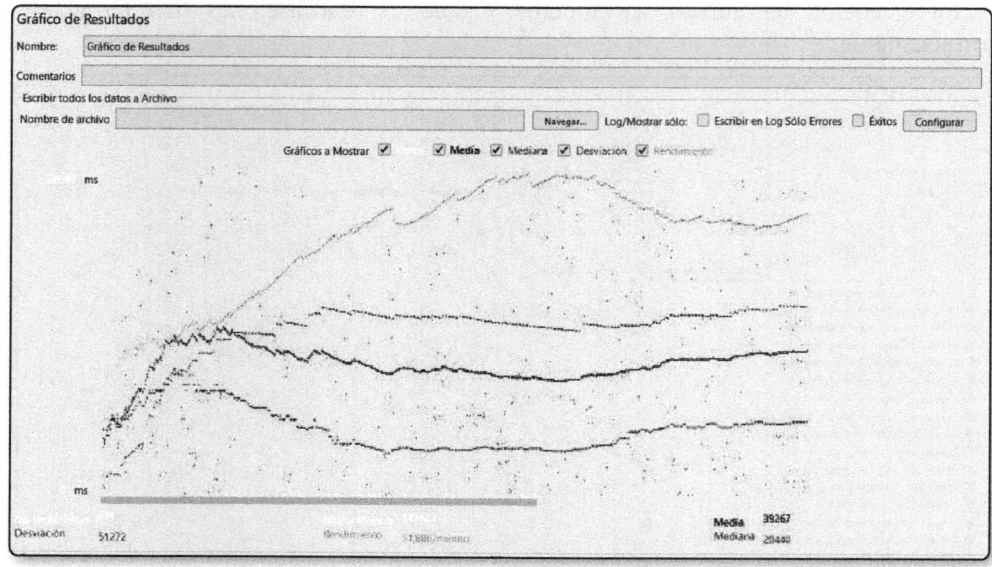

El rendimiento del servidor ha sido de **51 peticiones** respondidas por minuto y una desviación de **51272, se ha reducido a menos de** la mitad la capacidad de responder peticiones del servidor.

Con estos datos está claro que se necesita meter más procesadores y más memoria RAM al servidor, pero de ese análisis se encargaría un experto en pruebas de rendimiento, esta práctica solo era una iniciación a las pruebas de rendimiento con **JMeter**, mi intención no era convertiros en un experto para eso seguramente se necesitaría un libro dedicado a eso porque es un campo extenso, aunque con mucha demanda porque no hay muchos expertos en esa materia.

4

ESTÁNDARES DE CALIDAD ACTUALES

4.1 ¿QUÉ ES LA CALIDAD?

La calidad según el **ISO 9000** se entiende como el grado en que un conjunto de características inherentes cumple con los requisitos del cliente.

4.2 ESTRATEGIA DE PRUEBAS ACTUAL. TMAP

En la actualidad se estila el testing piramidal que consiste en una estrategia de pruebas hibrida que mezcla los distintos tipos de niveles de prueba que ya vimos, pero mezcla niveles de pruebas manuales con pruebas automatizadas.

4.2.1 TMAP

Esta pirámide de testing es la base en el enfoque **TMAP** for **DevOps** que es una estrategia de pruebas que están utilizando las empresas más importantes de tecnología.

El concepto de integración continua se explicará en el capítulo 13 pero ahora quiero que se entienda el flujo que se sigue mediante el diagrama de abajo.

4.2.2 Gestión de proyectos TMAP. Planificación y control

Cuando estamos en una estrategia de pruebas **TMAP** hay dos fases fundamentales que son la planificación de las pruebas y el control de pruebas y sus actividades más importantes son.

Planificación	Control
Crear la estrategia de pruebas maestra	Gestión de las pruebas del proyecto
Determinar el número de iteraciones	Reportar métricas
Realizar análisis de riesgos	Controlar el presupuesto
Crear las estimaciones para realizar las pruebas	Controlar el cronograma y los tiempos de entrega
Definir métricas	
Definir un modelo	
Crear el plan de iteraciones de las pruebas	

4.2.3 Fases de una iteración TMAP

Tienes 4 fases Preparación, Especificación, Ejecución y Finalización.

Cada iteración en TMAP sirve para crear una historia de usuario, entonces en la iteración 1 creamos la historia de usuario 1 que para desarrollarla la iteración 1 tiene las 4 fases de abajo, con el resto de las iteraciones se hará lo mismo.

Si tenemos 14 historias de usuario tendríamos 14 interacciones donde cada una tendría las 4 fases de abajo con sus actividades.

Preparación

-Analizar historias de usuario

-Convertir historias de usuarios en requerimientos testeables

-Identificar escenarios

-Crear artefactos

Especificación

-Crear scripts de prueba

-Obtener datos de prueba

-Optimizar especificación de pruebas

-optimizar defectos

Ejecución

-Ejecutar y re-ejecutar pruebas

-Priorizar

-Implantar BDD , TDD

-Realizar informes de pruebas

Finalización

-Evaluar el proceso

-Actualizar regresión

-Mantener scripts

4.3 NORMAS Y ESTÁNDARES

La definición de una norma seria:

"Documento establecido por consenso y grabado por un organismo reconocido que provee, para el uso común y repetitivo, reglas directrices o características para actividades o, sus resultados dirigidos a alcanzar el nivel de orden en un concepto dado".

4.4 ORGANISMOS GENERADORES DE NORMAS Y ESTÁNDARES

International
Organization for
Standarization

Institute of
Electrical and
Electronics
Engineers

International
Electrotechnical
Commission

Todos estos organismos tienen normas y estándares que son utilizados por muchas empresas de tecnología en sus proyectos y son muy valoradas las certificaciones de **ITIL** o **ISO 9001.**

4.5 ISO 9000:2015

La familia de normas ISO 9000 se ha creado para ayudar a organizaciones de todo tipo a implementar sus sistemas de gestión de calidad.

Esta norma ha sido creada para ayudar a empresas a que sus productos y servicios cumplan los requerimientos del cliente y que la calidad mejore continuamente.

Para implementar esta norma se analiza a la empresa desde 3 perspectivas:

- **Misión**= Se define el propósito de una organización.
- **Visión**= Es lo que la organización pretende alcanzar a largo plazo.
- **Valores**= Son las bases de una organización.

ISO 9000 es un sistema de gestión de calidad que es un conjunto de reglas y principios relacionados entre sí para permitir la gestión de procesos generales o específicos en una organización.

4.5.1 Principios del ISO 9000

- *Principio 1= Foco en el cliente.*
- *Principio 2= Liderazgo.*
- *Principio 3= Implicación de las personas.*
- *Principio 4= Orientación a procesos.*
- *Principio 5= Mejora continua.*
- *Principio 6= Toma de decisiones basados en hechos.*
- *Principio 7= Relaciones con proveedores mutuamente beneficiosas.*

4.5.2 Estructura de la ISO 9001:2015

La *ISO 9001:2015* es la nueva estructura para estándares **ISO** y es la siguiente:

- *Alcance.*
- *Referencias normativas.*
- *Términos y definiciones.*
- *Contexto de la organización.*
- *Liderazgo.*
- *Planificación.*
- *Soporte.*
- *Operación.*
- *Evaluación de rendimiento.*
- *Mejora.*

4.5.3 Características de la ISO 9001:2015

▸ Hincapié en el liderazgo.

▸ Pensamiento basado en riesgos.

▸ No hay ya referencia a acciones preventivas.

▸ Lenguaje orientado a servicios.

▸ Foco en gestión del conocimiento.

▸ Partes interesadas en lugar de clientes.

4.5.4 ISO/IEC 90003:2018

Es un conjunto de guías para aplicar la ISO 9001 en la ingeniería de software.

La **ISO /IEC 90003:2018** tiene las siguientes características:

▸ Define los artefactos que se generaran en el proceso de desarrollo de software.

▸ Define la planificación de proyectos y de pruebas (métodos, herramientas, convenciones).

▸ Define cómo debe ser el desarrollo según el riesgo, la complejidad y el tamaño del proyecto.

▸ Define cómo aplicar QA indicando en la parte genérica plantillas y en la parte específica para cada proyecto la creación de planes de pruebas y prototipos.

La trazabilidad es fundamental en **QA** porque cuando se crea un requerimiento, historia de usuario, caso de prueba o error por ejemplo hay que seguir esa tarea desde que la creas en todo proceso de existencia con sus actualizaciones hasta que ya se cierra.

4.5.5 ISO/IEC 2500 (SQUARE)

Es una familia de normas para evaluar la calidad del software que simplifica sistemas y requerimientos de software.

4.5.5.1 2501N MODELO DE CALIDAD

Esta norma determina características y subcaracterísticas de calidad para evaluar el software.

Licitación de requisitos ISO 25010

4.5.5.2 2502N MEDICIÓN DE CALIDAD

Es una norma que ayuda a la medición de la calidad, da una serie de pautas y reglas que permiten medir la calidad en un proyecto.

Abajo un diagrama de la calidad que se valida en un proyecto de software.

En la tabla de abajo tenemos la métrica que mide cuanto llevamos implementado de una funcionalidad.

Subcaracteristica	Métrica	Fase del ciclo de vida de calidad del producto	Propósito de la métrica de calidad	Método de aplicación	Fórmula	Valor deseado	Tipo de medida	Recursos utilizados
Completitud funcional	Completitud de la implementació n funcional	Interna/Externa	¿Cuán completa es la implementació n de acuerdo a la especificación de requerimientos ?	Contar el número de las funciones indicadas en la especificación de requerimientos y el número de funciones que faltan o están incorrectas	X = A / B A = Número de funciones que están incorrectas o que no fueron implementadas B = Número de las funciones establecidas en la especificación de requisitos Dónde: B > 0	0<=X<=1 El más cercano a 0 es el mejor	X= Contable/ Contable A= Contable B= Contable	Especificaci ón de requerimient os, Código fuente, Desarrollado r, Tester

4.5.5.3 2503N INGENIERÍA DE REQUISITOS

Son una serie de recomendaciones para realizar la especificación de requisitos del software.

En la tabla de abajo podemos ver un ejemplo de distintos tipos de requerimientos o requisitos que puede haber cuando se está desarrollando un producto software.

		Requisitos del producto de software	Requisitos de propiedad inherente	Requisitos funcionales	
Requisitos del Sistema	Requisitos de Software			Requisitos de calidad del software	Requisitos de calidad en uso
					Requisitos de calidad interna
					Requisitos de calidad externa
			Requisitos de propiedad asignada	Requisitos gerenciales incluyendo por ejemplo requisitos para el precio, fecha de entrega, futuro del producto y proveedor del producto	
		Requisitos de desarrollo del software	Requisitos del proceso de desarrollo		
			Requisitos de la organización de desarrollo		
	Otros requisitos del sistema	Incluye por ejemplo requisitos para el hardware del computador, datos, partes mecánicas y procesos de negocios			

4.5.5.4 2504N EVALUACIÓN DE CALIDAD

Es una norma para evaluar la calidad en un proceso de software.

Abajo podemos ver un diagrama de los pasos que tendría una evaluación de por ejemplo la implementación de una nueva funcionalidad que se vaya a añadir a una aplicación y cómo evaluar la calidad de ese desarrollo.

4.6 ISO/IEC/IEEE 29119

Define todo lo que tiene que ver con el aseguramiento de calidad.

Se divide en 5 partes:

1. *Conceptos y definiciones.*
2. *Procesos.*
3. *Técnicas de prueba.*
4. *Documentación.*
5. *Pruebas dirigidas por palabras clave.*

4.6.1 Conceptos y definiciones

En el diagrama de abajo podemos ver los conceptos fundamentales según esta norma.

4.6.2 Procesos

En un proyecto suelen haber 3 tipos de procesos de pruebas.

1. *Procesos de prueba de la organización.*
2. *Procesos de gestión de las pruebas.*
3. *Procesos de pruebas dinámicas.*

Los procesos de gestión de gestión de pruebas tienen de entradas **métricas** y de salida **plan de pruebas** y **directrices de control.**

Las pruebas dinámicas tienen el siguiente ciclo:

4.6.3 Técnicas de prueba

Ya hablamos en el episodio 2 las técnicas para diseñar pruebas aquí indicamos de nuevo las ya conocidas y algunas más solo para saber que existen, pero no para explicarlas.

Tenemos las técnicas basadas en las especificaciones:

- ▼ *Particiones de clases de equivalencia.*
- ▼ *Método de árboles de clasificaciones.*
- ▼ *Análisis de valores límite.*
- ▼ *Pruebas de sintaxis.*
- ▼ *Tablas de decisiones.*
- ▼ *Pruebas de transición de estados.*
- ▼ *Pruebas de casos de uso.*

Y las técnicas basadas en la experiencia que son **las pruebas exploratorias.**

Por último, en esta sección deberíamos hablar de los pasos que hay al realizar las pruebas y son los siguientes:

1. *Entender contexto.*
2. *Organizar el plan de pruebas.*
3. *Identificar y analizar riesgos.*
4. *Identificar mitigaciones de riesgos.*
5. *Diseñar estrategia de pruebas.*
6. *Determinar el calendario de las pruebas y la persona.*
7. *Crear los casos de prueba.*
8. *Conseguir los datos para las pruebas.*
9. *Registrar el plan de pruebas.*
10. *Comienzo del plan de pruebas.*
11. *Finalización del plan de pruebas.*

4.6.4 Documentación

Existen 3 tipos de documentación:

Documentación de organización de pruebas	-Política de pruebas -Estrategia de pruebas
Documentación de pruebas del proyecto	-Plan de pruebas del proyecto -Informe final de pruebas del proyecto
Documentación de niveles de prueba	-Plan de pruebas -Especificación de pruebas -Informe de pruebas -Informe de defectos -Informe de estado de las pruebas -Informe de ambientes de pruebas

4.6.5 Pruebas dirigidas por palabras clave

Esta sección la omitiré porque creo que no es importante.

4.7 MODELOS DE CALIDAD

"Un modelo de calidad es un conjunto de características y relaciones entre ellas, que proveen la base para especificar requisitos de calidad para evaluar la calidad de una aplicación".

(ISO 9126, ahora ISO 25010).

Hay 2 modelos de madurez de calidad importantes **CMMI** y **TMMI**.

4.7.1 CMMI

Es un modelo de madurez que indica una definición clara para promover comportamientos que conduzcan a una mejora del rendimiento de la organización.

CMMI tiene los siguientes beneficios para una organización.

▼ *Produce productos o servicios de calidad.*
▼ *Crea valor para los **stakeholders.***
▼ *Aumenta la satisfacción de los clientes.*
▼ *Genera valor.*
▼ *Da una imagen de excelencia en su sector.*

CMMI analiza a las organizaciones y determina si una organización es poco madura o madura.

Organización poco madura

1. *Hay una improvisación en los procesos.*

2. *Procesos aprobados que son ignorados.*

3. *Presupuestos y previsiones fuera de la realidad.*

4. *No hay medidas de calidad.*

5. *Calidad sacrificada por la previsión temporal.*

Organización madura

1. *Hay comunicación y coordinación.*

2. *Trabajo realizado según el plan.*

3. *Prácticas consistentes.*

4. *Roles y responsabilidades definidas.*

5. *Adaptación de los procesos.*

4.7.2 TMMI

Modelo de madurez que define claramente todo lo que se tiene que hacer para mejorar el rendimiento de las pruebas de testing.

Tiene 5 niveles de madurez.

El nivel inicial.

El **nivel gestionado** es el segundo nivel y para que la organización esté en este nivel debe tener las siguientes actividades.

- *Política y estrategia de pruebas.*
- *Planeación de pruebas.*
- *Control y monitorización de pruebas.*
- *Diseño y ejecución de pruebas.*
- *Ambiente de pruebas.*

El **nivel definido** es el tercer nivel y la organización debe tener las siguientes actividades para estar en este nivel.

- *Organización de pruebas.*
- *Programa de training de pruebas.*
- *Integración de pruebas y ciclo de vida de pruebas.*
- *Pruebas no funcionales.*
- *Revisiones pares.*

La revisión por pares es revisar la documentación y pruebas para asegurarse que están correctamente realizadas.

El **nivel medido** es el del cuarto nivel y la organización debe tener las siguientes actividades para estar en este nivel.

- *Tests de prueba.*
- *Evaluar la calidad del producto.*
- *Revisiones avanzadas.*

El **nivel optimizado** es el quinto y último nivel y la organización debe tener estas actividades para estar en este nivel.

- *Prevención de defectos.*
- *Optimización del proceso de pruebas.*
- *Control de calidad.*

HERRAMIENTAS DE QA

Software Tester

Una herramienta de prueba es un instrumento automatizado que soporta una o más actividades de prueba tales como planificación, control, especificación y ejecución.

Estas herramientas se pueden utilizar en todas las pruebas y ciclos de vida para ayudar a mejorar la eficiencia en los todos los procesos **QA**.

5.1 TIPOS DE HERRAMIENTAS DE PRUEBA

Hay 12 tipos de herramientas de pruebas.

▼ *Herramientas de análisis de cobertura de código.*

▼ *Herramientas de pruebas basadas en modelo.*

▼ *Herramientas de análisis de código fuente.*

▼ *Herramientas de pruebas unitarias.*

▼ *Herramientas de gestión de incidentes.*

▼ *Herramientas de ejecución de pruebas.*

▼ *Herramientas de pruebas de rendimiento.*

▼ *Herramientas de monitorización de pruebas.*

▼ *Herramientas de pruebas de seguridad.*

▼ *Herramientas de gestión de pruebas de datos.*

▼ *Herramientas de virtualización de servicios.*

▼ *Herramientas de gestión de pruebas.*

5.1.1 Herramientas de análisis de cobertura de código

Mide el % de código que se ha probado generalmente de un método, suele basarse en el número de caminos que se han ejecutado del método.

Hay varias herramientas para crear el informe de cobertura y suele depender del lenguaje de programación en que está escrito el código.

La cobertura puede ser de un método, de una clase de un módulo.

Estas herramientas crean automáticamente informes de cobertura.

Las herramientas más conocidas de este tipo son:

Clover es una herramienta de análisis de cobertura de código que soporta los lenguajes de **Java** y **Groovy**.

Es compatible con los marcos de prueba **JUnit** y **TestNG.**

Se integra con los **IDE** (entornos de desarrollo integrado) **IntellJ**, **IDEA** y **Eclipse.**

Cobertura

Cobertura es una herramienta de cobertura de código gratuita y que se suele utilizar a través del gestor de **plugins** de **Maven;** analiza la cobertura del código para proyectos con lenguaje de programación **Java.**

Es una herramienta de cobertura de código que es una biblioteca gratuita para el lenguaje *Java* y se integra con el *IDE Eclipse*

Hay otras herramientas menos conocidas para lenguajes menos utilizados como ***Ruby y Python***

Pytest-cov

Es un complemento gratuito de **Python** que se utiliza para generar informes de cobertura de código.

Se instala utilizando **pip** que es el instalador de paquetes de **Python** y que se maneja desde la línea de comandos.

Simplecov

Es una herramienta de cobertura de código para el lenguaje de programación.

Utiliza la propia biblioteca de cobertura integrada en **Ruby** para recuperar datos relevantes que se utilizara para determinar la cobertura de código después de la ejecución de pruebas.

5.1.2 Herramientas de pruebas basadas en modelo

Estas herramientas lo que hacen es generar casos de prueba automáticamente a partir de modelos.

Los modelos pueden ser representados en elementos como imágenes, gráficos, diagramas u otros tipos de elementos.

Los requisitos se tienen que representar de una manera que la herramienta los entienda.

Los casos de prueba se generan automáticamente a través de la representación abstracta de los requisitos hechos por la herramienta.

Algunas herramientas además de crear los casos de prueba automáticamente pueden ejecutar los casos de prueba.

Abajo tenemos 3 de las herramientas más utilizadas en el mercado para estas actividades.

TRICENTIS Tosca

Es una herramienta que permite automatizar las pruebas de un extremo a otro; permite diseñar casos de prueba, automatizarlos mediante **scripts,** generar y diseñar datos para las pruebas, analizar las pruebas y generar distintos informes de las pruebas.

CONFORMIQ

Te permite crear casos de prueba ejecutables optimizados a través de casos de diagramas de flujo utilizando inteligencia artificial y se integra con herramientas como **Jira** o herramientas de **IBM** o **Microsoft.**

⊙KCycle

Genera casos de prueba y planes de prueba a partir de historias de usuario y criterios de aceptación y permite crear **dashboard** de QA personalizados.

Esta herramienta también permite generar documentación y métricas.

5.1.3 Herramientas de análisis de código fuente

Estas herramientas analizan el código fuente antes de ejecutarlo y lo comparan con reglas de codificación para generar informes y poder mejorar la calidad del código.

Estas herramientas se están volviendo imprescindibles ya que permiten encontrar defectos y vulnerabilidades en una fase temprana del código.

Estas herramientas analizan el código desde un repositorio y las reglas de análisis de código pueden personalizarse según proyecto u organización.

Estas herramientas crean informes automáticos y clasifican la calidad de nuestro código.

Las herramientas más importantes serian:

sonarqube

Es una herramienta que analiza la calidad de un código desde repositorio o desde **IDE** y tiene versión de pago y gratuita y versión en la nube que se llama **SonarCloud.**

Es una herramienta de análisis de código que se centra en la seguridad del código encontrado vulnerabilidades de manera temprana. Es de pago.

VERAC⊙DE

Es una herramienta que también se centra en la seguridad del código encontrando vulnerabilidades, es capaz de analizar lenguajes como **Java, JavaScript, VB.NET.**

Esta herramienta permite realizar análisis estáticos del código fuente, pero también análisis dinámicos donde se analiza la aplicación en vivo desde su URL.

5.1.4 Herramientas de pruebas unitarias

Se prueba que la unidad de componente más pequeña de un software funciona según lo diseñado; en general suele ser un método que forma parte de una clase.

A esta prueba o actividad se le llama prueba unitaria y se necesita un **framework** para poder realizarla.

Estas herramientas o **framework** están habitualmente integradas con el IDE o desarrollo de entorno integrado.

El desarrollador o analista de calidad codifica la prueba que se ejecuta contra el código de la aplicación.

Las herramientas más conocidas serian:

Es la última versión del framework para la automatización de pruebas unitarias en **Java.** Se apoya mucho en las últimas novedades de **Java 8.**

Es un marco de pruebas unitarios para todos los lenguajes **.NET**. La última versión soporta muchos de los lenguajes de .NET.

Es un **framework** de código abierto para **Java** que se utiliza para simular la llamada a un método externo en pruebas unitarias. Se utiliza en la metodología **TDD** (desarrollo basado en pruebas) y **BDD** (desarrollo basado en comportamiento).

Es un **framework** de pruebas unitarias que está basado en **JUnit** y **Nunit** y que al igual que **JUnit** trabaja con Java. Se puede utilizar con **Eclipse** y **Maven** utilizando un **plugin**.

5.1.5 Herramientas de gestión de incidentes

Los defectos o incidentes se suelen gestionar en una herramienta de gestión de pruebas.

Estas herramientas de gestión de pruebas suelen integrase con herramientas de gestión de proyectos.

Estas herramientas suelen tener notificaciones por correo electrónico, notificaciones a chat como **Teams**.

Las herramientas más conocidas son:

Fue la primera herramienta de gestión de incidentes; es de código abierto, gratuita y está como aplicación web además se puede personalizar.

Permite hacer un seguimiento de las incidencias y defectos de un proyecto y tiene un control de visibilidad de errores.

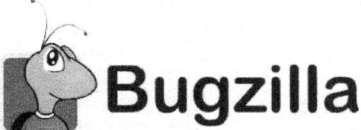

Es un sistema de seguimiento de defectos, que es gratis, es una aplicación web y se puede personalizar; también tiene control de visibilidad de errores.

Es una aplicación web de pago que permite gestión de pruebas, requisitos y seguimiento de errores; también genera informes visuales y se integra con **Jira**.

XRAY

Es un **plugin** de **Jira** que permite gestionar las pruebas en un proyecto de **Jira** y crear informes para seguir el resultado de las pruebas y llevar una cobertura de los requerimientos de un proyecto.

5.1.6 Herramientas de ejecución de pruebas

Las herramientas de ejecución de pruebas permiten la creación de scripts de prueba automatizados, es decir, permiten automatizar la ejecución de los casos de pruebas.

Estas pruebas se utilizan para automatizar las pruebas funcionales.

Los scripts se pueden crear grabando mediante la codificación utilizando algún lenguaje de script.

Estas herramientas permiten reproducir los pasos de un caso de prueba de manera automatizada y se integran con otras herramientas como **Jira** o **Testlink**.

Las herramientas más populares de este tipo son:

Es el framework más utilizado para automatizar pruebas sobre aplicaciones web, aunque le está comiendo mucho terreno **Cypress;** es abierto, gratuito se puede integrar con **Jenkins, GitLab, Bamboo** y con **Appium** para automatizar app´s para móviles; soporta los navegadores más importantes como son Chrome, Firefox, Safari y Edge.

Es un framework que tiene versión gratis y versión de pago y que permite automatizar pruebas funcionales en aplicaciones web; se basa en **Javascript** soporta Chrome, Opera, Edge, pero no Firefox y Safari; es más rápido que **Selenium** y permite realizar una depuración profunda.

UTF

Es una herramienta de pago de **HP**, se puede utilizar en Windows y utiliza el lenguaje **VB** para escribir scripts de casos de prueba automatizados; te permite automatizar casos de prueba en aplicaciones web y aplicaciones de móviles; para integrarse con **ALM** requiere una licencia extra.

Test Complete

Es de pago y automatiza pruebas funcionales sobre aplicaciones web, de escritorio y aplicaciones móviles. Se integra con muchas herramientas populares como **Jenkins, Baboo, Jira, Azure, GitHub, Bitbucket** y muchas más. Puede escribir los scripts de prueba en distintos lenguajes de script y puede utilizarse en **Linux, Windows** y **MAC**.

Ranorex Studio

Utiliza la plataforma de **.NET** para crear sus scripts de prueba; permite automatizar las pruebas funcionales de aplicaciones web, de escritorio y móviles. Se integra con herramientas como **Jira** y **Jenkins**.

Rational Functional Tester

Fue la primera herramienta de este tipo y fue creada por **IBM**. Permite automatizar las pruebas manuales de aplicaciones web, de escritorio y móvil. Puede crear los scripts en **Java** o en algún lenguaje de **.NET** como **C#.** La herramienta se puede instalar en **Windows, Linux** o **MAC**.

Es una herramienta que es muy cara para las funciones que ofrece.

Katalon Studio

Es una herramienta que tiene versión gratuita y de pago, la de pago tiene muchas más características; permite automatizar pruebas funcionales en aplicaciones web, de escritorio y aplicaciones móviles e incluso también automatizar pruebas sobre **API´s**. El lenguaje para crear los scripts es **Groovy**. Se puede instalar en **Windows, Linux** y **MAC**.

Permite realizar integración continua con su solución **Katalon Runtime Engine**.

Tiene una plataforma para realizar pruebas sobre distintos navegadores en distintos sistemas operativos de distintos dispositivos.

También se integra con todo tipo de herramientas como **Jira, Bitbucket, Jenkins, Bamboo, Github, Slack**, etc.

También hay que comentar que permite realizar pruebas de rendimiento utilizando la plataforma **OctoPerf** y podría realizar pruebas de seguridad con herramientas como **OWASP ZAP**.

Por último comentar que tiene un montón de **plugins** con código hecho para acceder a una hoja **Excel** o para leer correos de **Gmail**.

Con respecto a su precio oscila entre 1600 y 3000 euros dependiendo si coges la versión Enterprise y acceso a la plataforma **TestCloud** que permite también guardar miles de informes de ejecución, un precio anual por las 2 licencias.

5.1.7 Herramientas de pruebas de rendimiento

Estas herramientas son capaces de crear y ejecutar escenarios con distintos nº de usuarios virtuales o procesos que actúan como usuarios para realizar pruebas de carga, de stress u otros tipos de pruebas de rendimiento y generar informes; no se puede realizar pruebas de rendimiento sin herramientas.

Se necesita grabar al menos un escenario para reproducirlo con distintos usuarios virtuales; cada usuario virtual podía tener un ancho de banda, localización, navegador y sistema operativo diferente; hay herramientas que permiten configurar esos ambientes.

Cada usuario virtual sería como un proceso en que se repite el escenario, pero simulando diferentes ambientes como los que hable anteriormente de localización, ancho de banda, navegadores, etc.

Las herramientas de rendimiento más populares son:

Es una herramienta ideal para realizar pruebas de rendimiento de aplicaciones web; permite el diseño y automatización de pruebas funcionales para crear escenarios que luego son repetidos por los **usuarios virtuales** (procesos). Es una herramienta gratuita y open source con mucha documentación y cursos online.

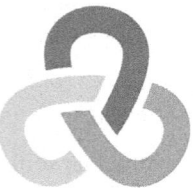

Load Runner es una herramienta para realizar pruebas de rendimiento, pertenece a **MicroFocus** y antes a **HP;** es multiprotocolo y los scripts se pueden crear en **C** y **Java;** es gratis hasta 50 usuarios a partir de ahí hay que pagar; esta herramienta está formada por varios componentes, es lenta de arrancar, pero es de las mejores en pruebas de rendimiento.

Si necesitas pruebas con miles de usuarios y el cliente tiene dinero para gastar es tu herramienta.

LoadUI

Es una herramienta para realizar pruebas de rendimiento que tiene versión gratuita **Open Source** y de pago; esta herramienta se integra con **SoapUI** que es una herramienta para realizar pruebas sobre servicios web que utilizan **SOAP** o para hacer pruebas de **API** que utilicen **REST.**

5.1.8 Herramientas de monitorización de pruebas

Las herramientas de monitoreo se utilizan para realizar un seguimiento continuo del estado del sistema para avisar de fallos o problemas y solucionarlos antes de que se caiga el sistema.

Existen herramientas de monitoreo de redes, servidores, base de datos, seguridad, rendimiento, sitios web, aplicaciones, básicamente pueden seguir cualquier dispositivo, aplicación o característica.

Estas herramientas se configuran con distintos **KPI's** y sus umbrales y las partes en las que se va a realizar la medición, una vez se hace esto el usuario puede seguir la medición en vivo.

Estas herramientas son esenciales en entornos DevOps y algunas de las más populares son las siguientes:

Es un software de monitorización de rendimiento que permite optimizar el rendimiento de las aplicaciones; detecta de manera automática las cargas de trabajo y los microservicios que se ejecutan dentro de los contenedores **Kubernetes** y analiza cómo funcionan y se comunican entre sí para detectar microservicios que no estén funcionando bien.

Es una aplicación de supervisión y análisis de aplicaciones a gran escala; supervisa la infraestructura, el rendimiento de las aplicaciones, la administración de los registros y la experiencia del usuario en tiempo real; de las mejores herramientas.

5.1.9 Herramientas de pruebas de seguridad

Estas herramientas buscan vulnerabilidades, amenazas, riesgos que puedan causar grandes pérdidas o que impacten a la marca de la empresa. Estas herramientas buscan **vulnerabilidades** y también pueden poner a prueba el sistema o la aplicación simulando un ataque; se podría escribir un libro sobre seguridad informática quizás en la segunda parte de este libro si la hay se pueda tratar más temas como este o pruebas de **API**, pruebas exploratorias, priorización de requerimientos, automatización de pruebas, pruebas basadas en riesgos, simulación de servicios o **QA sourcing** o pruebas de usabilidad o **IA** en QA.

Algunas herramientas para realizar pruebas de seguridad serian:

▼ **Wireshark**

   Analiza los protocolos que hay en la red para ver si se puede capturar datos sensibles al utilizar protocolos no encriptados por ejemplo o con encriptamientos débiles.

▼ **Nmap**

   Analiza los servicios que corren en un sistema.

▼ **Kali Linux**

   Es un sistema operativo para realizar pruebas de penetración.

▼ **Nessus**

   Analiza las vulnerabilidades de una aplicación, servidor, protocolo o sistema operativo.

▼ **Burp Suite**

   Analiza el tráfico de la aplicación.

5.1.10 Herramientas de gestión de datos

TDM es la herramienta de gestión de datos de prueba para la administración de los datos necesarios para realizar pruebas automatizadas y manuales y debería garantizar la calidad de sus datos además de su disponibilidad.

La ley **GDPR** ha obligado a tener una política de gestión de datos.

Dos herramientas populares para la gestión de datos son:

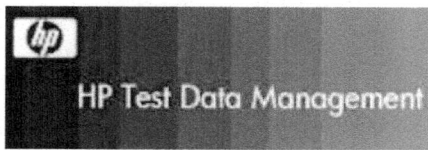

Hp Test Data Management es una herramienta que proporciona datos estructurados de calidad en cantidades adecuadas y de calidad.

Es una herramienta que crea datos de prueba realistas utilizando conexiones a **API´s.**

5.1.11 Herramientas de virtualización de servicios

Son herramientas que emulan el comportamiento del software para eliminar el riesgo de entornos no disponibles o que aún no existen.

La virtualización de servicios es útil cuando necesitamos probar componentes que no están disponibles o que son caros de obtener como sería API´s aún no desarrolladas.

Estas herramientas son capaces de crear una imagen del componente, que acepte las mismas entradas y devuelva las mismas salidas, pero sin la lógica del componente y conectarla al ambiente a probar y luego sustituirla por el componente ya terminado y operativo.

Algunas herramientas de este tipo serian:

Rational Test Virtualization Server

Es una plataforma de pruebas continúas basadas en la web que permite ejecutar distintas pruebas en la nube como pueden ser pruebas de API, funcionales y de rendimiento.

Realmente cogen servidores que están en la nube e instalan aplicaciones para poder realizar todo tipo de pruebas.

Es una herramienta del paquete **Rational** de **IBM** que es de pago.

Es una plataforma que es de pago y que permite hacer las siguientes actividades:

- *Automatizar pruebas API.*
- *Virtualizar servicios.*
- *Pruebas unitarias y cobertura de código.*
- *Análisis de código estático.*
- *Automatización de pruebas de rendimiento.*
- *Automatización de pruebas funcionales.*

Al parecer no tienes pruebas de usabilidad ni de seguridad.

5.1.12 Herramientas de gestión de pruebas

Son herramientas que permiten realizar un plan de pruebas, diseño de casos de pruebas, ejecución de casos de prueba, seguimientos de pruebas, proyectos y creación de informes de todo tipo.

Herramientas gratuitas serian.

Herramientas de pago serian.

5.2 CASO PRÁCTICO. CREACIÓN DE UN PROYECTO DE SCRUM EN JIRA

En esta práctica vamos a seguir todos los pasos para tener un proyecto de Scrum en **Jira.**

Buscamos en Google "Jira" y pulsamos en el primer resultado, accedemos a la página principal de Jira donde en la parte superior pulsamos Obtener gratis para crearnos una cuenta de Jira.

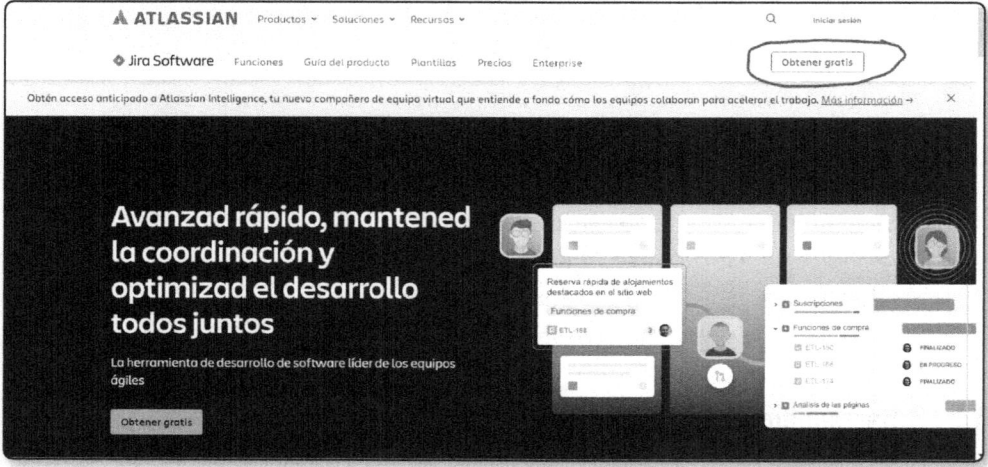

Tenemos que introducir en el campo Dirección de correo electrónico del trabajo un email que sea de una empresa o tener nuestro propio dominio, en Hostinger por 75 euros al año puedes tener una plataforma para crear páginas web con **WordPress** y por 7 euros al año comprar un dominio y crear un montón de correos.

Una vez introducimos un correo de empresa pulsamos en Registrarse.

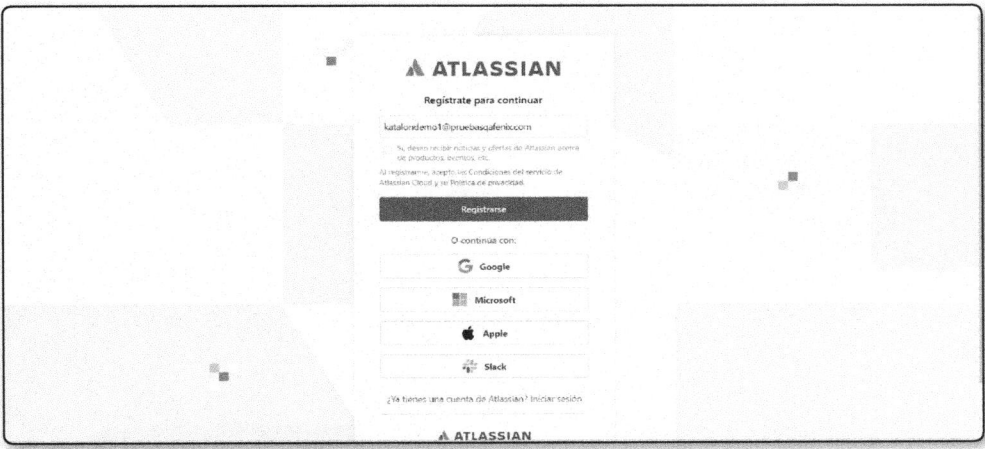

Jira nos envía un código al correo que hemos puesto, son 6 dígitos y debemos introducirlo en cada campo.

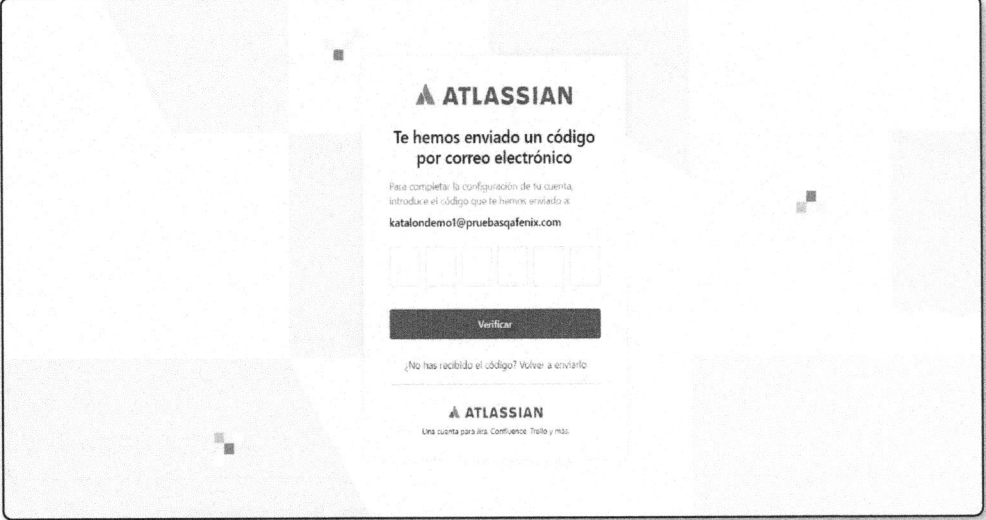

Introducimos un nombre que podía ser el nombre de la empresa en mi caso puse mi nombre completo y una contraseña segura, que podía ser 8 caracteres, con alguna letra en mayúsculas, minúsculas, numero, letras y un carácter especial como _ y pulsamos en continuar.

Le ponemos un nombre al proyecto que crearas en Jira que en mi caso es tienda virtual y pulsamos en el botón empezar a trabajar con Jira.

Jira nos hará una encuesta para saber un poco de nosotros y personalizar nuestra experiencia, en mi caso pondré Desarrollo de software porque vamos a crear una tienda virtual.

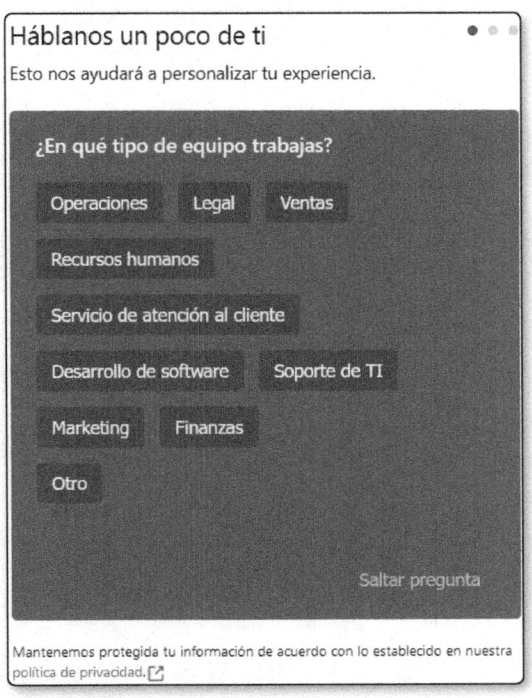

Nuestra función será Ingeniero de control de calidad así que la marcamos y pulsamos en siguiente.

Vamos a indicar que vamos a realizar todas las funciones que hay abajo porque realmente un **Team Leader** o gestor de proyecto haría todo eso y más y pulsamos en siguiente.

Elegimos la plantilla de **Scrum** para nuestro proyecto y pulsamos en siguiente.

Seleccionamos no conozco muy bien **Jira** y pulsamos en Empezar a utilizar **Jira**, nos hará un mini tour.

Abajo he marcado en rojo las partes más importantes:

▶ Crear incidencia que puede ser historias de usuario, tareas, subtareas, para los bugs habría que instalar **XRay** para gestionar las pruebas.

▶ Crear épica es para historias de usuario muy grandes de varios Sprints.

▶ Backlog donde tendremos todas las historias de usuario que formaran parte de las distintas épicas por ejemplo los distintos módulos de una tienda virtual.

▶ Cuando tengamos las historias de este sprint agrupadas por épicas, que serán nuestros módulos de la tienda, se añaden al tablero del Sprint 1.

▶ Indicamos las fechas para la duración de cada Sprint, que pueden ser por ejemplo cada 2 semanas.

▶ Una vez hecho esto ya podemos crear el Sprint 1.

▶ Y después Iniciar Sprint que esta deshabilitado porque aún no creamos el Sprint.

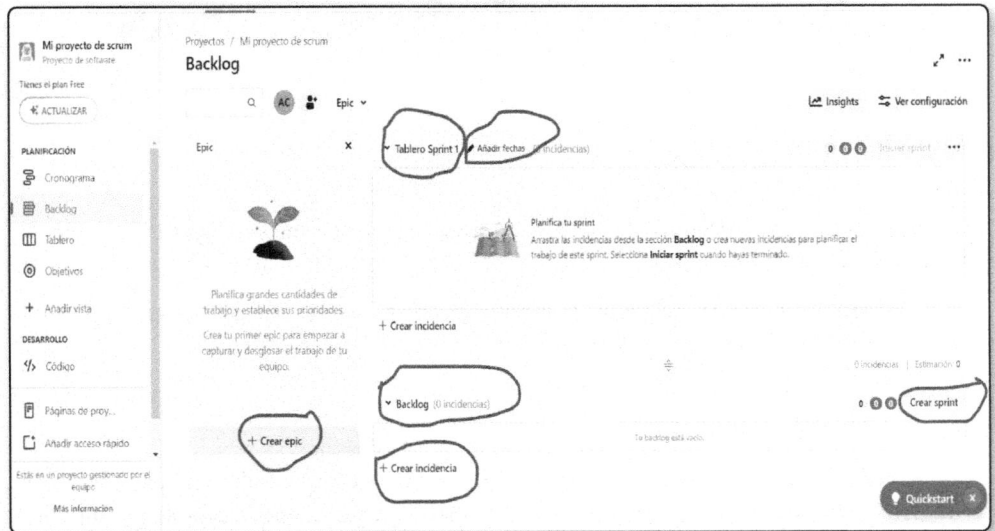

6

METODOLOGÍAS DE DESARROLLO ÁGILES

6.1 SCRUM. CONCEPTOS

Scrum es una metodología de desarrollo ágil que utiliza de manera regular buenas prácticas para trabajar en equipo y conseguir el mejor resultado en un proyecto.

En **Scrum** se realizan entregas parciales y regulares de un producto y que son priorizadas por el cliente.

6.1.1 Iteraciones. ¿Qué son?

Es **Scrum,** se hacen entregas de pequeños incrementos funcionales cada dos semanas de manera general pueden ser 3 o 4 semanas, estos ciclos temporales son de duración fija, es decir, cuando se empieza un proyecto y se definen estas iteraciones si se llega al acuerdo de 2 semanas suele mantenerse hasta el final ese tiempo, estas iteraciones como supondrás se denomina **Sprints.**

Algo que se debe cumplir siempre es que estas iteraciones o **Sprints** deben proporcionar un resultado completo, es decir, un incremento funcional del producto.

6.1.2 Priorización de tareas

El cliente que puede ser el **Producto Owner** (propietario del producto) es el que prioriza todas las tareas que hay en el proyecto comparando su coste y el valor que aporta y prioriza aquellas que tienen mayor valor a menor coste.

6.1.3 Reuniones del Sprint

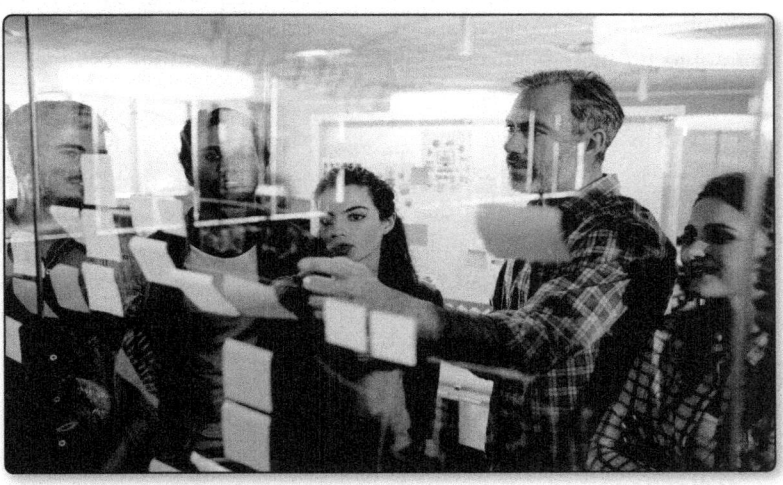

Al comenzar el Sprint se realiza una reunión que se llama **reunión de planificación de Sprint** que se divide en 2 partes:

▶ Primera parte. Selección de requisitos

Dura dos horas y el cliente indica cuales son los requisitos más importantes y su prioridad y el equipo de **SCRUM** selecciona aquellos requisitos más importantes y se compromete a entregarlos en ese **Sprint** y además realiza las preguntas oportunas al cliente.

▶ Segunda parte. Planificación del Sprint

Dura dos horas y el equipo de **SCRUM** identifica las tareas que se necesitan realizar para completar los requerimientos del **Sprint** y se estima el esfuerzo conjunto y se van autoasignando las tareas del **Sprint** y los problemas complejos se puede resolver en grupo.

Durante el Sprint se realizan reuniones diarias de unos 15 minutos que se llaman **dailys** en donde se responde a 3 preguntas:

1. ¿Qué he hecho desde la última reunión de ayer?

2. ¿Qué voy a hacer hoy?

3. ¿Qué impedimento tengo o voy a tener para realizar mis tareas?

Durante el sprint puede ser que el cliente refine la lista de requerimientos o cambie los objetivos del **Sprint.**

Cuando se termina el Sprint el último día se realiza la **revisión del Sprint** que tiene 2 partes:

▶ Primera parte. Revisión

Suele tener una duración de 15 horas y consiste en que el equipo de **SCRUM** presenta al cliente los requerimientos completados del Sprint de una manera que se vea como un incremento del producto y en función del resultado el cliente puede replanificar el proyecto.

▶ Segunda parte. Retrospectiva

En esta parte de la reunión el equipo mira los problemas que hubo en el **Sprint** y entre todos buscan maneras de mejorar el proceso de desarrollo y se hacen compromisos que se deben cumplir y se analiza cómo ha ido el sprint en tiempo de tareas con respecto al **Sprint** anterior.

6.2 KANBAN

6.2.1 ¿Qué es Kanban?

La metodología **Kanban** se basa en la filosofía centrada en la mejora continua, donde las tareas se extraen de una lista de acciones en un flujo de trabajo continuo. La metodología se implementa mediante tableros **Kanban**.

6.2.2 Tableros Kanban

Los tableros **Kanban** es una forma de gestión de proyectos que permite a los equipos de trabajo visualizar los flujos de trabajo.

En los tableros **Kanban** el trabajo de un proyecto se ve organizado por columnas donde cada columna representa una etapa del trabajo.

El **tablero Kanban** de trabajo suele tener las columnas:

▼ *Trabajo pendiente.*
▼ *En progreso.*
▼ *Terminado.*

Las tareas están representadas por tarjetas, avanzando a través de las distintas columnas hasta llegar a la columna terminada que es cuando se ha terminado la tarea.

En la imagen de abajo se puede ver cómo en la reunión se sacan una serie de ideas o requerimientos que se implementan mediante tareas y todo se ponen en **Todo** que sería la columna por hacer, después se va pasando a la columna de realizando esa tarea. **Doing** y por último cuando se termina la tarea se pasa a la columna de **Done.**

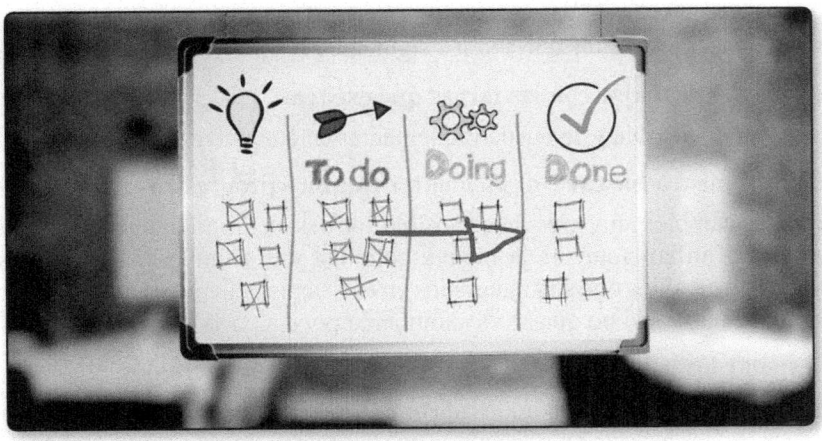

6.2.3 Historia de Kanban

Kanban fue creado por **Taichi Ohmo**, ingeniero japonés de Toyota a finales de 1940, lo que hizo esta persona fue crear productos en función de la demanda del consumidor en tiempo real, es lo que se llama **producción justo a tiempo (just in time)** .

Esto soluciono el problema que había, que se fabricaban productos en este caso coches en función de la demanda anticipada, es decir, suponiendo una demanda pero esto hacía que quedaran muchos coches en stock sin vender.

El marco **Kanban** transformó el proceso de fabricación de Toyota, de un proceso de empuje (los productos se introducen en el mercado) a un proceso de extracción (los productos se crean según la demanda del mercado), esto hizo que Toyota tuviera un nivel de inventario más bajo sin que afectara a su competitividad.

Después de ver un poco de historia me gustaría que supierais cual es el significado de **Kanban; Kanban** realmente significa en Japones, "kan" que significa señal visual y "ban" que significa tablero.

En Toyota cada tarjeta **Kanban** eran tarjetas de papel que representaban que se necesitaba un producto nuevo o una pieza nueva.

La metodología **Kanban** se adoptó para el desarrollo de software a principios de la década del 2000.

Al final podríamos hablar de **Kanban** como un método visual de gestión de proyectos que permite encontrar un equilibrio entre la demanda de trabajo y la disponibilidad de recursos del equipo.

Esta metodología es ágil como lo son **XP** y **SCRUM.**

6.2.4 Principios de Kanban

Kanban tiene 4 principios que son los siguientes:

1. **Empieza a trabajar con las tareas que existen.**

   Kanban es flexible y se puede implementar en cualquier flujo de trabajo.

2. **Compromiso a buscar e implementar cambios progresivos y evolutivos.**

   Si haces cambios muy grandes es posible que tu sistema no funcione correctamente por eso **Kanban** fomenta la mejora continua y el cambio progresivo, es decir, pequeños cambios que son integrados en el sistema general, es decir, no se cambió todo de una vez, si no que se va cambiando poco a poco.

3. **Respetar los procesos, roles y las responsabilidades actuales.**

   Kaban no tiene roles integrados al contrario que **XP** y **SCRUM** por lo que puede actuar con los procesos y estructuras que haya en un equipo manteniendo procesos que existan en un equipo y que pueden ser excelentes.

4. **Impulsar el liderazgo a todos los niveles.**

   Kanban reconoce que el cambio puede venir de cualquier dirección no solo de la parte directiva, por eso alienta a los miembros del equipo a participar y proponer mejoras.

6.2.5 Principales práctica s de Kanban

Kanban no es tan estricto como **SCRUM** pero también tiene una serie de práctica s que se deberían seguir y son las siguientes.

Visualizar el trabajo

En **Kanban** es fácil hacer un seguimiento a las tareas del equipo, ya que empieza en la primera columna la tarea y se va pasando por las siguientes columnas hasta llegar a la columna de finalizando lo que hace que se pueda ver visualmente el trabajo que se está realizando en cada momento.

Limitar el trabajo en grupo

Kanban requiere ser ágil y por lo tanto una tarea no puede estar mucho tiempo en una columna, tampoco pueden estar más de un número determinado de tareas en una columna para ayudar a centrarse en las tareas y no estar con varias tareas y no terminar ninguna, el objetivo es que cada miembro del equipo termine 1 o 2 tareas al día y ser muy productivos.

Gestionar el flujo de trabajo

Se tiene que limitar el número de tareas que estén en una columna a la vez para ser ágiles y hacer una entrega continua, marcar directrices para saber cuándo cancelar subtareas o ponerlas en espera si ocurre algún tipo de impedimento o problema.

Implementar políticas de procesos

Se deben implementar políticas de procesos para mejorar la rapidez de las tareas entre las distintas etapas como por ejemplo cuantas tareas pueden estar en una etapa determina, cuando una subtarea se tiene que cancelar o poner en espera o lo mismo parea una tarea.

Implementar ciclos de comentarios

En **Kanban** se recopilan comentarios de los 2 grupos fundamentales, clientes y equipo.

Los comentarios del cliente son muy importantes porque nos permiten analizar si tubo algún problema el producto o si no están contentos con el rendimiento, cualquier cosa que no le guste puede comentarlo y tenemos un **feedback** muy rápido para mejorar continuamente no solo el producto si no el proceso de desarrollo o cualquier actividad porque siempre es mejorable.

Es importante los comentarios del equipo para saber si están motivados, cansados, insatisfechos; el rendimiento de un equipo puede bajar si se sienten cansados, explotados laboralmente o incluso mal pagados.

De este tema hablare en la última sección de algo muy importante y son las malas praxis que muchas empresas utilizan actualmente y que hace que cada vez menos jóvenes quieran dedicarse a este mundo.

Mejorar colaborando y experimentando

Kanban es mejora continua por lo que tienes que estar dispuesto a combinar **Kanban** con **SCRUM** o a agregar nuevas etapas al tablero en función de tu proyecto, nuevos estándares, nuevas tecnologías.

Mucho se habla de la **inteligencia artificial** y de **ChatGPT** como si fuera a quitar el trabajo a los desarrolladores pero es más una ayuda que un competidor, puede ayudar a mejorar por ejemplo en la **automatización de pruebas** puede ayudar a ver un **mapa caliente** de un sitio y ver cuáles son las acciones más realizadas por un visitante o usuario y convertir eso en scripts para que se pruebe aquello más importante para el negocio real que sería aquello que más utiliza el usuario de una aplicación web o app.

6.3 XP

6.3.1 Historia de XP

XP significa Extreme Programming y es una metodología ágil de desarrollo que fue creada en 1995.

6.3.2 Utilización de metodologías hoy en día

Hoy en día muchas empresas utilizan **Scrum** o una combinación de **Scrum** y **XP**, pocas utilizan **Scrum** con **Kanban** o **XP** solamente, según estudios de diferentes páginas web tendríamos una gráfica con la utilización de las distintas metodologías en distintos proyectos como la de abajo, **Scrumban** sería la mezcla de **SCRUM** con **Kanban** e híbrida sería una mezcla de **SCRUM, Kanban y XP**, por ejemplo.

6.3.3 ¿Qué es XP?

Es una metodología cuyo objetivo es crear sistemas de alta calidad basados en una estrecha interacción con los clientes, pruebas constantes y ciclos de desarrollo cortos.

6.3.4 ¿Cómo funciona XP?

La metodología **XP** es una metodología ágil como **Kanban** o **SCRUM.**

Su objetivo es realizar ciclos de entrega rápidos, continuos e incrementables para conseguir el software que quiere el cliente.

XP utiliza una serie de prácticas y fases predefinidas para que el proceso sea efectivo por eso los ciclos increméntales suelen ser semanales, con reuniones constantes entre el equipo de desarrollo y el cliente.

Las prácticas más habituales en XP serían las siguientes:

� **Juego de planificación**

Esto es una reunión que se realiza el primer día de la semana y que se llama juego de planificación donde el cliente indica las funcionalidades prioritarias y se indica el alcance que tiene que ser flexible y negociable.

▸ **Cliente siempre disponible**

En **XP** el cliente siempre tiene que estar disponible para responder a preguntas, priorizar el alcance y realizar cambios si fuera necesario.

▸ **Entregas cortas**

Al final de la semana el cliente recibe pequeñas versiones del producto para que el cliente pueda probarlo y sugerir mejoras.

▸ **Metáfora**

Es la estrategia utilizada por el ámbito tecnológico para facilitar la comunicación con el cliente, esto mejora las expectativas y se consigue ahorrar tiempo.

▸ **Código sencillo**

Hay que crear código sencillo, eficiente y que consiga el resultado esperado por el cliente.

▸ **Pruebas unitarias**

Hay que realizar pruebas unitarias para asegurarnos que el código es correcto y devuelve lo que se espera.

▸ **Ritmo sostenible**

El ritmo debe ser de unas 40 horas semanales para que sea un ritmo saludable y mantenible.

▸ **Propiedad colectiva**

Los proyectos desarrollados deben ser accesibles, transparentes y documentados para todo el equipo.

▸ **Programación por parejas**

La programación del código se hace por parejas para una revisión constante y para que el conocimiento de las reglas técnicas y del negocio sea común y así conseguir una igualación del nivel.

▸ **Estandarización del código**

Se debe estandarizar el código para que todo el mundo siga las mismas reglas y no que cada persona genere su estructura de código.

▸ **TDD**

TDD significa Test Driven Development que significa desarrollo dirigido por pruebas lo que significa que no se hace primero el código y luego las pruebas, si no que se crean primero las pruebas y luego se crea el código para que pasen esas pruebas; se hablara de esto en un tema posterior.

▶ **Refactorización**

Es un proceso que permite la mejora continua del proyecto haciendo más refinado el código para que se pueda reutilizar, esto se consigue agrupando el código por funcionalidad para reutilizarlo y para generar menos errores y tener menos duplicidad de código.

Básicamente agrupamos el código por métodos y luego esos métodos forman parte de una funcionalidad.

▶ **Integración continua**

Al crear una nueva funcionalidad se debe integrar rápido a la versión actual del producto para que se pruebe y se encuentren los errores rápidamente por eso se suele automatizar todos los procesos y pruebas que se puedan, el proceso de compilación, el proceso de despliegue en un ambiente, las pruebas unitarias, las pruebas de integración, las pruebas funcionales, las pruebas de rendimiento, de seguridad, etc. Todo lo que se pueda automatizar permitirá construir un flujo de **integración continua** que ayuda y mucho en los tiempos de entrega.

Se hablará de esto en temas posteriores.

▶ **Despliegue continuo**

Se tiene que automatizar las pruebas, pero también como hablamos en la sección anterior el despliegue de los **releases** en los distintos ambientes que existan apara el proyecto.

6.3.5 Valores de XP

Existen una serie de valores que son intrínsecos a esta metodología y son los siguientes:

▶ **Comunicación**

XP tiene una comunicación constante y continuada con el cliente y sobre todo que sea *cara a cara* para que haya un entendimiento total entre las partes.

▶ **Simplicidad**

Hay que mantener el diseño y la funcionalidad lo más fácil de usar que sea posible, priorizar lo que es absolutamente necesario para el proyecto para reducir los costes y el tiempo.

▶ **Feedback**

Los comentarios constantes y la retroalimentación son fundamentales para conseguir ajustes precisos y rápidos.

� **Coraje**

Estar abierto al cambio, superar fracasos, proponer mejoras y saber decir no es fundamental en XP.

▸ **Respeto**

El trabajo en equipo es fundamental en **XP** y por eso es necesario que los miembros se respeten, colaboren y tengan una buena relación.

6.3.6 Fases en XP

Las fases que hay en la metodología **XP** serian 5 y se pueden ver en la tabla de abajo.

1	Planeación
2	Gestión
3	Diseño
4	Codificación
5	Testing

Planeación

En la fase de planeación ocurren las siguientes actividades y tiene las siguientes características:

▸ Se escriben las **historias de usuario**.
▸ Se planifica el **release** o entregable.
▸ El **release** o entregable debe ser pequeño al ser un **sprint** de una semana.
▸ Se indican los sprints que habrá.
▸ Planificación del incremento en cada **sprint.**

Gestión

▸ En esta fase de gestión ocurren las siguientes actividades y tiene las siguientes características:

▸ Se crea espacio de trabajo abierto.

▸ Ritmo sostenible de las actividades.

▸ Se realizan reuniones diarias.

▸ Mediciones diarias de la velocidad de desarrollo.

▸ Mejoras continuadas del proceso y código.

▸ Flujo de gente continuada para recibir formación y **feedback.**

Diseño

El código debe ser simple es decir debe tener unas características que serían:

▶ Comprobable.

▶ Comprensible.

▶ Navegable.

▶ Explicable.

En ingles las siglas son **TUBE**

En el diseño del código se utilizan las tarjetas.

CRC (clase-responsabilidad-colaboración)

Abajo podemos ver cómo serían estas **tarjetas CRC.**

En el diseño hay algo importantísimo y es la **refactorización** para poder reutilizar el código y no duplicarlo ni perder tiempo creando código que ya está creado en otra parte.

Codificando

Se debe codificar en pareja con unos estandartes establecidos de antemano y escribiendo las pruebas primero y luego creando el código e ir refinándolo a través de la refactorización.

Se hablará de esto más en detalle, pero por ahora lo que se debe saber es que la refactorización es mejorar el diseño del código sin cambiar su comportamiento.

Testing

En esta fase se deben cumplir una serie de directrices que las pongo abajo.

▸ Siempre se tienen que realizar **pruebas unitarias** al código.

▸ Las pruebas unitarias son parte del código.

▸ Deben realizarse pruebas de regresión con cada cambio.

▸ Todo el código tiene que pasar todas las pruebas unitarias antes de poder ser desplegado en un ambiente pruebas.

▸ Las **pruebas de aceptación** se realizan en cada nuevo incremento funcional del producto para tener **feedback** del cliente y los comentarios deben ser públicos para que todo el equipo pueda estar al tanto.

▸ Cuando se encuentra un error se hacen pruebas alrededor de ese error para indagar y ver si hay más errores parecidos.

6.3.7 Roles de XP

En XP hay una serie de roles y en la tabla de abajo los voy a comentar, pero lo que hay que saber es que hay 5 roles.

El cliente	El programador	El entrenador	El rastreador	El probador	El pronosticador
Es la persona encargada de crear **Requisitos para software** y establecer prioridades	Es la persona que escribe el código del producto	Es la persona que vigila el trabajo del equipo, lo controla y recomienda mejoras técnicas	Es el encargado de monitorear el progreso del desarrollo del software y detectar problemas	Es quien se encarga de probar el producto, hacer todo tipo de pruebas y crear las **historias de usuario**	Es la persona que rastrea los riesgos del proyecto y advierte al equipo

6.4 ¿CUÁNDO UTILIZAR CADA UNA DE LAS METODOLOGÍAS?

Puedes usar las metodologías en cascada si:

▼ *Si estás trabajando en un proyecto secuencial donde ninguna fase puede comenzar si la anterior no está completa.*

▼ *Quieres controlar el alcance.*

▼ *Quieres una planificación clara y eficaz.*

▼ *Quieres priorizar la planificación.*

▼ *Quieres conocer todo el ciclo de desarrollo antes de comenzar el proyecto.*

▼ *Se prioriza la funcionalidad frente a la entrega.*

Puedes usar las metodologías ágiles en cualquiera de las tres, si:

▼ Quieres un proceso iterativo.

▼ Deseas obtener resultados rápidamente.

▼ Tu equipo trabaja rápido.

▼ Se prioriza en tu proyecto la adaptación a la previsibilidad.

▼ Tus clientes quieren participar activamente.

Puedes utilizar **Kanban** cuando:

▼ *Cuando tu proyecto necesita un sistema de gestión visual.*

▼ *Cuando quieres conocer de manera rápida y visual el estado de un proyecto.*

▼ *Llevas adelante procesos y proyectos de manera continuada.*

▼ *La mayor parte de tu trabajo no se realiza en periodos cortos de tiempo.*

Puedes utilizar **SCRUM** cuando:

▼ *Cuando desarrollas software de manera continuada.*

▼ *Crees que tu equipo puede ser más productivo con reglas y procesos.*

▼ *Tienes mucho trabajo por horas o días.*

▼ *Se tiene que entregar en plazos cortos (1 semana, 2 semanas) de manera rápida y continuada.*

▼ *Existe un SCRUM máster.*

6.5 DIFERENCIAS ENTRE SCRUM Y KANBAN

Las diferencias que hay entre Kanban y Scrum se exponen en la siguiente tabla.

SCRUM	KANBAN	Explicación
Tiene una serie de reglas que hay que cumplir	Se utiliza más para visualizar el trabajo	Muchos equipos implementan SCRUM en tableros KANBAN, pero lo que se está implementando es SCRUM realmente
Tiene un límite de tiempo	Es flexible, no tiene límite de tiempo	SCRUM suele tener ciclos de entrega de 1 o 2 semanas, en KANBAN no hay fecha de inicio ni fin es una entrega continua de tareas
Las columnas de los tableros son de estados	Las columnas pueden mostrar estados u otras características diferentes	En SCRUM el tablero se utiliza para hacer un seguimiento de las tareas y se van pasando entre cada, mientras que en KANBAN las columnas pueden ser de estados o de del trabajo que se ha realizado cada mes o de otras cosas
Tiene roles perfectamente definidos	No tiene roles perfectamente definidos	El SCRUM tenemos el Scrum Master, el Product Owner en Kanban no

6.6 CÓMO COMBINAR SCRUM Y KANBAN

Lo ideal es utilizar los roles, reuniones, planificaciones y artefactos de SCRUM y en el tablero de cada Sprint crear un tablero Kanban con estados y columnas que puedan mostrar más información sobre el Sprint y Sprints anteriores para mejorar la organización y la productividad.

6.7 CÓMO SER ÁGIL SIN SCRUM

Puedes ser ágil, aunque no utilices ni **Kanban**, ni **Scrum** ni **XP** implementando las siguientes prácticas:

1. Crear proyectos pequeños.

2. Designar un encargado del proyecto.

3. Organizar reuniones periódicas al menos una vez por semana.

4. Programar revisiones periódicas, para revisar el trabajo semanal para evitar amontonar errores.

6.8 PROBLEMAS ACTUALES EN LOS EQUIPOS Y EMPRESAS ESPAÑOLAS

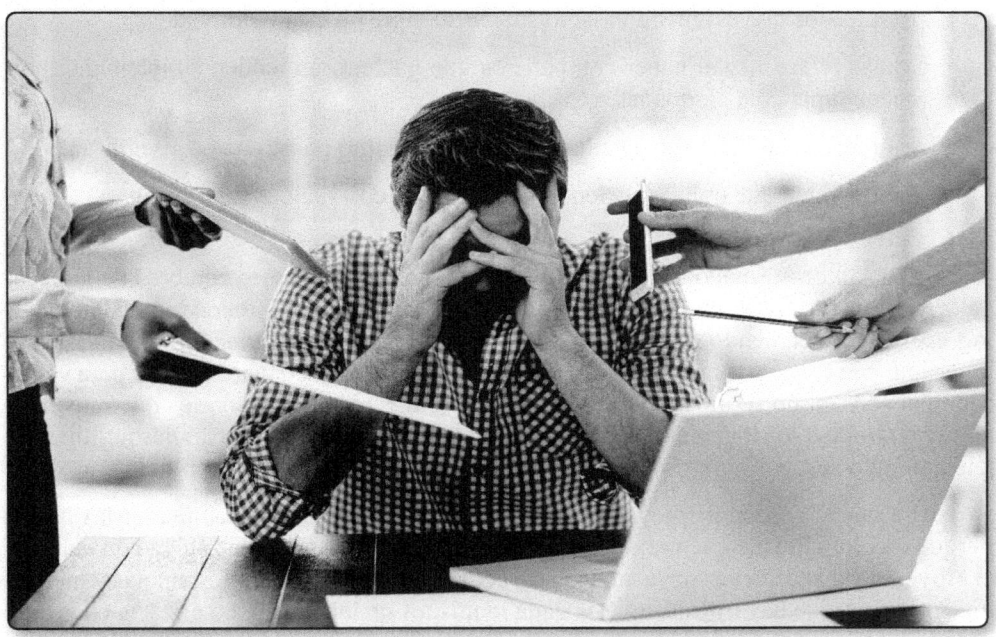

Estamos en un mundo globalizado donde la tecnología gobierna el mundo, las redes sociales nos informan y manipulan, ya pocos compran en tiendas la mayoría lo hace a través de tiendas online, casi todos tenemos un móvil al menos y buscamos lo que no sabemos en Google, hasta hacemos amigos y ligamos a través de apps como Tinder o Badoo.

En el tema del desarrollo de software casi todo la innovación viene de China, India, EEUU y Japón, España casi no innova tecnológicamente y las grandes consultoras españolas solo aplican con años de atraso lo que ya es algo habitual en esos 4 países punteros, exigen estudios superiores, postgrados, másteres, certificaciones, hablar inglés y experiencia y que además que acepten ganar 3 veces menos que en otros países como Alemania o Irlanda y se quejan que no hay suficientes ingeniero, ¿quién está dispuesto a estudiar casi 4 años de una ingeniería y luego un master y a tener que certificarse cada 3 años o 2 años de certificaciones por un sueldo ridículo si lo comparamos a otros países con ingenieros tan cualificados como en España?.

Otro problema que veo habitualmente es que no suelen ascender aquellas personas más cualificadas si no los que tiene skills más afines a los jefes, lo que de toda la vida se llamó el amigo del jefe, además no se respeta al ingeniero, en países de Latinoamérica el ingeniero de sistemas es admirado y respetado llamándolo don ingeniero mientras aquí solo es un número más para conseguir proyectos internacionales que cada vez se consiguen menos porque si no mimas al empleado, al empleado no le compensa trabajar en un sector que quema tanto la mente y la salud de las personas, de hecho he visto ocurrir estos problemas:

- Empleados que al tener el mismo sueldo siempre no están motivados.

- Malas relaciones al haber compañeros que ganan o ascienden simplemente por caer simpático a ciertos jefes.

- Empleados aburridos que ya han llegado al máximo puesto que conseguirán.

- Gente joven que trabaja haciendo horas extra y con sueldos muy bajos.

Las consultoras españolas deben empezar a atraer a los mejores cerebros de España valorando su carrera, fomentando la creación de academias online donde puedan tener ingresos extra vendiendo su conocimiento mediante cursos o e-books, motivándoles a investigar con fondos de la empresa donde las innovaciones puedan ir a medias para verse acompañados, si no se innova y no se valora a los ingenieros que son los que moverán el mundo junto a los ingenieros de medioambiente las consultoras españolas terminaran teniendo que despedir y posiblemente sucumbir ante la innovación tecnológica.

No se puede conseguir proyectos en base a reducir los costes y aumentar las horas porque eso solo lleva a quemar a los ingenieros, pagarle poco, que no salga con calidad el proyecto y que cada vez haya menos proyectos para las consultoras españolas y menos ingenieros porque hay trabajos que se gana lo mismo sin tener que actualizarse cada dos años.

El modelo de fábrica de software como quien hace un edificio no funciona, un obrero se forma mucho menos y en mucho menos tiempo que un ingeniero, dejemos de pensar con la mentalidad de obrero y empecemos a pensar con la mentalidad de un empresario americano del siglo XXI, tenemos los mejores ingenieros de Europa, porque no pensar en España como la fábrica de software de Europa al igual que la India es la fábrica de software de Inglaterra o EEUU, pensemos en grande.

7

CONCEPTOS FUNDAMENTALES DE LAS METODOLOGÍAS ÁGILES

7.1 ENTORNOS VUCA

Los proyectos **VUCA** son entornos **VUCA** son *volátiles, inciertos, complejos o cambiantes* y *ambiguos*.

Estos entornos son muy comunes en la actualidad al estar los usuarios muy exigentes y queriendo continuas mejoras en las aplicaciones.

La metodología **SCRUM** es ideal para proyectos o aplicaciones que van a sufrir continuos cambios como son los entornos **VUCA.**

7.2 METODOLOGÍAS TRADICIONALES CONTRA METODOLOGÍAS ÁGILES

Según el **PMI** (Project Management Institute) hay dos tipos de metodologías de desarrollo clásico o tradicional y ágil.

Las metodologías tradicionales o ágiles tienen la característica que son secuenciales, es decir, que no se pasa a la siguiente fase hasta que la fase actual no ha finalizado por lo tanto si tenemos que construir por ejemplo una tienda virtual se capturan todos los requerimientos que va a tener la aplicación al principio del proyecto.

Las metodologías tradicionales tienen 5 fases que paso a explicar a continuación.

Fase de requisitos

En esta fase es donde se habla con el cliente y se recogen todos los requerimientos funcionales y no funcionales que se quieren para su software, es muy importante que se entiendan bien sobre todo en una metodología donde solo hasta el final ocurren las pruebas por lo que si hay algún requerimiento ambiguo cuando se hagan las pruebas de aceptación puede no ser lo que quería el cliente y el coste de volver a hacerlo sería enorme porque se tendría que volver a esta fase.

En esta fase hay que tener un plan claro del proyecto donde se indiquen:

▼ *Cada etapa del proceso.*

▼ *Quien trabajará en cada etapa.*

▼ *Las dependencias clave.*

▼ *Los recursos necesarios.*

▼ *Un cronograma donde se detalle cuánto durará cada etapa.*

Fase de análisis

En esta fase es donde se analizan los requerimientos y se determina que hardware se utilizará, qué tecnología y qué lenguaje de programación, cómo serán las interfaces de usuario y también un esqueleto de cómo funcionara el software, los módulos que tendrá y las funciones que tendrá cada módulo y cómo se accederá a la información y dónde se guardará; aquí posiblemente se utilicen **casos de uso** para describir cómo va a actuar el usuario con el sistema basándose en los requerimientos capturados en el paso anterior.

Fase de diseño

En la fase de diseño se definen los **diagramas de clase** para diseñar las clases que contendrán las funciones definidas en el análisis, los **diagramas de entidad-relación** para diseñar las bases de datos y que se guarde ahí la información y se crea la arquitectura para ver cómo se relacionan las **librerías** que contienen las **clases** que serían los **módulos** que contienen las **funciones** que implementan los requerimientos definidos en la fase de requerimientos; es una fase mucho más detallada que la anterior.

Fase de codificación

Utilizando toda la documentación que se creó en la fase de análisis y diseño los desarrolladores comienzan a codificar o programar toda la aplicación siguiendo toda la documentación creada anteriormente por **analistas de desarrollo** en la tecnología y lenguaje de programación definida ya en la fase de análisis.

Fase de pruebas

En esta fase se realizan todo tipo de pruebas funcionales, de rendimiento, de seguridad para encontrar los defectos que existan y corregirlos.

Fase de implantación

Aquí es donde se crea el entregable que se instalará en el ambiente de producción del cliente y donde el cliente realiza sus pruebas de aceptación para dar el visto bueno.

Fase de mantenimiento

Cuando ya el software está funcionando en el ambiente de producción es habitual que se encuentren errores o fallos de seguridad y es cuando se realizan actualizaciones del producto, un ejemplo claro es el **paquete Office de Microsoft** siempre está publicando **parches** o actualizaciones para encontrar errores de la herramienta o actualizaciones de seguridad para vulnerabilidades que se encontraron, también hay otras vulnerabilidades que nadie conoce hasta que un **hacker** las explota y son conocidas como vulnerabilidades **zero day.**

Con respecto a la metodología ágil tenemos 5 fases que son las siguientes.

Fase de requisitos

En esta fase es donde tenemos un montón de requisitos del cliente, esos requisitos son convertidos en historias de usuario.

Fase de priorización

Cuando tenemos todas las historias de usuario para ese incremento funcional que vamos a realizar hablamos con el cliente para saber cuáles son los más importantes para él y priorizamos los más importantes.

Fase de iteración e incremento

Esto sería lo que se denomina **Sprint** y es donde todas las historias de usuario y las tareas que las componen se van implementando dentro del tiempo estimado hasta que se termina todas las historias de usuario en ese **Sprint**, algunas veces por cualquier problema o mala estimación puede quedar alguna historia de usuario o tarea y se pasa al siguiente **Sprint,** aunque no es lo deseable puede pasar.

Fase MPV

Esto no es el mejor jugador de un partido de baloncesto, es producto mínimo viable (**MVP**) es un producto muy básico, con las funcionalidades esenciales y que permite probar la reacción que tiene el cliente, el cliente da un **feedback** al equipo ágil sobre si está correcto o tiene fallos que podrían mejorarse en el siguiente sprint, por ejemplo, un rendimiento no aceptable o un cambio en la interfaz que cuando se ve no gusta.

Fase producción

También se llama **time to market** y es el momento en que ese incremento funcional que se ha hecho ya se utiliza en el trabajo diario del cliente.

Pero este concepto es más complejo porque además de **TTM** significa el momento en que un nuevo incremento funcional de la aplicación se lanza y es utilizado por los usuarios también, significa el tiempo que se tarda en que un producto o servicio salga al mercado y esto amigo mío es muy importante porque cuanto más rápido seas a la hora de sacar un producto sobre todo si es un producto que explotará un nicho nuevo o que creará una revolución tecnológica, antes podrás dominar ese sector.

Acuérdate de **Facebook** fue la primera red social, creó el concepto de red social y aún hoy en día después de 20 años en que **Mark Zuckerberg** creó la primera red social de la historia aún sigue teniendo el monopolio de las redes sociales con más de 2 billones de usuarios.

Es interesante cómo las redes sociales han cambiado el mundo y la manera de relacionarse, eso daría para otro libro, cómo transforman nuestro cerebro, cómo crean formas nuevas de relacionarse y cómo son también generadoras de problemas de salud y de grandes dependencias patológicas.

7.3 DATOS ACTUALES DE LOS PROYECTOS CLÁSICOS Y ÁGILES

Siguiendo los datos de Jin Jonhson del **Standisth Group Chros Report de 2018** podemos sacar los siguientes gráficos que se muestran abajo:

Por el método de desarrollo ágil los proyectos son un 16% más exitosos, es decir que de 100 proyectos 42 serán exitosos y se entregaran en el tiempo estipulado y solo 8 serán cancelados por cuestiones económicas, muchas veces porque cuanto más se exceda en el tiempo de entrega más gastos se tiene y los proyectos suelen tener un dinero asignado y cuando se termina si no está terminado se cancela.

Como se puede observar en los proyectos que se aplica metodología clásica se cancelan un 21% 13% más que los proyectos ágiles y solo son exitosos un 26%.

7.4 FORTALEZAS DE LAS METODOLOGÍAS ÁGILES

Las principales fortalezas de la metodología ágiles son las siguientes:

▼ *Se interactúa continuamente con el cliente, es el actor principal.*

▼ *Acelera el **time to market** o tiempo de salida al mercado consiguiendo una competencia competitiva con la competencia.*

▼ *El **ROI** o retorno de la inversión es más alto que en los proyectos clásicos.*

▼ *Tiene una alta adaptabilidad y se construye una respuesta al cambio más rápido que en proyectos tradicionales.*

7.5 DOCUMENTACIÓN DE LAS METODOLOGÍAS ÁGILES

La documentación en las metodologías ágiles debe tener las siguientes características:

▶ **Mantenible**
Que mantenerla sea fácil y rápido.

▶ **Resumida**
Que se documente las partes más importantes.

▶ **Concisa**
Utilizar palabras exactas y entendibles.

▶ **Necesaria**
Aquellas partes que son necesarias para utilizar el software.

7.6 LA TRANSPARENCIA EN LOS PROYECTOS ÁGILES

Una empresa que quiere utilizar una metodología ágil no solo debe ser transparente en ese proyecto si no la empresa debería ser transparente en su forma de trabajar a todos los niveles sobre todo si quieres que todos sus proyectos lleguen a buen puerto.

Una empresa si quiere ser ágil debería ser transparente lo que significa lo siguiente:

1. *Los proyectos y su contenido deberían ser visibles para todos los empleados que trabajen en ellos no debería haber partes ocultas.*

2. *No debe haber penalizaciones por no terminar tareas.*

3. *La comunicación debe ser directa, clara y respetuosa.*

4. *Los empleados deberían poder hablar con sus superiores sin ningún problema, para eso hay herramientas como **Hangouts** o **Teams**.*

7.7 COLABORACIÓN EN LOS PROYECTOS ÁGILES

Cuando se está utilizando una metodología ágil hay una serie de directrices que se deben cumplir sea cual sea la metodología que se va a utilizar y son las siguientes:

▶ **Autoorganización**

En los proyectos ágiles se permite que los empleados trabajen en lo que les gusta y se les da bien.

▶ **Relación con el cliente**

El cliente es un actor principal, debe definir los requisitos y las prioridades de esos requisitos, pero qué herramientas utilizar, qué framework, qué tecnologías, qué equipo debería ser elegido por la consultora.

▼ **Acuerdos**

Se debe llegar a acuerdos con el cliente que deberían cumplirse dentro de lo posible.

▼ **Trabajo en equipo**

El equipo colabora para conseguir un objetivo, las tareas se asignan de manera aleatoria y si hay un problema se saca entre todos.

▼ **Compromiso**

Las personas de un equipo ágil se deben comprometer con un objetivo.

7.8 EL MANIFIESTO ÁGIL

El objetivo del manifiesto ágil es sentar unas bases que sirvan de guía; está formado por 4 valores y 12 principios, esos 12 principios los trataremos en el tema 8, en este tema solo trataremos los 4 valores fundamentales que existen en el manifiesto ágil.

Primer valor

Las personas son lo más importante, por encima de procesos y herramientas; por ejemplo, si una herramienta no es la adecuada puede provocar que los trabajadores no trabajen adecuadamente por lo tanto los trabajadores están por encima de las herramientas y procesos.

Segundo valor

Lo más importante no es la documentación en ágil si no el incremento funcional que funciona correctamente y que permite ser utilizado por el cliente de manera totalmente operativo.

Tercer valor

Lo fundamental es colaborar con el cliente por encima de lo que se estableció en el contrato, lo importante es que debemos aceptar los cambios, es decir, el contrato puede cambiarse si el cliente necesita cambios.

Cuarto valor

Lo fundamental es generar valor en entornos **VUCA,** un ejemplo fue el **COVID** que hizo que el teletrabajo se implantara de manera general adelantándose 10 años a lo esperado y el trabajo presencial se ha reducido muchísimo; las empresas deben adaptarse por encima del plan estratégico que se tenga.

Si no puedes conseguir un objetivo cambia el plan para que puedas conseguir el objetivo más viable.

7.9 GESTIÓN DE PERSONAS

Uno de los cambios que ha ocurrido hoy en día es el modo en cómo se gestionan las personas que forman parte de un proyecto o de una empresa, el software ya es creado para cualquier país del mundo desde cualquier país del mundo y se ha empezado a hablar del concepto de **Sourcing.**

7.9.1 Sourcing global QA

Sourcing es la actividad de contratar a personas que están localizadas en otros países y que teletrabajan para empresas que están en un país determinado.

Las empresas hacen esto para ahorrar costes porque una empresa de EEUU por ejemplo puede preferir contratar a empleados de España para un proyecto en su país porque el coste de cada ingeniero puede ser 3 veces menor, así que tienen una ganancia tres veces mayor.

Es una práctica que muchas empresas empiezan a realizar, de hecho, podríamos decir que la India es la fábrica de software de Reino Unido.

Eso podía realizarlo también el gobierno de España dando ayudas para estudiar ingenierías, mejorar considerablemente la impartición de clases de inglés en los colegios y universidades no para que se escriba en ingles si no para que se hable en inglés, en países como Argentina sus adolescentes saben hablar inglés perfectamente con 16 años mientras que aquí tienen que aprender inglés en academias porque el nivel de los colegios es ínfimo centrándose en la escritura en vez de hablarlo.

Otra idea es invertir un 1% del PIB en investigación tecnológica porque los países que gobiernan el mundo son precisamente los que más invierten en eso, invertir en investigación científica es bueno pero tarda mucho tiempo en dar sus frutos la investigación tecnológica enfocada en software y hardware tiene un retorno de la inversión mucho más rápido.

7.9.2 Teletrabajo

El **Sourcing global** QA se aceleró en la pandemia por culpa del COVID allá por el 2019 a la vez que el teletrabajo que se implanto a unos niveles que se estimaba que estaría en el 2030.

Hoy en día muchas empresas ofrecen el teletrabajo en un aliciente para contratar a empleados, algunos empleados ya ven como ir a la oficina como un problema.

El teletrabajo tiene cosas buenas para las empresas se ahorra espacio y permite tener oficinas más pequeñas y por lo tanto menos gasto además de todo lo que es gastos de papel o de Internet que muchas no lo pagan en el teletrabajo, también se ahorran ayudas para comida y transporte además que los empleados son más productivos porque al estar solos el cigarro, la comida con los compañeros que se extiende más de la cuenta o el desayuno al final son cosas que gastan de media 2 horas del trabajo en oficina.

Lo anterior son cosas buenas para la empresa, pero cosas buenas para el empleado sería el no tener que desplazarse a la oficina con prisas, gestionar tu tiempo mejor, fuera atascos, comidas malas para la salud, etc.

Algunas cosas malas es la soledad, si eres soltero sin hijos pasaras mucho tiempo solo y a algunas personas que eso no les gusta, también si no eliges bien tu puesto de trabajo en la casa puede ser que no desconectes del trabajo, sueles quedarte más tiempo trabajando de media 30 minutos, tienes que apagar el móvil del trabajo porque puede ser que algún jefe intente mandarte mensajes fuera de hora para trabajos del día siguiente y que hace que no desconectes.

Un ejemplo de puesto de trabajo ideal sería el de abajo:

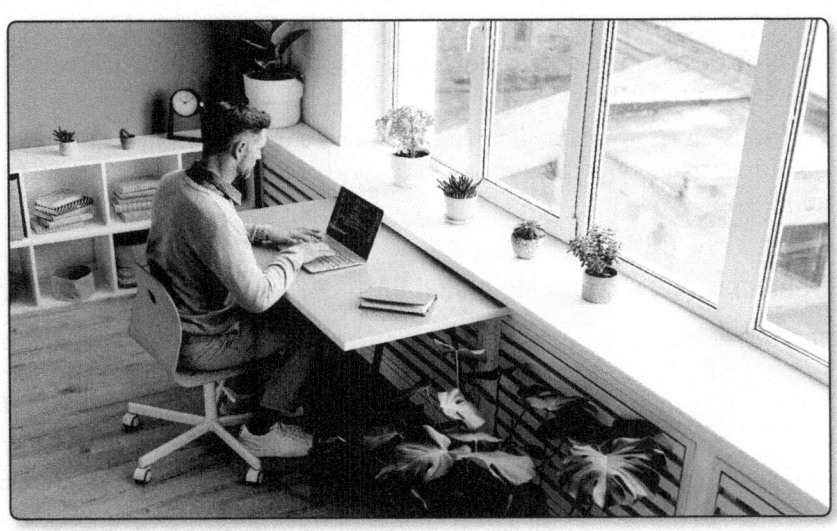

7.9.3 Ejemplos reales de Sourcing global QA

Caso 1

Relaciones laborales entre España y Centroamérica y Suramérica; se dan por las similitudes culturales y en el idioma.

Empresas españolas que hacen sourcing son Telefónica, Santander, BBVA, Mapfre, Iberia, Vueling.

Se contrata en América latina porque en España el sueldo medio en el sector de QA es 31.000 euros al año y en Argentina es por ejemplo 6.000 euros al año o en Colombia unos 12.000 euros al año.

Como se puede observar las empresas españolas se ahorran **hasta 3 veces más al año** contratando a expertos en esa zona que contratando en España.

Caso 2

Relaciones laborales entre EEUU y Filipinas; se dan por similitudes en el idioma y en la cultura.

Empresas americanas que hacen esto son Accenture, Convergys, IBM, HP, Intel.

Las empresas americanas contratan en Filipinas porque el sueldo medio en New York es de unos 85.000 dólares al año y en Manila de 13.000 dólares al año así que se ahorran casi **8 veces más**.

Caso 3

Relaciones laborales entre Reino Unido e India; se realiza esta relación laboral por la similitud en el lenguaje y la cultura.

Empresas inglesas que realizan Sourcing son HSBC, Standard Chartered Bank, British Airways, Virgin Atlantic.

Las empresas inglesas contratan en la India porque en New Delphi el sueldo medio es de 4.500 libras al año y en Londres 45.000 libras al año así que se ahorran **10 veces más al año.**

7.9.4 Problemas con el Sourcing global QA

El **sourcing** no tiene solo ventajas también tiene inconvenientes y hay que saberlos y en qué porcentaje afectan a los proyectos que utilizan esta práctica que cada vez es más común en un mundo globalizado con localización tan variada y con tantas culturas diferentes.

En el siguiente gráfico podemos ver los problemas más comunes y esos problemas el porcentaje de veces que ocurrieron en proyectos de índole tecnológicos.

Problemas comunes

- ■ Pobre comunicación
- ■ Expectativas no realistas
- ■ Distancia y zonas horarias problematicas
- ■ Escasa atencion del cliente
- ■ Cliente no participa en la metodologia
- ■ El cliente tiene metas poco claras

12%
32%
16%
10%
12%
18%

7.10 GESTIÓN DE CONFLICTOS EN PROYECTOS ÁGILES

Los conflictos con el cliente aumentan el riesgo de que el proyecto no llegue a realizarse o de que no salga como el cliente espera.

Cuando capturamos los requerimientos del cliente tiene que haber una negociación por lo tanto debe seguirse un **proceso de negociación** para negociar los requerimientos como el de abajo.

La ingeniería de requisitos tiene 4 fases:

▼ **Licitación de requerimientos**=*Se capturan los requerimientos del cliente.*

▼ **Validación de requerimientos**=*Se verifican que están correctos los requerimientos capturados.*

▼ **Priorización de requerimientos**=*Se indican cuáles son los más importantes.*

▼ **Propuesta de cambios de requerimientos**=*Se cambian aquellos requerimientos que no pasaron las validaciones.*

En la ingeniería de requisitos pueden aparecer conflictos y los pasos para solucionarlos son los siguientes:

Identificación de conflictos

Durante todas las actividades de la ingeniería de requisitos y en cada fase de desarrollo puede haber conflictos y hay que solucionarlos.

Análisis del conflicto

Un conflicto puede ser de 5 tipos:

▼ **Conflicto en un área**

   Esto ocurre cuando un déficit de información, información falsa o diferentes interpretaciones incorrectas.

▼ **Conflicto de intereses**

   Es ocurre cuando las partes, generalmente cliente y empresa tienen diferentes intereses.

▼ **Conflicto de valor**

   Esto ocurre cuando hay diferencias culturales o de valor.

▼ **Conflicto de relación**

   Cuando hay problemas de relaciones personales entre miembros de cliente y empresa.

▼ **Conflicto estructural**

   Cuando hay conflictos entre las autoridades.

Resolución del conflicto

Para que exista una resolución tiene que haber un acuerdo entre todos los **stakeholders** del proyecto y que se documente en un documento de la resolución.

Documento de la resolución

Cuando se llega a un acuerdo entre 2 partes se debe crear un documento de ese acuerdo donde se indiquen los acuerdos a los que se llega en esa resolución.

Finalmente hay que comentar que en un conflicto suelen haber 3 fases:

1. *Fase en la que se indican varias soluciones al conflicto.*

2. *Fase en la que se votan a la mejor solución.*

3. *Fase en la que se modifica la mejor solución para que todas las partes estén de acuerdo.*

7.11 NEGOCIACIONES EN PROYECTOS ÁGILES

Cuando estamos empezando un proyecto lo primero que tenemos que hacer es negociar los requerimientos de ese proyecto con el cliente porque eso es una de las cosas más importantes dado que de ahí sale el tiempo que durará y las consultoras cobran por la hora que cuesta un proyecto, por eso esta negociación debería tener 5 partes cuyo objetivo final podría ser.

"Dame lo que quiero y yo te daré lo que quieres".

Primera fase. Fase preparación

"Hay que investigar al cliente y el contexto en que nos moveremos".

Hay que indicar qué nos interesa y el límite en la negociación, es decir, tenemos que saber cuál es la *zona de negociación* y *el límite en la negociación* fuera del cual el proyecto no es rentable.

Segunda fase. Fase de exploración

Promover una discusión constructiva para saber qué quiere el cliente; esto consume el 60% de una negociación.

Tercera fase. Fase de propuestas

Se realiza una oferta para generalmente tantear un poco los límites del cliente, pero antes debes haber investigado bien qué quiere el cliente y qué tengo yo que le interesa e ir investigando sus prioridades.

Cuando se hace una propuesta hay una oferta pero con unas condiciones que tiene que cumplir el cliente.

Hay libros de negociación que recomiendan que sea el cliente quien haga la primera oferta para saber cuál es el límite inferior, generalmente el cliente en una negociación siempre empieza por abajo y tiene un margen de maniobra, lo ideal es ir subiendo por dos razones, la primera para marcar el ritmo de la negociación y segundo para ir tanteando el máximo que tiene el cliente.

Otra opción sería ser tú quien empiece haciendo una propuesta económica por arriba siempre de lo que esperas recibir pero hay que calibrar mucho porque si es demasiado alto puede ser que se rompa la negociación, esto es bueno cuando ya conocemos al cliente y sabemos su máximo y por alguna razón nos interesa sacar un poco más, porque sabemos que es algo que necesita muchísimo, porque sabemos que tiene superávit, épocas de vacaciones donde la gente está más por despilfarrar sobre todo si no es suyo, ja,já,ja.

Cuarta Fase. Fase de intercambio

Ambos interlocutores realizan propuestas, siempre miran lo mejor para cada uno.

Quinta fase. Fase de acuerdo

Cuando ambas partes, en este caso el cliente y la consultora, llegan a un acuerdo, lo ideal es que ambos ganen, el acuerdo se tiene que hacer por escrito para evitar malentendidos; en un proyecto solo se tiene que cumplir lo que este puesto en el acuerdo.

Los clientes muchas veces intentan aprovecharse de los subcontratados sobre todo si están en aquellas empresas que no aportan valor y que solo contratan a empleados para meterlos en un proyecto de un cliente y no tienen proyectos propios y ya hay alguna que son simples ETT donde son contratados para trabajar en una empresa que a su vez tiene un proyecto para otra empresa, es lo que se conoce como subcontratos; esto es muy habitual en España, no aportan nada, básicamente muchas veces ni conoces a la empresa que te contrata directamente, se están quedando con parte de su sueldo, si en el mercado tu puesto se paga a 40.000 euros anuales ellos solo te pagan 31.000 euros anuales y aun encima ni recibes formación, ni puedes coger los días cuando quieres y además muchas veces la indemnización tienes que esperar que te la dé la empresa que te subcontrata cuando te despiden o se termina el contrato; estas ETT, que hay cientos en España, son un cáncer para los empleados, no aportan nada, no tienes seguridad en el empleo y te tratan como un trozo de carne porque cuando se termina el contrato no te aguantan ni 1 mes.

Por último comentar que muchas veces los proyectos se negocian para un tiempo y unas horas y muchas veces ocurre que se tienen que hacer horas extra porque para conseguir el proyecto el coste se baja al máximo y se tiene que hacer en un tiempo récord, esas horas extra no se pagan y además se supone que debes hacerlas o a la calle.

Consejos para el acuerdo

▶ *Hay que realizar paradas en las negociaciones porque esto permite que puedas descansar, realizar consultas, también puedes estar cansado y por lo tanto vulnerable y no negociar correctamente.*

▶ *Evitar entrar en ciclos de machos alfa, yo tengo 2 argumentos, pues yo tres, esto solo lleva a negociaciones poco provechosas.*

▶ *No realizar concesiones a no ser que se gane algo y se debe poner en el acuerdo por escrito y firmado por ambas partes.*

▶ *No deberíamos responder a preguntas con mala fe para no parecer que nos estamos justificando.*

Las negociaciones y los acuerdos a los que lleguemos son muy importantes porque pueden tener validez por meses o años por lo tanto debe leerse muy bien el acuerdo porque luego será muy difícil cambiar ese documento y puede haber verdaderos problemas para la empresa.

En un proyecto donde estuve la empresa era la encargada de actualizar el laboratorio, de inicio no parecía tener importancia pero cuando la empresa cliente entro en crisis cada vez eran más las exigencias y menos los ingresos y se hizo muy complicado actualizar el laboratorio de pruebas y las licencias del software llevando a las pruebas a ser cada vez más incompletas hasta que los errores en producción generaban perdidas enormes al cliente, miren bien lo que firman, piensen a largo plazo no solo a corto, los gerentes de proyectos y de cuentas de las consultoras tecnológicas.

CONCEPTOS FUNDAMENTALES DE SCRUM

8.1 HISTORIA DE SCRUM

Para entender la base de SCRUM y en qué se basaron para crear esta metodología de desarrollo ágil hay que hablar de productividad **JIT**, **Lean Manufacturing** y **Manifiesto Ágil**.

Toyota Production System o producción justo a tiempo (**JIT**) es una de las bases de SCRUM; se implantó en Japón durante la segunda guerra mundial para optimizar los tiempos de la cadena de montaje.

Hirotaka Takeuchi y *Ikujiro Nonaka* crearon el artículo *"The new producto developement game"* en *Harvard Business Review* en 1986 y fue donde se utilizó por primera vez la palabra **SCRUM**.

Lean manufacturing se enfoca en mejorar la productividad eliminando los residuos o aquello que no sirve, fue una técnica que se utilizaba en la fabricación de productos a finales de los 80 y que fue una técnica que ayudo a los creadores de SCRUM a crear la guía además de JIT y el manifiesto ágil del que hablare a continuación.

El manifiesto ágil, que es la base de metodologías ágiles como SCRUM o Kanban, se firmó el 2001 en Utah; tiene su propia página web que es *www.agilemanifiesto.org* donde se puede ver los 12 principios del manifiesto ágil y los firmantes.

Los creadores de **SCRUM** son *Jeff Sutherland* y *Ken Shwaber*, ellos son los que se encargaron de desarrollar la guía de **SCRUM**; las dos últimas guías son la de *2017* y la del *2020* pero la primera guía que existió parece que es del *1992* pero no era la oficial, la primera guía oficial se crea el *2010*.

8.2 CICLO ODDA

Este ciclo fue creado por el coronel de EEUU Jhon Boyd y lo utilizaban muchos de los pilotos de la armada americana, el ciclo es el siguiente:

Este ciclo se utiliza muchas veces cuando se están realizando tareas en los proyectos que utilizan **SCRUM.**

8.3 LOS 12 PRINCIPIOS DEL MANIFIESTO ÁGIL

El objetivo del manifiesto ágil es sentar unas bases que sirvan de guía; está formado por 4 valores y 12 principios, los 4 valores, ya hablamos de ello ahora hablaremos de los 12 principios del manifiesto ágil.

Primer principio

"Nuestra principal prioridad es satisfacer al cliente a través de la entrega temprana y continua de software con valor".

En este primer principio se habla de la **satisfacción del cliente** y como la entrega pronta y frecuente de software valiosa ayuda a esa satisfacción y a conseguir un retorno de la inversión más rápido.

Por otra parte, en entornos **VUCA** si la entrega de software se demora demasiado no satisfará la demanda de los clientes. Los clientes cada vez demandan cambios más rápidos y no están dispuestos a esperar.

El que los clientes reciban entregas frecuentes y más rápidas hace que reciban valor que están pagando antes y más rápido. Al entregar más rápido y con más frecuente también los desarrolladores del producto reciben feedback más rápido y más continuamente lo que hace que los problemas más severos aparezcan al principio y se puedan solucionar.

Segundo principio

"Aceptamos que los requisitos cambien, incluso en etapas tardías del desarrollo. Los procesos ágiles aprovechan el cambio para proporcionar una ventaja competitiva al cliente".

Las metodologías ágiles aprovechan el cambio para generar una ventaja competitiva al cliente al sacar un producto mejor y antes que la competencia, además en este principio se dice que se aceptan modificaciones en los requisitos incluso en las últimas fases de un proyecto. Los cambios con las metodologías clásicas solo conllevan que el alcance y los costes aumenten, pero con SCRUM los cambios realmente favorecen al cliente al conseguir aumentar mucho el valor del producto.

El aceptar los cambios puede dar al cliente una ventaja competitiva porque a día de hoy puede haber cambios muy rápidos en un segmento de mercado y si esos cambios no se aplican rápidamente al producto puede ser que se pierda mucho nicho de mercado, por ejemplo, la competencia de una empresa saca un cambio que revoluciona el sector rápidamente tendría que hacer un cambio igual o mejor para no perder su posición en el mercado.

Tercer principio

"Entregar software funcional frecuentemente, desde cada dos semanas hasta cada dos meses, con preferencia al periodo de tiempo más corto posible".

Este principio hace hincapié en la entrega de software continuamente del primer principio, de hecho, se refiere a entregar actualizaciones del software más pequeñas cada poco tiempo.

Estas entregas más pequeñas reducen el tiempo de planificación y la posibilidad de que se encuentren errores, además cuantas más entregas pequeñas más **feedback** continuo del cliente y evita que luego haya cambios más grandes.

Esto se da mucho en la actualidad, hay empresas como Amazon que hacen cambios cada día y generan **releases** diarios.

Cuarto principio

*"Los responsables del negocio (**producto owner**) y los **desarrolladores** deben trabajar juntos de forma cotidiana durante todo el proyecto".*

Este principio propone eliminar las barreras existentes entre el equipo de negocio y los desarrolladores del producto, para mejorar la colaboración y la comprensión mutua lo que hará que se consigan mejores resultados.

Esta manera de trabajar intenta que haya un feedback diario entre estos dos equipos, utilizando un lenguaje lo más natural posible como puede ser las **historias de usuario** y consiguiendo que se den cuenta que sus intereses en el fondo son los mismos, conseguir una mejora continua del producto.

Quinto principio

"Construir proyectos en torno a individuos motivados. Hay que darles el entorno y el apoyo que necesitan y confiar en ellos para la ejecución del trabajo".

Hay que darles el entorno y el apoyo que necesitan para motivar a los desarrolladores del producto.

Hay que conseguir que el equipo pueda crear un producto de calidad por sí mismos, para eso es importante que participen en las decisiones del proyecto para motivarlos y que se sientan identificados con los objetivos de la organización, también se conseguirá más compromiso del equipo y sentirán que son importantes en el proyecto lo que hará que se sientan mejor y den el máximo de sí mismos.

Sexto principio

"El método más eficiente y efectivo de comunicar información al equipo es la conversación cara a cara".

De todas las formas de comunicación la cara a cara es la más efectiva, reduce los tiempos de respuesta y los malentendidos.

Hoy en día debido a una pandemia que aceleró la implantación del teletrabajo es muy habitual que muchos equipos estén en zonas geográficas distintas y se realice el teletrabajo o trabajo en remoto.

Para eso hay tecnologías y herramientas como Teams, Hangouts o Zoom que permiten que se realicen reuniones remotas mediante videoconferencias que son mucho más rápido que interminables charlas por chat o por correo, pero siempre hay que crear un documento con los pactos a los que se llegó en la reunión para que no haya problemas posteriores.

Séptimo principio

"El software funcionando es la primera medida de progreso".

La única manera de que una empresa o cliente sepa el progreso de un producto es que lo pueda probar y utilizar, de nada sirve que se añadan miles de líneas de código, se añadan nuevas funciones se solucionen errores si el cliente no puede utilizarlo y no satisface las necesidades del cliente. El software tiene que funcionar, debe cumplir las necesidades del cliente y debe ser entregado al cliente para que genere valor y realmente se vea el progreso.

Octavo principio

"Los procesos ágiles promueven el desarrollo sostenible. Los promotores, desarrolladores y usuarios deben ser capaces de mantener un ritmo constante de forma indefinida".

Este principio habla que se tiene que trabajar de una manera optimizada en la que todos los miembros del equipo son capaces de entregar un incremento del producto o nuevas funcionalidades del producto que sean útiles, pero sin que el equipo se estrese o se sobrecargue, deben seguir un ritmo de trabajo que sea soportable en el tiempo y que a medio o largo plazo no genere una baja productividad.

También puede ocurrir que el ritmo de entrega sea tan bueno que se entreguen nuevas funcionalidades demasiado pronto y los usuarios se estresen por todo lo que tienen que aprender, en ese caso o se reduce la entrega o hay que capacitarlos continuamente, pero esto debería decidirse en función de las necesidades del sector en que esta la empresa u organización.

Noveno principio

"La atención continua a la excelencia técnica y al buen diseño mejora la agilidad".

Cuidar los aspectos técnicos del código cuando se está desarrollando un producto aporta agilidad a corto, medio y largo plazo. Esto de inicio no se ve, pero cuando se tenga que ir actualizando el código si se ha hecho un buen diseño y tiene un código limpio y reutilizable será más fácil.

El usuario final a corto plazo no lo ve, pero a medio y largo plazo sí, el código es malo y el diseño también terminara afectando a la velocidad, a los tiempos de entrega y a la capacidad de mejorar el producto cuando nuevas necesidades vayan ocurriendo, esto está muy relacionado con la **deuda técnica** algo de lo que hablaremos más adelante.

Décimo principio

"La simplicidad, o el arte de maximizar la cantidad de trabajo no realizado, es esencial".

Este principio habla de que actuemos de la forma más sencilla posible. El cliente no paga por el esfuerzo realizado paga para que se satisfagan sus necesidades, para que se entregue una solución que atienda a sus necesidades.

Formas de evitar trabajo extra sería automatizar tareas manuales, eliminar procesos innecesarios y utilizar librerías y API's.

Se debe gastar las horas del equipo en acciones que realmente aporten valor.

Onceavo principio

"Las mejores arquitecturas, requisitos y diseños emergen de equipos autoorganizados".

Este principio habla que a los equipos a los que se da confianza y libertad son los que consiguen los mejores resultados.

Es fundamental tener un equipo motivado, autoorganizado y que no esté excesivamente controlado porque eso puede evitar que sea creativo y tenga miedo a dar opiniones; para eso es fundamental gente motivada, que vea el proyecto como una oportunidad para crecer y que estén a gusto con ambiente, sueldo y crecimiento profesional.

Doceavo principio

"A intervalos regulares, el equipo reflexiona sobre cómo ser más eficaz para, a continuación, ajustar y perfeccionar su comportamiento en consecuencia".

Este último principio hace referencia a la mejora continua. Los equipos deben estar revisando continuamente su trabajo para ajustarlo, perfeccionarlo y mejorar su rendimiento.

Este concepto es fundamental, esto es lo que hace que personas, equipos y organizaciones consigan el éxito, mejorando continuamente y no siendo conformistas.

8.4 REQUISITOS PARA APLICAR SCRUM. PROBLEMAS AL APLICAR

8.4.1 Requisitos para aplicar

Para que la implementación de SCRUM se haga correctamente en una organización debe de realizarse una serie de cambios que son los siguientes.

Cambiar la cultura de la empresa

Si se va a aplicar **SCRUM** la organización debe estar sincronizada con la filosofía de **SCRUM** y con el **manifiesto ágil,** esta filosofía no tiene que estar solo en el proyecto si no en la organización al completo.

Un equipo de **SCRUM** debe ser autoorganizado, debe poder cometer errores para poder aprender de ellos, debe poder tomar la iniciativa y proponer mejoras a la dirección y que sean escuchadas.

Una organización que utilice **SCRUM** debe permitir que sus equipos empapen a la empresa de una mejora continua y de una inclinación al cambio porque solo así puede estar en la vanguardia de un sector tan cambiante y competitivo como el tecnológico.

Y como opinión mía toda empresa tecnología o no tecnológica debería tener una comunicación disruptiva, es decir, analizar el mercado y diferenciarse del resto no para competir por el trozo de pastel si no para crear un trozo de pastel nuevo que solo sea para esa empresa, es muy importante adelantarse a las necesidades que aún no se tienen pero que quizás en 3 o 4 años si se tendrán y si ya tenemos una solución el primero que llega es el primero en dominar el mercado.

Compromiso del cliente

El cliente debe comprometerse a dejarse guiar por la empresa que desarrolla el producto, debe ser un desarrollo sostenible en el tiempo y que lo que se entregue al cliente el MVP (producto mínimo viable) sea útil para el cliente, lo que realmente necesita.

Si el cliente quiero un coche de gasolina y que el coste de transporte sea barato y pueda moverse por el centro de Madrid hay que decir no al cliente por mucho que quiera eso porque la mejor opción es un coche eléctrico porque será más barato y además podrá entrar en el centro de Madrid.

El cliente debe comprometerse a aceptar consejos que realmente le proporcionen lo que necesita más que lo que quiere.

Compromiso de la dirección de la organización

La dirección de la empresa debe entender que los problemas deben solucionarse rápido por muy complejos que sean y tiene que ayudar a agilizar esos impedimentos que puedan ocurrir.

También debe entender que en un equipo SCRUM todos los miembros de ese equipo están en distintos roles, pero a un mismo nivel jerárquico, por lo tanto, si el gerente forma parte del equipo debe eliminar el concepto de jefe porque en estos equipos hay una **jerarquía horizontal** y esto debe entenderlo la empresa.

Compromiso del equipo

El equipo debe comprometerse a erradicar algunos comportamientos como los siguientes:

▼ *Suele haber problemas de egos en los equipos y puede hacer que no haya buena colaboración.*

▼ *Los errores no deben esconderse en un equipo porque esos errores sirven para aprender, no se deben criticar los errores si no aprender de ellos.*

▼ *Los equipos tienen que dar importancia a todos por igual por eso debe haber roles multidisciplinarios, donde haya un experto en QA, un experto en desarrollo, distintos expertos y también gente con poca experiencia; no es bueno que un equipo dependa de 1 o 2 personas.*

▼ *Hay que controlar a las personas autoritarias, van en contra de SCRUM y de un grupo donde el conocimiento y la colaboración fluyan, alguien así solo genera conflicto con sus ansias de ser jefe.*

Relación Win-Win

Debe haber una relación de mutuo beneficio entre el cliente y la empresa que desarrolle el producto, debe haber una total transparencia y una colaboración entre ambos, porque los dos quieren lo mismo un producto exitoso, el cliente para coger cuota de mercado el desarrollador para mostrar el producto como un caso de éxito.

Facilidad de cambio

La organización y la estructura del proyecto deben ser de tal manera que los cambios puedan ser rápidos y fáciles de realizar y sin errores.

Tamaño del equipo

El tamaño del equipo no puede superar las 10 personas, debería tener menos de 10 personas porque las **Daily** no pueden superar los 15 minutos, para que cada miembro tenga al menos un minuto para poder hablar.

En un proyecto grande se pueden tener varios equipos de 4 o 5 personas donde cada uno trabaja sobre un módulo, por ejemplo.

Facilidad de comunicación

Debemos poder comentar problemas con nuestros compañeros e incluso recomendar mejoras.

El **Scrum Máster** debe ser el facilitador, debe escuchar los problemas de los compañeros, comentar mejores formas de trabajar y escuchar críticas que le comenten sus compañeros.

Si el **Scrum Máster** es autoritario la gente no hablará y esconderá los problemas, pero al final se verán y solo se conseguirá no ser ágiles.

El objetivo es que el **Scrum Máster** sea accesible para mejorar el proceso de desarrollo.

Dedicación del equipo

El equipo debería trabajar en un proyecto a la vez y no en varios para evitar una baja productividad, aunque es algo que no siempre ocurre, pero **SCRUM** recomienda que el equipo este en un solo proyecto.

También **SCRUM** recomienda que el **Scrum Máster** este solo en un solo proyecto, pero debido a los pocos expertos que hay y a su coste suela estar en varios.

Estabilidad de miembros

Se debe tener los mismos miembros en un equipo **SCRUM,** pero esto no suele ocurrir, los mejores rotar entre distintos equipos y el problema es que hay un proceso de adaptación y si tienes un equipo de 4 y entran otros 4 lo normal es que se reduzca a la mitad la velocidad porque cada uno tendrá que enseñar a otro y esto baja muchísimo la productividad en los primeros meses hasta que los nuevos sean autónomos.

Entrega de productos y servicios

Hay que entregar un **MVP**, producto mínimo viable al final de cada **Sprint** y si aceptamos todos los cambios del cliente vamos a estar entregando prototipos continuamente y lo que conseguiremos es que nunca se entregue una versión del producto que pueda ser utilizada en producción por el cliente.

Por eso algunas veces hay que decir no al cliente para poner entregar un **MVP** al cliente que sea lo que quiere el cliente, en el plazo acordado y en el coste acordado.

Alienación con el manifiesto

El **Scrum Máster** no debe asignar tareas ese no es su función y debe seguir el manifiesto ágil que se puede aplicar en cualquier industria y sector

8.4.2 Problemas al implementar

Al implementar SCRUM podemos encontrarnos con distintos problemas, algunos de ellos son los siguientes.

Prototipos eternos

En cada **Sprint** hay que entregar un **MVP**, el problema es que si aceptamos todos los cambios que nos diga el cliente puede provocar que estemos siempre con eternos prototipos.

Un **MVP** tiene que ser funcional y totalmente útil, una pequeña parte del producto final que tendremos después de muchos **Sprints**.

Un producto nunca se terminara en el sentido que siempre se va estar añadiendo funciones y mejoras continuamente, el cliente puede tener una idea del producto que quiere y va tener tales funciones pero el mercado te obliga a estar continuamente agregando nuevas funciones y mejorando esas funciones pero el problema no es ese es no entregar nunca algo que no pueda ser utilizado de manera funcional por el cliente por eso hay que realizar cambios pero si eso conlleva no entregar en el tiempo pactado, esos cambios deberán esperar al siguiente **Sprint**.

Errores de gestión

Los jefes no suelen querer equipos autoorganizados, al final el Scrum Máster suele ser el gerente y actúa de manera autoritaria lo que provoca que la creatividad y la autogestión no se cumplan.

Lo ideal es que el **Scrum Máster** sea una persona distinta al gerente para que se centre en las funciones de este rol.

También puede ocurrir que tengamos un proyecto grande con varios equipos donde cada equipo tiene un **Scrum Master** y puede ocurrir que haya choques o peleas entre estos roles u otros roles iguales por eso es importante colaborar y delimitar bien las responsabilidades de cada uno.

Priorización errónea

Muchas veces ocurre que a lo largo de un **Sprint** el equipo no se centra en funciones que aporten valor de verdad al cliente y también se pierde mucho tiempo dando prioridad a reuniones de las que no se saca nada en claro.

Las reuniones deben ser rápidas, con un tiempo determinado y donde se deben cumplir los objetivos de la reunión.

Abajo pongo una gráfica estimando un poco en que se gasta el tiempo en los proyectos.

Como se puede observar solo un 17% del tiempo se gasta en crear funciones que aportan valor de verdad al cliente.

8.5 ARTEFACTOS

Scrum es una metodología de desarrollo, pero también es un proceso que está compuesto de artefactos, en la imagen de abajo podemos ver ese flujo o proceso y algunos de esos artefactos que iremos explicando en las siguientes secciones, es muy importante que los entiendas porque es el núcleo de esta metodología.

8.5.1 Product Backlog. Principio de Pareto. Técnicas de priorización

En español significa pila de productos. Este artefacto tiene que ser **Deep** que son siglas que significan que debe ser *detallado adecuadamente, estimado, emergente y priorizado*.

- ▶ **Detallado adecuadamente**= Tiene que estar detallado todas las tareas que se van a realizar en el **Product Backlog** *o* **PB**.

- ▶ **Estimado**= Cada ítem del *PB debe tener* un tiempo estimado para realizarla.

- ▶ **Emergente o adaptativo**= Debe poder adaptarse a las necesidades del cliente y del mercado.

- ▶ **Priorizado** = Debe tener los ítems con más prioridad delante de los demás.

La persona que va a crear y mantener el *PB es el PO o* **Product Owner**. Cualquier persona puede agregar ítems al *PB*, pero solo el *PO* es quien definirá si esos elementos se quedan definitivamente o no, él tiene la última palabra y además es quien decidirá en que puesto estará en el *PB* que determinará su prioridad.

En definitiva, el *PB* es un artefacto de Scrum y es una lista de cosas que nosotros tenemos que realizar para construir el producto y que debe cumplir con los principios de *Deep*.

Esta lista de cosas que están el *PB* y que tenemos que realizar se llaman **Product Backlog Item** o **PBI**.

Estos PBI pueden ser **Épicas, Historias de Usuario o Tareas**. Lo ideal es utilizar **Historias de Usuario** como *PBI* y el desglose de estas **Historias de Usuario** o HU son las **Tareas**.

Cuando las **Historias de Usuario** son muy grandes y necesitan varios **Sprints** para completarse es lo que se llama **Épicas**.

Si queréis la razón por la que se ponen **Historias de Usuario** en vez de **Tareas** en el *PB* es porque poner al cliente como actor principal *l*as **Tareas** no son entendibles por él.

8.5.1.1 PRINCIPIO DE PARETO

El principio de Pareto o regla del 80/20 aplicado a **Scrum** dice lo siguiente:

"El 80% del entregable del proyecto se consigue con el 20% del esfuerzo y que el 20% restante necesitará el 80% del esfuerzo".

Aplicando este principio en el *PB* el 20% de las **Historias de Usuario** *crearan el* 80% del producto.

Las historias de usuarios que debemos realizar primero en el PB son aquellas que más valor tienen, por lo tanto, la prioridad debe basarse en el valor de la HU, las que más valor tengan serán las que más prioridad tengan y por lo tanto la suma de ellas debería ser el 20% del valor total del *PB* y por lo tanto del producto.

Se entenderá mejor con un ejemplo; supongamos que queremos crear una pequeña aplicación que está formada por 5 HU con unos valores determinados, veremos cómo podemos aplicar el principio de Pareto.

HU	Valor	Prioridad
A	10	1
B	8	2
C	2	3
D	2	4
E	1	5
23		

El valor total del producto es 23 puntos, si realizamos las HU, A y B, tendremos 23 puntos que *es el 80%* o más del producto *y es lo* que más prioridad tiene *y según el principio es lo que* nos llevara el 20% del esfuerzo.

La mejor manera de medir el esfuerzo de una *HU* u otros ítems es mediante puntos porque las horas son subjetivas, depende de cada persona y no todos tardan igual.

El principio de Pareto es una técnica de priorización en la siguiente sección hablaremos de más técnicas de priorización.

8.5.1.2 TÉCNICAS DE PRIORIZACIÓN

Las técnicas de priorización del *PB* son 3:

- ▶ *Técnica Moscow.*
- ▶ *Técnica Kano.*
- ▶ *Técnica por ROI.*

Técnica Moscow

Esta técnica necesita la ayuda del cliente o del *PO porque se tiene que elegir las* HU que se *tienen que hacer, las que deberías hacerse, las que podrían hacerse y las que ahora no, pero podrían hacerse más adelante* y esto está en un orden descendente de prioridad, lo más prioritario a lo menos prioritario.

¿Cómo se haría esto?, pues haciendo en los primeros Sprints lo que *debe hacerse* y luego lo demás.

Técnica Kano

Esta técnica se basa mucho en la satisfacción del cliente, cuanto más satisfecho esta mejor es el producto, más calidad tiene y más se vende o eso es en teoría.

Tiene una serie de calificaciones para cada función de un producto que podría representarse cada función por una serie de HU's que sería función atractiva, inversa, indiferente, requerida y unidimensional.

- ▶ **Atractiva**= Funcionalidad que hace que un producto sea deseado.

- ▶ **Inversa**= Es una funcionalidad que puede gustar a muchos clientes, pero a otros no.

- ▶ **Indiferente**= Funcionalidad que al cliente le da igual si la funcionalidad está en el producto o no.

- ▶ **Requerida**= Funcionalidad que tiene que estar porque el cliente lo da por sentado si no esta puede perder valor en el mercado.

- ▶ **Unidimensional**= Funcionalidad que si no está el cliente puede sentirse decepcionado.

Técnica por ROI

En esta técnica el ROI viene dado por la siguiente formula.

ROI= Valor del cliente /Esfuerzo= Valor total

En esta técnica es fundamental la opinión del cliente que es transmitida por el *PO* o **Product Owner.**

Abajo podemos ver una tabla con un ejemplo de esta técnica.

HU	Valor del cliente	Esfuerzo	Valor Total	Prioridad
A	8	4	2	3
B	10	3	3,33	2
C	3	7	0,4	4
D	2	6	0.3	5
E	9	1	9	1

- ▶ A= Diseño web.
- ▶ B= Usabilidad.
- ▶ C= Creación del código.
- ▶ D= Creación de base de datos.
- ▶ E= Creación de manuales.

Como ejemplo del esfuerzo y valor que le da el cliente, el diseño de una web el esfuerzo podría decirse que es bajo y el valor que le da el cliente pude ser alto por temas de marketing digital.

8.5.2 Historias de Usuario

Las historias de Usuario también llamadas HU son los ítems que se deberían utilizar en el **Product Backlog**, en el tema 9 hablaremos más de esto, pero de inicio *comentar* que es un artefacto de Scrum y que permiten *describir* la funcionalidad que quiere *el cliente de una* manera que sea entendible por todos, su forma sería así:

> **Como** [perfil], quiero [objetivo del software], **para lograr** [resultado del software]

Un ejemplo seria:

> **Como** comprador **quiero** buscar un **producto para lograr** ver su información en detalle.

8.5.3 Sprint Backlog

Los ciclos de trabajo se denominan **Sprints** en **Scrum**, las **Historias de Usuario** que permiten realizar un producto están en el **Product Backlog** así que el **Sprint Backlog** sería coger un conjunto de esas **Historias de Usuario** y meterlas en un **Sprint** que sería un **Sprint Backlog** que tendrá un **Sprint Goal** *que será el* objetivo de ese Sprint.

Este **Sprint Backlog** tiene que crear un incremento útil *y* la suma de todos los **Sprints Backlog** de un proyecto debería dar **el *Product Backlog*** de ese proyecto que no sería más que el producto.

8.5.4 Sprint Goal

El **Sprint Goal** es el objetivo de ese **Sprint**, el objetivo tiene que ser **SMART** especifico, medible, alcanzable, relevante y limitado en el tiempo (en el tiempo del Sprint claro).

▶ **Relevante**= Un incremento que sea útil.

▶ **Alcanzable**= Debe ser alcanzable si no solo va a generar desanimo, estrés y frustración.

▶ **Medible**= Se tiene que poder medir este objetivo sino no sirve de nada.

▶ **Especifico**= Objetivo claro y conciso y que genere valor y eso solo se consigue siendo algo útil.

El **Sprint Goal** actual debe contener los objetivos anteriores y la suma de todos los **Sprint Goal** de un proyecto debería dar el resultado del **Product Goal.**

Por último, comentar que los **Stakeholders** deberían estar en las reuniones para determinar el objetivo del **Sprint Goal.**

8.5.5 Incremento

El incremento es lo que se produce cada vez que termina un *Sprint* tiene que ser un incremento útil, que genere valor para el cliente.

Las características de un incremento tienen que ser las siguientes:

▶ *Debe acercarte al **Product Goal**.*
▶ *Debe aportar valor, ser útil.*
▶ *Debe ser funcional.*
▶ *Tiene que cumplir el **DoD** o definición de hecho.*

El incremento se presenta al cliente al final del Sprint para su aprobación.

Como ejemplo podemos hablar de la creación de un coche que es un producto que se crea en 6 *Sprints*.

▼ *Sprint 1 Base del coche Incremento 1*

▼ *Sprint 2 Ruedas del coche Incremento 1+ Incremento 2*

▼ *Sprint 3 Asientos, tapicería, maletero, volante Incremento 1+Incremento 2+Incremento 3*

▼ *Sprint 4 Ventanas del coche, cristal de atrás y adelante Incremento 1+Incremento 2+Incremento 3+Incremento 4*

▼ *Sprint 5 Pintura del coche parabrisas Incremento 1+Incremento 2+Incremento 3+Incremento 4+Incremento 5*

▼ *Sprint 6 Motor, frenos, airbag, ordenador inteligente, radio y todos los extras de alta gama Incremento 1+Incremento 2+Incremento 3+Incremento 4+Incremento 5+Incremento 6*

8.5.6 Workflow

Workflow o flujo de trabajo debe basarse en las necesidades del cliente, deben implementarlo los miembros del equipo Scrum y no miembros de fuera.

Las características del **Workflow** son las siguientes:

▼ *Definido por el equipo.*
▼ *Aceptado por el cliente.*
▼ *Objetivo claro.*
▼ *Compromiso aceptado.*

Otro concepto importante es el de **WIP** o Work *in Progress*, que significa trabajo en progreso y tiene que ser limitado, claro y visible.

8.5.7 DoR

DoR son las siglas de Definition of Ready o definición de listo.

Cada *PB*I o **Producto Backlog Item** debe pasarse por el filtro del **DoD** o definición de listo.

Esta definición debe ser un acuerdo del equipo Scrum, por ejemplo, en la sección anterior sería que la base del coche esté preparada para empezar a meter todos los componentes que se necesiten para conectar todas partes de un coche.

El **DoD** debe crearse como dijimos por el equipo Scrum, debe de estar de acuerdo el equipo y sirve para definir cuando una tarea del **PB** esta lista pare realizarse, abajo pongo dos ejemplos para que se entienda mejor.

En definitiva, **DoD** es cuando una tarea del **Product Backlog** está lista para empezar a trabajar, supongamos que necesito automatizar una funcionalidad de una aplicación web pues el **DoD** es cuando esa funcionalidad está desarrollada y está desplegada en el ambiente de desarrollo para poder realizar las pruebas manuales y automatizadas.

8.5.8 Criterios de aceptación

Los criterios de aceptación deberían aplicarse siempre con las historias de usuario.

Son una serie de requisitos que tienen que cumplir las *historias de usuario* para estar bien definidas, nos permiten definir el alcance y el límite de las *historias de usuario*.

En el tema 9 nos extenderemos mucho más en las *historias de usuario* y *criterios de aceptación* ya que son fundamentales.

8.5.9 DoD

El **DoD** o definición de hecho define cuando una *PBI* está terminada (como sabemos pueden ser épicas, historias de usuario o tareas).

Los desarrolladores del producto, **Scrum Master** y **Product Owner** son los que definen cuando una tarea, historia de usuario o épica está terminada.

Para que por ejemplo una historia de usuario esté terminada tiene que estar de acuerdo el equipo de Scrum y ha cumplido los criterios de aceptación, si no cumple con los criterios de aceptación no se puede entregar en ese **Sprint.**

El **DoD** debe hacerse en cada **Sprint** nuevo más estricto para cumplir con los criterios de mejora continua.

No todas las historias de usuario deben tener el mismo **DoD** porque algunas veces tienen particularidades.

Los *criterios de aceptación* los debería hacer el **Product Owner** que es quien tiene más conocimiento del negocio y el producto, pero los **DoD** los hacen los desarrolladores del producto.

Cuando hablamos de la creación de un coche en la sección 8.4.5 el **DoR** del Sprint 1 sería que la base del coche esté preparada para meter todos los componentes de los *Sprints* siguientes.

8.5.10 Sprint Burndown Chart

Este artefacto es muy importante porque es una gráfica que nos muestra el trabajo pendiente para el sprint actual. En el eje X tenemos el tiempo que suele ser en días y en el eje Y tenemos el trabajo pendiente que puede ser en puntos lo más habitual o en historias de usuario.

Al principio del Sprint tenemos el punto más alto y debería ir disminuyendo hasta alcanzar cero al final del Sprint después de haber realizado todos los puntos a los que se comprometió el equipo.

Algo bueno es que se vea esta grafica en las *Dailys* para ver la velocidad diaria pero es algo que no se suele realizar aunque sería recomendable.

Existen distintos **Burndow Chart** en función del momento del equipo Scrum.

En la gráfica de abajo se puede ver como actuaría un equipo nuevo que no está entregando de manera continua.

Si encontramos escalones en la gráfica suele ser porque se entregan elementos grandes como podría ser una historia de usuario muy grande que debería dividirse para conseguir el compromiso de puntos. También vemos que la entrega de puntos en un momento está por debajo de la entrega ideal eso significa que el equipo en esos días iba muy rápido, a una **velocidad más alta que la ideal.**

Por último, comentar que algunas veces en el Sprint actual que sería el **Sprint Backlog** el **Product Owner** decide que se añade una nueva historia de usuario por ejemplo y eso provoca que el equipo no cumpla con el compromiso de ese Sprint, esto es algo que no debería hacerse.

Estas graficas nos permiten ver el trabajo que es capaz de realizar el equipo en cada Sprint, si el equipo se compromete a realizar 25 puntos en 2 semanas que podía ser un Sprint típico y no es capaz de hacer más de 20 puntos no se debe extender la duración a 3 semanas nunca, se debe bajar el compromiso a 20 puntos esto es lo que recomienda la guía de Scrum.

8.5.11 Release Burndown Chart

Esta grafica sirve para saber qué tan cerca esta de salir al mercado el producto.

Esta grafica es muy importante porque nos permite saber si estamos estimando bien, si vamos a entregar a tiempo, si las vacaciones o las bajas nos afectan nuestro rendimiento y debemos realizar otras extra.

En esta grafica de **Release Burndown Chart** podemos ver que un producto necesita 700 horas y 4 Sprints para terminarse, la línea roja discontinua es la velocidad ideal y la azul es la velocidad real del equipo, como está por debajo vamos a una velocidad mejor que la ideal, así que está trabajando muy bien.

Estas graficas son ideales para proyectos con requisitos fijos.

Esta es una gráfica de barras ideal para proyectos con requisitos variables, aquí la barra verde indica que se han agregado 60 horas de tarea y se puede ver que el esfuerzo gastado es de 300 a 200 que serían 100 horas realmente del esfuerzo, aunque en realidad el equipo ha trabajado 160 horas, pero el esfuerzo por el grafico es solo de 100.

8.6 ROLES

En el scrum team o **equipo de Scrum** hay sobre todo 4 roles principales, **Scrum Máster, Product Owner, desarrolladores** del producto y **Stakeholders.**

El equipo de Scrum debe tener las siguientes características

1. *10 personas o menos.*

2. *Debe ser el responsable de crear el producto.*

3. *No debe haber jerarquías, ni jefes ni subequipos.*

4. *Debe ser multidisciplinar (distintos roles).*

5. *Debe ser autoorganizado.*

6. *Debe ser autónomo.*

7. *Debe ser empoderado.*

Lo que hay que tener claro es que el **Scrum Master** no es el jefe del equipo, es el que ayuda a aplicar correctamente **Scrum**.

Los desarrolladores pueden ser programadores, testers, diseñadores web todos aquellos que ayuden a crear el producto.

En una empresa que se dedique a crear una app o que ofrezca un servicio por ejemplo no necesitas un gerente realmente con un **Scrum Master** y un **Product Owner** te llegaría.

A continuación, explicare todos los roles que hay en *Scrum* y sus características y funciones.

8.6.1 Scrum Master

La persona que tenga este rol no es necesario que sea un experto en tecnología sólo debe ser un experto en Scrum, pero es el líder del equipo Scrum.

El objetivo más importante que tiene que cumplir el Scrum Master es que se cumplan los principios y valores de Scrum en el proyecto.

Las características que debería tener un **Scrum Master** serían las siguientes:

1. *Experimentar con ideas disruptivas e innovadoras.*

2. *Cuestionar a distintos roles incluso al gerente si viera que su enfoque es erróneo.*

3. *Defender al equipo siempre.*

4. *Debe ser un canal de comunicación entre **Stakeholders**, el equipo y la empresa u organización.*

5. *Está a cargo de las métricas que más se utilicen.*

Las actividades que este rol tendría que realizar serían las siguientes:

▶ *Velar por que se cumplan las prácticas de Scrum y del manifiesto agile.*

▶ *Ayudar a los compañeros del equipo en problemas que tengan.*

▶ *Fomentar transparencia, colaboración, investigación y adaptación.*

▶ *Liderar al equipo y conseguir una mejora continua.*

▶ *Crear reuniones para mejorar productividad y mejores prácticas tanto técnicas como no técnicas.*

▶ *Conseguir que el equipo este siempre motivado y feliz en su rol.*

▶ *Implementar un pensamiento de mejora continua.*

▶ *Eliminar impedimentos de los compañeros en su trabajo diario.*

▶ *Crear un ambiente de colaboración donde no haya competitividad y si hay mal ambiente conseguir un buen ambiente.*

El **Scrum Master** también tiene que velar porque el gerente o la dirección no ordenen tareas que no tienen que ver con su rol y proteger que la dirección no ataque al equipo o haya un ambiente de tiranía porque eso va en contra de los principios de Scrum.

8.6.2 Desarrolladores. Perfiles en T

Son los encargados de crear el producto y al igual que el **Scrum Master** forman parte del **Equipo Scrum.**

Sus actividades son las siguientes:

▶ Ser transparentes para revelar sus habilidades, limitaciones y estimaciones; si un desarrollador es capaz de hacer 5 puntos por Sprint más que el resto de compañeros debería decirlo.

▶ Deben ayudar al PO o **Product Owner** en el refinamiento del **Product Backlog.**

▶ Deben desarrollar cada **Product Backlog Item.**

▶ Definir las estimaciones de las tareas para aplicar correctamente la velocidad.

▶ Crear un incremento que cumpla el **DoD.**

▶ Crear el **Sprint Backlog.**

Con respecto a la métrica de la velocidad de un **Sprint** no es el **Scrum Master** quien la define, al final es el equipo, si el **Scrum Master se** compromete con el cliente a hacer 30 puntos cada **Sprint,** pero el equipo solo hace 25 puntos y lo hace estando estresado y con un ambiente malo entonces el Scrum Master tendrá que hablar con el cliente y decirle que para mantener un ritmo mantenible y saludable a largo plazo la velocidad debería ser de 20 puntos por Sprint.

Los desarrolladores deben poner el foco en los objetivos de:

▶ *Crear incremento útil.*
▶ *Convertirse en un equipo de alto rendimiento.*
▶ *Colaborar con los **stakeholders** en la autogestión.*

Los desarrolladores son los que al final crean un producto, su estado anímico, su compromiso, su motivación y su creatividad al final determinaran muchas veces si un proyecto sale adelante y si un producto tiene la máxima calidad, no son números ni recursos son personas y mientras la **IA** no pueda sustituir totalmente a las personas, el estado y bienestar de los miembros de una empresa tecnológica debería ser lo más importante para una empresa.

8.6.2.1 PERFILES EN T

Los perfiles en T son perfiles senior con mucha experiencia y conocimiento y que además tienen conocimiento de distintos roles, por ejemplo un **tester** debería tener conocimientos de programación para las pruebas automatizadas, conocimientos de analista para diseñar las historias de usuario, de **DevOps** para saber utilizar herramientas como Jenkins, Badoo Docker; son roles que cada día más el sector demanda.

Hay un rol que será muy importante que es el arquitecto de automatización que es quien se encargara de integrar todo tipo de pruebas y procesos para tener todo automatizado, es muy importante porque tendrá que tener conocimiento de todo y cada vez es más importante la rapidez de las pruebas y que se realicen todo tipo de pruebas antes de entregarlas.

8.6.3 Producto owner

El **Product Owner** o propietario o también podemos llamarle a partir de ahora **PO** del producto es quien se encarga de decir qué se tiene que desarrollar, suele ser una persona del cliente porque es quien más conocimiento tiene de lo que quiere el cliente.

Sus características son:

▸ *Es el encargado del **PB** o **Product Backlog**, pero algo que tiene que quedar claro es que no es el jefe de los desarrolladores, ellos son los que deciden el trabajo que harán en cada **Sprint**.*

▸ *El **PO** no puede modificar el tamaño del **Sprint** él solo, tiene que contar con el resto del **Equipo Scrum** y el **Product Goal** lo suelo proponer el **PO**, pero es el **Equipo Scrum** quien tiene que desarrollarlo.*

▸ *Es la voz de los **Stakeholders** y quien gestiona el **PB** y el **PBI** o **Product Backlog Item**; es quien tiene más conocimiento del producto, de lo que quiere el cliente y del sector donde saldrá el producto si es para un uso en un mercado determinado.*

▸ *Es quien tiene que resolver dudas a los desarrolladores y el que define el objetivo del Sprint.*

▸ *Debe dedicar el 50% del tiempo a los **Stakeholders** y el otro 50% a los desarrolladores.*

▸ *Debe tener la máxima autoridad en cuanto a fechas de entrega.*

▸ *Debe maximizar el **ROI** o retorno de la inversión y el valor creado por el **Scrum Team** o **ST** o **Equipo Scrum**.*

En definitiva, es el **PO** quien define el **Product Goal** o **PG** y puede ser ayudado por el **Scrum Máster** y el resto del equipo.

El **PO** no debería tener muchos conocimientos técnicos, pero sí conocer bien el producto que quiere el cliente y el mercado donde va a ser comercializado.

Al final hay que comentar que el **PO** es el responsable de crear los siguientes artefactos:

- *Release Plan.*
- *Release Map.*
- *Realease Burndown Chart.*
- *Release BurnUP Chart.*

8.6.4 Stakeholders

Son los interesados en el producto, podíamos decir que hay de dos tipos:

- Stakeholders

  Es el principal interesado en el producto y es la principal fuente de validación, es quien nos puede orientar más claramente y es el dueño del negocio, es quien necesita que se le solucione un problema.

- Shareholders

  Es el accionista del producto, es quien pone el dinero o parte de el para poder crear el producto o servicio.

Es importante conocer la relación que hay entre los **stakeholders** y el resto de los roles del proyecto, abajo se puede ver una gráfica de las distintas relaciones.

Este gráfico de arriba básicamente comenta que los **Stakeholders**:

▼ *Deben resolver impedimentos que les informe el **Scrum Máster** de ahí el compromiso.*

▼ *Deben estar dispuestos a escuchar al **Scrum Máster** y a comprometerse con la mejora continuada realizando el gasto oportuno.*

▼ *Deben comprometerse a realizar los cambios y organizaciones necesarios.*

8.7 EVENTOS

"Los eventos de Scrum son bloques de tiempo de una duración máxima que tienen por finalidad crear regularidad y consistencia, con el fin de evitar la necesidad de reuniones innecesarias que solo entorpecen los procesos".

Solo hay 5 eventos porque se quiere tener el mínimo número de procesos para tener un control correcto de los mismos.

Los 5 eventos que existen en Scrum son:

1. *Sprint.*

2. *Sprint Planning.*

3. *Daily Scrum (reuniones diarias).*

4. *Sprint Review (revisión el Sprint).*

5. *Retrospectiva del Sprint.*

Antes de empezar a hablar de cada una de las reuniones y de que se habla en cada una de ellas tengo que hablar de un concepto muy importante porque define el tiempo que tiene que tener cada reunión y es muy importante porque ya hablamos que el 30% del tiempo de un proyecto se pierde en reuniones por no marcar bien cuanto tiempo deben durar, este concepto es el de **Timeboxing.**

8.7.1 TimeBoxing

El **Timeboxing** es una técnica para establecer el tiempo máximo de una reunión en Scrum.

En las **Daily** el tiempo máximo es de 15 minutos por lo que habrá que dividir ese tiempo entre los participantes, si somos 8 participantes no puede participar más de 1 minuto 45 segundos cada miembro a no ser que haya miembros que puedan contar lo que necesiten en mucho menos tiempo porque hay un problema urgente que uno de los miembros tiene, pero se debería resolver en una reunión posterior.

El **Timeboxing** tiene que cumplir con estos 4 principios:

1. *Objetivos claros en las reuniones.*

2. *Los tiempos y recursos fijos, pero el alcance variable.*

3. *No se cambia el tiempo de las reuniones ni de los Sprints, si el equipo se compromete a 25 puntos y no llega el compromiso se pasa a 20 puntos.*

4. *El equipo es autosuficiente para que pueda resolver los problemas por ellos mismos y gestionar las bajas.*

8.7.2 Sprint

El Sprint es el periodo de tiempo en que se realizan los incrementos útiles y de valor del producto.

El sprint debe tener como máximo 4 semanas o un mes.

Todos los Sprints dentro de un proyecto deberían tener el mismo tamaño, si se eligen 2 semanas debe de ser de 2 semanas todo el proyecto por lo que hay que elegir bien el proyecto y ver cuál es la duración adecuada.

Las 5 reuniones deben de estar dentro del Sprint, en cuanto termina un Sprint debe de empezar el siguiente inmediatamente, no hay tiempo entre Sprints.

En Sprint debe cumplir las siguientes reglas:

▼ *No se puede añadir **Items** que puedan perjudicar el **Sprint** Goal u objetivo de Sprint.*

▼ *El alcance del Sprint lo tiene que negociar el **PO** no puede imponerlo.*

▼ *El Sprint puede cancelarse si el **Sprint Goal** y el **Sprint Backlog** quedan obsoletos, por ejemplo se quería una app para un bar y al final es para una cervecería internacional.*

▼ *Solo el **Product Owner** puede cancelar el Sprint si el objetivo de este ha cambiado.*

8.7.3 Sprint Planning. Refinent

Este evento marca el inicio del Sprint y se establece el trabajo que se va a realizar. En esta reunión deben estar el **PO**, el **Scrum Master** y los desarrolladores del producto.

En esta reunión o evento se definen los **Product Backlog Item** que van a formar parte del Sprint y que como bien sabemos pueden ser *épicas, historias de usuario o tareas*.

En esta reunión el PO y los **desarrolladores** negocian el **Sprint Backlog** que van a realizar.

A este evento o reunión pueden ir los **invitados** que pueden ser los vendedores del producto, por ejemplo.

En cuanto al **Timeboxing** de esta reunión depende del tamaño del Sprint, si el Sprint es de un mes será de 8 horas, si es de 3 semanas 6 horas 2 semanas 4 horas y si es de 1 semana 2 horas.

En el **Sprint Planning** debemos ver valor que entregaremos, lo que haremos en el **Sprint** y cómo lo haremos, pero a un alto nivel; debemos definir el **Sprint Goal** u objetivo del Sprint.

Los desarrolladores eligen el **PBI** y planifican el trabajo para crear incrementos que cumplan con el **DoD** y refinan el **PBI** que forma parte del Sprint Backlog.

De lo que se habla en el **Sprint** *Planning* es:

- ▶ *Incremento del Sprint anterior.*
- ▶ *Velocidad del equipo.*
- ▶ *Duración del Sprint.*
- ▶ *PBI acorde al* **DoR.**

De esta reunión se debe sacar el Sprint Backlog definido, Sprint Goal y el **Kaizen** prioritario.

El Kaizen define lo que se puede mejorar de manera prioritaria.

El objetivo del **Sprint Goal** es orientar al equipo, explicar porque se realiza este Sprint y permite que se tenga flexibilidad en el alcance.

El objetivo del Sprint se puede definir de dos maneras, la primera con el **Priority Driven** y la segunda con el **Demo Driven.**

El **Priority Driven** se basa en elegir los PBI que tengan más prioridad y ese será nuestro objetivo para el Sprint mientras que el **Demo Driven** es que elijamos qué queremos realizar en este Sprint por ejemplo si tengo una tienda virtual o módulo de usuarios donde se loguea el usuario, se registra, se modifica sus datos, se cambia contraseña se mira sus pedidos se dice si se suscribe al boletín, etc., en función de este objetivo se eligen los PBI que permitirán crear ese objetivo y mostrar esa demo o MVP al cliente.

La diferencia es que uno solo crea los PBI con más prioridad en este Sprint y el otro la funcionalidad que interese en ese Sprint, la primera quizás haga que de inicio el producto este un poco desorganizado si los PBI no son del mismo modulo.

8.7.3.1 REFINENT

El refinamiento puede pertenecer al **Sprint Planning** o ser un proceso continuo.

En esta reunión tiene que estar el *PO, Scrum Master* o *desarrolladores, los stakeholders* es opcional que estén en esta reunión.

Esta reunión puede pertenecer al **Sprint Planning,** hacerla un poco antes que la planning o hacerla todos los días unos minutos.

El **Timeboxing** no debe sobrepasar el 10% del *Sprint*, es decir el refinamiento no puede suponer más del 10% del tiempo del *Sprint*.

En el refinamiento se realizan sobre todo estas actividades:

▼ *Los desarrolladores realizan consultas y resuelven dudas.*

▼ *Los PO y Stakeholders resuelven dudas a los desarrolladores.*

▼ *De detectan posibles riesgos o problemas que puede haber como bajas por vacaciones.*

▼ *Se realiza la detección la necesidad de colaboración entre otros departamentos que necesiten su ayuda.*

8.7.4 Daily Scrum

Es una reunión que debe tener una duración de 15 minutos como máximo y debe ser todos los días laborales, el tiempo tiene que ser fijo y se determina en función de los componentes del grupo de **Scrum,** pero suele ser 15 minutos independientemente del número de componentes, pero no puede superar ese tiempo nunca.

Esta reunión debe ser a la misma hora y no debería cambiarse la hora, debe empezar a la hora, aunque no estén todos los miembros en la reunión.

Es obligatorio que estén los *desarrolladores,* pero el **Scrum Master** y *PO* es opcional y la hora la deciden los desarrolladores por ser los que están obligados a asistir.

El *Scrum Master* y *PO* no es obligatorio que estén, pero deben estar a disposición de los desarrolladores siempre.

En esta reunión cada miembro del equipo debe indicar qué tareas hizo el día anterior, lo que va a hacer hoy y los problemas o impedimentos que tuvo.

En algunas empresas la **Daily** se hace por la tarde, no es obligatorio hacerlo por la mañana, aunque si recomendable.

Hay empresas que hacen que la **Daily** dure hasta una hora, pero no es eficiente al final se pierde más tiempo que otra cosa.

8.7.5 Sprint Review

Es la revisión del Sprint, en esta reunión le damos al cliente un **MVP** para que el cliente nos dé su *feedback.*

Si el Sprint fue de 4 semanas la reunión dura 4 horas, si es de 3 semanas 3 horas, 2 semanas 2 horas y 1 una semana 1 hora.

Este **MVP** que entregamos tiene que ser funcional, un incremento con respecto al Sprint anterior y útil.

Esta reunión tiene los siguientes objetivos:

1. *Obtener reacción y comentarios del cliente para orientarnos y mejorar.*

2. *Hay que crear Review atractivo para mostrar el potencial del producto.*

3. *Se decide si se continuara con el desarrollo del producto o no.*

Lo que hay que tener en cuanta con el **MVP** o producto parcial que se entrega es que tiene el incremento funcional de este *Sprint* y de todos los *Sprints* anteriores, un análisis de la *velocidad* y un **Product Backlog** actualizado a todo lo que se ha construido ya del producto.

8.7.6 Sprint Retrospective

En esta reunión tienen que participar el **Scrum Máster** que es quien organiza la reunión y los *desarrolladores* el *PO* no es obligatorio que asista.

En esta reunión se realizan las siguientes actividades:

▼ *El objetivo es cómo el equipo puede mejorar y trabajar mejor.*

▼ *Debe ser como máximo una reunión de 3 horas para un Sprint de un mes, para un Sprint de 3 semanas 2 horas y 15 minutos y así sucesivamente.*

▼ *El equipo muestra los objetivos que se cumplieron del Sprint anterior.*

▼ *Veremos qué hicimos bien y qué se puede mejorar.*

▼ *Nos comprometemos a una serie de objetivos que se tienen que cumplir en el siguiente Sprint.*

▼ *Se muestra nuestra velocidad en el Sprint y la que se esperaba.*

De esta reunión sale el Kaizen prioritario, el plan de acción que tenemos y posibles mejoras y debe ser liderada por el Scrum Máster.

La retrospectiva tiene 5 fases:

1. *Preparar el escenario.*

2. *Recolectar datos.*

3. *Crear insights.*

4. *Problemas más importantes que resolver, máximo 3.*

5. *Cierre de retrospectiva y se cierra el sprint y se pasa al siguiente.*

8.8 ESTIMACIONES RELATIVAS Y SUS TÉCNICAS

Tan importante como saber los elementos del **Product Backlog** y su prioridad es saber cuánto tiempo tardaremos en realizar una **Historia de Usuario** y el tiempo que tardaremos en realizar las *Tareas* en que se divide una **Historia de Usuario**.

La estimación puede ser absoluta y relativa; en las estimaciones absolutas se dan tiempos y fechas que puede ser que no se cumplan.

Para planificar las actividades y las fechas de entrega se utiliza el **diagrama de Gantt,** pero este diagrama es para proyectos clásicos en los proyectos de tipo **VUCA** se necesitan utilizar metodologías ágiles y se utilizan estimaciones relativas.

Un ejemplo de diagrama de Gantt sería el de la tabla de abajo.

Actividades	Fechas					
	Abril		**Mayo**		**Junio**	
	01-15	16-30	01-15	16-30	01-15	16-30
Toma de requisitos	X					
Análisis de diseño		X				
Desarrollo				X		
Testeo					X	
Ventas						X	X

La estimación relativa es la mejor estimación para metodologías ágiles, es una estimación que se basa en los recursos que tienes.

En las metodologías ágiles quien estima la tarea es quien va a hacer la tarea, porque es quien la ha hecho un montón de veces y sabe cuánto puede tardar, lo podría hacer el **Project Manager,** pero no sería tan exacta.

Las técnicas relativas para estimar *tareas* e *Historias de Usuario* son estimación por tallas, estimación por **Planning Poker** y estimación individual.

La *estimación individual* la comenté antes, se asignan las tareas a los miembros del equipo y cada miembro les da una estimación a sus tareas en función de su experiencia personal si ya la hizo anteriormente y en función de otros miembros que ya la hicieron si es la primera vez; esta técnica es la más utilizada en la vida real o es la que yo vi en varias empresas y se da una estimación en horas.

La *estimación por tallas* se basa en imaginarse que las tareas son camisetas con 5 tallas: **XS S M L XL**

XS es la talla más pequeña y XL la más grande.

La estimación se tiene que hacer entre todos los miembros del equipo, porque se tiene que coger el conocimiento de todos.

Por ejemplo, supongamos que queremos hacer un desplegable para coger todas las marcas de una tienda virtual para el diseñador, eso es una tarea que de esfuerzo sería **S,** pero un programador web tendría que hacer las funciones en el **backend** comunicar con la base datos hacer consultas y devolver la información en **JSON** por ejemplo y para él sería bastante esfuerzo y podría decir que es una talla **L** con lo que la estimación final podía ser una **M** si hiciéramos la media.

Por todo esto es tan importante que la estimación se haga entre todos los miembros del equipo.

La estimación por **Planning Poker** se basa en suponer que tenemos unas cartas con los **números de Fibonacci.**

1, 2, 3, 5,8 y 13

En el equipo cada uno cogería una carta con un valor para poner el esfuerzo de una *Tarea*, si el miembro tiene mucha experiencia la tarea le daría un esfuerzo bajo y si tiene poca experiencia un valor alto, así que cada uno de los miembros del equipo le daría un esfuerzo a esa *Tarea y la* **media** *sería el esfuerzo o coste de la tarea.*

Media= Suma de valores de carta Dividido por Número de cartas

La media sería el esfuerzo o coste de esa tarea si el esfuerzo da con números decimales como por ejemplo 5.4 se elige 5 y si es 5.6 se elige 6.

8.9 MÉTRICAS DE SCRUM. TIPOS

Las métricas en Scrum son fundamentales para saber la velocidad del equipo, la deuda técnica, estado psicológico del equipo y tiene una serie de reglas que son las siguientes:

- ▸ *No se puede comparar los equipos.*
- ▸ *No se puede estandarizar.*
- ▸ *No son para controlar al equipo.*
- ▸ *Son para tener espacios de reflexión y autoconocimiento.*
- ▸ *Son para ayudar a mejorar el rendimiento del equipo.*

La deuda técnica es una métrica que mide la calidad, se genera cuando no se hacen bien los controles de calidad.

La *deuda técnica* es lo que se tenía que haber realizado, pero no se hizo en tiempo y forma, generara problemas en el futuro y atrasara al equipo haciendo que tengas que solucionar trabajo de Sprints anteriores.

También hay que hablar de un concepto relacionado con la deuda técnica que es **Carry Over.**

Carry Over es la diferencia entre el trabajo entregado y el trabajo comprometido que sería igual al trabajo no entregado en el Sprint.

Por ejemplo, en el Sprint 3 el equipo se puede comprometer a 25 puntos, pero solo entrega 20 por lo tanto el **Carry Over** o trabajo no entregado sería de 5 puntos.

El **Carry Over** tiene las siguientes 3 características:

1. *Es negativo para el equipo.*

2. *Se produce por errores de estimación.*

3. *El Carry Over no desaparece.*

La deuda técnica genera intereses. Cada mes que tienes deuda técnica crece muchísimo esa deuda al mes siguiente, se comporta como los intereses de un banco y además junto con el **Carry Over** provoca que haya retrasos en las entregas.

Si encuentras una mala práctica hay que solucionarla rápido o generará deuda técnica, esta deuda se debe tratar como un *PBI* prioritario a resolver.

Para reducir la deuda técnica podemos realizar las siguientes actividades:

▼ *Ser más estricto con el **DoD**.*

▼ *Bajar la velocidad del equipo para no aumentar la **deuda técnica**, hay que tener un ritmo sostenible.*

▼ *Priorizar atrasos para recuperar tu velocidad agregándolos al **Product Backlog** con prioridad alta.*

▼ *Se deben resolver los errores cuando aparezcan.*

▼ *Se deben atender bien los **DOR**, estimación, priorización y **DoD**.*

Bajar la velocidad cuando ya haya deuda técnica disminuye el incremento de deuda, pero no la elimina para eso hay que priorizar la solución de esos problemas antes incluso de las tareas porque llegara un momento que generara tanto retraso que la velocidad será mínima y se estancaran y no podrán avanzar hasta resolver esos problemas o directamente hará que el proyecto se cancele.

8.9.1 Tipos de métricas

Las métricas se pueden agrupar de la siguiente manera según la tabla de abajo:

Seguimiento	Cierre	Acumulativas	Estado del equipo
Burndow Burnup	Velocidad	Grafico	Happiness

Velocidad

Es el trabajo real producido en base a datos reales y se muestra al cerrar el Sprint; tiene las siguientes características:

▼ *Solo cuenta los puntos terminados al 100% **(DoD)**.*

▼ *Solo se promedia los últimos 3 Sprints.*

▼ *Intentar promediar a la baja.*

▼ *La velocidad suele variar entre los Sprints un poco.*

▼ *La estimación de la velocidad no se calcula bien hasta el tercer o cuarto Sprint.*

▼ *No está relacionado con la productividad.*

▼ *A medio plazo hay que tener una velocidad constante.*

▼ *Cuando se agregan personas al equipo de Scrum la velocidad no aumenta al contrario de lo que se piensa, si no que disminuye porque los miembros con más experiencia van a tener que capacitar a los nuevos.*

▼ *La velocidad no depende del equipo de Scrum.*

La velocidad tiene una fórmula que es la siguiente:

Velocidad= (N.D X D.S) * F.F.I

N.D= Número de desarrolladores.

D.S= Duración del Sprint.

F.FI= Factor foco inicial= Es el tiempo efectivo trabajado quitando comida, desayuno, descansos que suele ser el 60% o 70%.

Hay un **factor foco real** o **F.F.R** que viene dado por la siguiente formula:

Factor Foco Real= Velocidad Real / Velocidad Ideal.

Velocidad Ideal= N.D X D.S

La *velocidad real* es la que se tuvo al finalizar el Sprint y la *velocidad ideal* es la que estimamos con la fórmula de arriba.

La *velocidad* y el *factor de foco* lo normal es que varíen entre distintos *Sprints*.

Voy a hacer un ejemplo de un proyecto con 3 Sprints para que se vea cómo sería.

Sprint 1

N.D= 5 desarrolladores.

D.S = 5 días laborales.

F.F.I= 60% de trabajo efectivo.

Velocidad= (5x5) x60%= 5x5x0.6= **15 puntos** de velocidad estimada.

V.I= 5x5= 25

La velocidad real al final del Sprint fue de 12 puntos.

Factor Foco Real= V.R/V.I= 12/25= 0.48

Sprint 2

N.D= 5 desarrolladores.

D.S = 5 días laborales.

F.F.R= 0.48

Velocidad= (5x5) x 48%= **12 puntos** de velocidad estimada.

La velocidad real del equipo este Sprint ha sido de 22 puntos.

F.F.R= V.R/V.I= 22/25= 0.88

Parece que el equipo trabaja por encima de sus posibilidades.

Sprint 3

Después de los 2 primeros Sprints podemos hacer una estimación real de este Sprint antes de que termine.

F.F.R medio = 0.48+0.88/2= 0.68 de factor de foco real.

Velocidad= (5x5) x 0.68= **17 puntos** de velocidad estimada sería a lo que el equipo podría comprometerse.

Aquí no esperamos a terminar el Sprint para saber el F.F.R, si no que lo sacamos haciendo una media.

Estimación a largo plazo

E.L.P= Velocidad media x Numero de Sprints.

Velocidad media real= V.R1+V.R2 +V.R3= 12 +22+17= 17 de velocidad media.

E.L.P= 17x10 sprints= 170 puntos de media podíamos sacar en los próximos 10 Sprints.

Esta estimación puede ser variable por lo tanto es una estimación no es para imponer al equipo.

La velocidad del equipo muchas veces varía por la deuda técnica así que es importante controlarla.

Gráfica acumulativa

Esta gráfica nos permite ver información muy importante a lo largo de varios *Sprints*, como los puntos comprometidos comparando con los entregados, el **Carry Over**, las **historias de usuario** terminadas y el incremento en cada Sprint.

En la tabla de abajo se puede ver un ejemplo de gráfica acumulativa con los datos de 6 *Sprints*. Las historias adquiridas son las que se comprometieron.

Sprint	Comprometido	Entregado	Carry Over	Historias adquiridas	Incremento
1	35	20	15	7	20
2	10	17	0	2	37
3	15	25	0	3	62
4	15	20	0	3	82
5	20	23	0	2	105
6	26	23	3	2	128
Totales	121	128	18	19	128

Felicidad (Happines)

La métrica de felicidad es muy importante porque en *Scrum* les damos más importancia a las personas que a las herramientas.

En Scrum es muy importante saber cómo se sienten nuestros empleados, porque cada vez hay más ansiedad y depresiones por el mundo en que vivimos tan superficial, tan obsesionado con los seguidores, la edad, la belleza dando nulo valor a la inteligencia y a la cultura y eso afecta al rendimiento de los miembros del equipo.

Es muy importante saber qué sienten nuestros empleados, qué necesitan, qué objetivos vitales tienen, en qué podemos ayudarles para aplicar el **manifiesto ágil**.

Un empleado feliz trabaja mejor, más tranquilo, más seguro y comprometido que uno infeliz.

Richard Branson fundador del grupo Virgin dice lo siguiente:

"Si cuidas a tus empleados, ellos cuidaran a tus clientes".

Como ya comenté en partes de este libro, las consultoras se equivocan al tratar a los empleados como números, cada vez hay menos ingenieros y cada vez compensa menos estudiar una ingeniería, en España no solo llega a tener un trabajo, si no se cuida al empleado y aun encima se le paga muchos menos que en otros países, en un mundo globalizado y con jóvenes bilingües que hablan inglés ya cada vez más de esos jóvenes prefieren emigrar a países donde en el sector tecnológico les valoran más, pagan más y se les trata con respeto, coger empleados latinos a largo plazo no es la solución, muchos de ellos terminan volviendo a sus países, comprando sus casas en su país de origen y ese dinero no se queda en España, es hora de un cambio de filosofía, nuestro ejemplo EEUU, hay que fomentar la creación de startup porque pueden dar mucha innovación en España y las consultoras pueden ayudarles a crecer como socios tecnológicos.

Podíamos hacer el siguiente cuestionario a nuestros empleados para saber su estado anímico:

1. ¿Estás a gusto con tu rol en la empresa? de 1 a 5

2. ¿Estás a gusto en tu equipo de trabajo? de 1 a 5

3. ¿Te sientes valorado por tu empresa? de 1 a 5

Estas preguntas podían hacerse cada mes y según la respuesta la empresa debería ver que puede cambiar para que sus empleados estén contentos en su puesto, equipo y empresa.

También una recomendación que hago es que la empresa le permita ganar un extra al empleado de manera pasiva, cursos online, ebooks, todo aquello que pueda aumentar los ingresos, si no se puede pagar más hay que ser creativos, igual que la empresa quiere tener más beneficios los empleados igual, hay que tener empatía, los ingenieros siempre terminan yéndose cuando les pagan más, así que al final es lo que les mueve sobre todo a la gente más brillante y joven.

8.10 PATRONES DE SCRUM

Los patrones son soluciones probadas, aplicadas y repetibles orientadas a solucionar problemas específicos.

Algunos problemas se solucionan con una configuración similar, una solución similar.

Los patrones se adaptan al equipo, pero para aplicarlos correctamente hay que seguir los pasos exactamente, no se puede cambiar y romper esos patrones porque al igual que pasa con Scrum si haces eso al final no se saca el rendimiento máximo de Scrum y en el caso de los patrones no son efectivos.

El **Scrum Máster** es quien debe controlar que se apliquen correctamente Scrum y los patrones en el equipo.

Voy a hablar de 2 de los patrones más utilizados **patrón Swarming** y **procedimiento de emergencia.**

Patrón Swarming

Un problema común en los equipos es el **multitasking,** que es cuando un miembro del equipo está con varias tareas a la vez.

Puede ocurrir que en un proyecto haya varios **Product Owner**, 3 por ejemplo y cada uno asigne a un desarrollador del producto una tarea, al final tendría 3 tareas, esto hace que el desarrollador vaya más lento y al final seguramente una se quede en proceso y solo se terminen 2, esto es malo porque hace que se acumule trabajo y en 3 Sprints el desarrollador puede tener 3 tareas en progreso y si tenemos 5 miembros que les pasa lo mismo al final tenemos **15 tareas en progreso** en 3 *Sprints,* lo que genera trabajo acumulado y deuda técnica.

La solución a este problema es el *patrón* **Swarming**, método abeja; consiste en actuar como un enjambre de abejas, cuando un avispón que es 10 veces más grande que una abeja ataque la colmena, rodean al avispón entre todas, lo que genera un calor tan grande que al final es avispón muerte asado literalmente.

Bien no estoy pidiendo eso, ja,ja,ja, si no que todo el equipo trabaje junto a un *PBI o* **Product Backlog Item** *o elemento del* **Product Backlog** para entre todos terminar esa tarea cuanto antes.

Si somos 6 miembros en un equipo podemos utilizar 3 miembros del equipo para sacar una tarea y otros 3 miembros para otra y así poder sacar estas tareas mucho más rápido.

En este método es muy importante limitar el número de tareas en proceso y es importante que no estén más HU que miembros del equipo, si hay 6 personas en el equipo, 6 *Historias de Usuario* como máximo.

Procedimiento de Emergencia

Es un método que se aplica cuando vemos que no vamos al *Sprint Goal.*

Por ejemplo, compromiso 100 puntos en 14 días y en 7 días solo hicimos 15 puntos.

Este patrón tiene unos pasos, pero no tienen que aplicarse en orden, si el paso 1 no funciona, se aplica el paso 2, si no el 3 y si uno de los pasos soluciona el problema no se tiene que aplicar el resto de los pasos.

Los pasos son los siguientes:

1. *Cambiar la forma de realizar el trabajo aplicando Swarming.*
2. *Delega una parte del trabajo a otro equipo más adelantado.*
3. *Reduce el alcance, los PBI de baja prioridad se sacan.*
4. *Cancela el Sprint y replanifica.*
5. *Notifica cambios de fecha de entrega a gerencia o clientes.*

En este patrón se hace lo estrictamente necesario, solo los pasos necesarios.

8.11 CONSEJOS PARA IMPLEMENTAR SCRUM

Comentar 2 cosas, Scrum no soluciona problemas, los transparenta y que metas más personas a un equipo no hará que vayas más rápido a corto plazo solo a medio plazo, si entregas mal mira si te equivocas en estimaciones o no están aplicando correctamente **Scrum.**

Y para finalizar el tema más importante del libro voy a dar 10 consejos:

▶ Alinea tu organización, negocio, equipo y PB acorde al manifiesto ágil y los valores de Scrum.

▶ Aplica los cambios necesarios para aplicar el método ágil y Scrum a alto nivel y bajo nivel.

▶ Prioriza tu **Product Backlog** y asigna puntos a los **Product Backlog Items.**

▶ Planifica tus **Sprint**, prioriza y estima el **Sprint Backlog** y elige a tu equipo correctamente.

▶ Configura espacios colaborativos y empodera a los miembros de tu equipo.

▶ Respeta los eventos, apoya a tu equipo y confía en tu equipo.

▶ Resuelve los impedimentos cuando aparezcan.

▶ Falla pronto, resuelve pronto y actualiza con frecuencia el progreso y se transparente.

▶ Cumple el principio de *Pareto*, cumple el **DoD**, escala si hace falta.

▶ Aplica el ciclo **OODA** y mejora continuamente procesos y técnicas.

8.12 DÓNDE CERTIFICARTE

Para certificarte hay varios niveles, el primer nivel son organismos relacionados directamente con los creadores del manifiesto ágil y son **Scrum inc y Scrum org,** tienen cursos y profesionales directamente relacionados con los creadores del manifiesto ágil.

Luego están los del segundo nivel como **Certiprof** que no están relacionados directamente, recomiendo este porque son más baratos los exámenes.

8.13 CASO PRÁCTICO. DISEÑO DE UNA TIENDA VIRTUAL CON USER STORY MAPPING

Un User story mapping tiene varios pasos:

1. Indicamos las épicas que tendrá el proyecto.
2. Descomponemos esas épicas en historias de usuario más simples.
3. Descomponemos las historias de usuario en tareas y revisamos si falta alguna historia de usuario.
4. Priorizamos las tareas.
5. Creamos el primer MPV, el producto mínimo viable que sería la primera versión del producto.
6. Definimos nuestro plan de entrega de los siguientes release.

Indicamos las épicas que tendrá el proyecto

Cuenta Cliente Administración Tienda Tienda

Descomponemos esas épicas en historias de usuario más simples

Épica	Cuenta Cliente	Administración	Tienda
Historias de usuario	Login Registro Escritorio Pedidos Tarjeta regalo Descargas	Gestión de productos Gestión de pedidos Gestión de clientes Gestión de cupones Gestión de descuentos Gestión de devoluciones	Buscar producto Detalle producto Comprar producto Añadir producto al carrito Añadir producto a la lista de deseos Productos recomendados Valorar producto

Descomponemos las historias de usuario en tareas y revisamos si falta alguna historia de usuario

Vamos a tener una tabla por cada épica donde en la columna estarán las historias de usuario y en las filas las tareas, también aparecerán algunas HU que se me pasaron.

Épica cuenta de cliente						
Login	**Registro**	**Escritorio**	**Pedidos**	**Tarjeta regalo**	**Descargas**	**Salir**
Iniciar sesión	Registrar datos	Cerrar sesión	Ver todo los pedidos	Ver tarjeta regalo	Ver todos los productos digitales	Salir de cuenta y cerrar sesión
Recuperar password	Validar email	Acceder a pedidos recientes	Detalle de un pedido	Utilizar tarjeta regalo	Detalle de un producto digital	Salir de cuenta sin cerrar sesión
Guardar contraseña	Cumplir LOPD	Acceder a direcciones de envío	Cancelar un pedido		Descargar un producto digital	
	Eliminar cuenta	Acceder a edición de cuenta	Cambiar dirección de pedido			
	Doble factor					
	Registro con redes sociales					

Abajo diseñamos las historias de usuario para la épica de administración de tienda.

Épica Administrar tienda						
Gestión de productos	**Gestión de pedidos**	**Gestión de clientes**	**Gestión de cupones**	**Gestión de descuentos**	**Gestión de devoluciones**	**Configuración**
Añadir producto	Ver todos los pedidos	Bloquear cliente	Crear cupón	Crear descuento	Ver estado devolución	Configuración general
Modificar producto	Ver detalle pedido	Borrar cliente	Modificar cupón	Modificar descuento	Cambiar estado de devolución	Configuración impuestos
Borrar producto	Cambiar estado pedido	Descargar información cliente	Borra cupón	Borrar descuento	Suspender devolución	Configuración envío
Duplicar producto	Devolver pedido	Descargar información de todos los clientes		Aplicar descuento a categoría de productos		Configuración páginas de productos
Crear categoría producto	Generar factura en pdf	Convertir a cliente en cliente premium		Aplicar descuento especial a clientes premium		Configuración pagos
Borrar categoría producto	Albarán en pdf					Configuración privacidad
Modificar categoría producto						Configuración de plantillas de correos
Crear atributo producto						Configuración integración con redes sociales
Modificar atributo producto						Configuración con servicios externos
Borrar atributo producto						
Crear etiqueta						
Modificar etiqueta producto						
Borrar etiqueta producto						

Ahora descomponemos las historias de usuario de la épica tienda en las siguientes tareas.

Épica tienda							
Buscar producto	Detalle producto	Comprar producto	Añadir producto al carrito	Añadir producto a la lista de deseos	Productos recomendados	Valorar producto	Suscribirse
Buscar producto por precio	Ver resumen	Comprar con tarjeta	Añadir productos al carrito	Añadir productos a la lista	Ver producto recomendado	Valorar producto	Suscribirse por correo
Buscar producto por categoría	Ver valoración	Comprar con paypal	Vaciar carrito	Eliminar producto de la lista	Esconder producto	Modificar Valoración	Suscribirse por notificación navegador
Buscar mejor valorados	Ver atributos	Comprar contrareembolso	Eliminar elemento carrito	Vaciar lista	Esconder productos recomendados	Eliminar valoración	
Buscar más vendidos	Hacer zoom a foto	Envío premium	Añadir elemento al carrito	Ver lista			
Buscar productos en rebajas	Ver carrusel de fotos	Envío estándar	Ver carrito	Ver elemento de la lista			
	Ver video	Envío a una hora	Ir a finalizar compra				
	Visualizar contenido digital						

Priorizamos las tareas

Las tareas aparecen en función de la importancia que le da el cliente y además de ello dependerá el MVP y el resto de las funcionalidades que ira teniendo el producto en las distintas entregas con las versiones del producto.

Épica cuenta de cliente						
Login	Registro	Escritorio	Pedidos	Tarjeta regalo	Descargas	Salir
1.Iniciar sesión	1.Registrar datos	1.Acceder a pedidos recientes	1.Ver todo los pedidos	1.Ver tarjeta regalo	1.Descargar un producto digital	1.Salir de cuenta y cerrar sesión
2.Recuperar password	2. Cumplir LOPD	2. Acceder a direcciones de envío	2.Detalle de un pedido	2.Utilizar tarjeta regalo	2.Detalle de un producto digital	2.Salir de cuenta sin cerrar sesión
3.Guardar contraseña	3.Validar email	3.Acceder a edición de cuenta	3.Cancelar un pedido		3. Ver todos los productos digitales	
	4.Eliminar cuenta	4. Cerrar sesión	4.Cambiar dirección de pedido			
	5.Registro con redes sociales					
	6.Doble factor					

Épica administrar tienda						
Gestión de productos	Gestión de pedidos	Gestión de clientes	Gestión de cupones	Gestión de descuentos	Gestión de devoluciones	Configuración
1.Añadir producto	1.Ver todos los pedidos	1.Borrar cliente	1.Crear cupón	1.Crear descuento	1.Ver estado devolución	1.Configuración general
2.Modificar producto	2.Ver detalle pedido	2.Convertir a cliente en cliente premium	2.Modificar cupón	2.Aplicar descuento a categoría de productos	2.Cambiar estado de devolución	2.Configuración pagos
3.Borrar producto	3.Cambiar estado pedido	3.Descargar información de todos los clientes	3.Borrar cupón	3.Aplicar descuento especial a clientes premium	3.Suspender devolución	3.Configuración impuestos
4.Crear categoría producto	4.Devolver pedido	4.Descargar información cliente		4.Modificar descuento		4.Configuración envío
5.Borrar categoría producto	5.Generar factura en pdf	5.Bloquear cliente		5. Borrar descuento		5.Configuración privacidad
6.Modificar categoría producto	6.Albarán en pdf					6.Configuración páginas de productos
7.Crear atributo producto						7.Configuración de plantillas de correos
8.Modificar atributo producto						8.Configuración integración con redes sociales
9.Borrar atributo producto						9.Configuración con servicios externos
10.Duplicar producto						
11.Crear etiqueta						
12.Modificar etiqueta producto						
13.Borrar etiqueta producto						

Épica Tienda							
Buscar producto	Detalle producto	Comprar producto	Añadir producto al carrito	Añadir producto a la lista de deseos	Productos recomendados	Valorar producto	Suscribirse
1.Buscar producto por categoría	1.Ver resumen	1.Comprar con tarjeta	1.Añadir elemento al carrito	1.Añadir productos a la lista	1.Ver producto recomendado	1.Valorar producto	1.Suscribirse por correo
2.Buscar producto por precio	2.Ver valoración	2.Comprar con Paypal	2.Ver carrito	2.Ver elemento de la lista	2.Esconder producto	2.Modificar valoración	2.Suscribirse por notificación navegador
3.Buscar mejor valorados	3.Ver atributos	3.Envío estándar	3. Ir a finalizar compra	3.Eliminar producto de la lista	3.Esconder productos recomendados	3.Eliminar valoración	
4.Buscar más vendidos	4.Hacer zoom a foto	4.Envío premium	4.Eliminar elemento carrito	4.Ver lista			
5.Buscar productos en rebajas	4.Ver carrusel de fotos	5.Comprar con contra-reembolso	5.Añadir productos al carrito	5.Vaciar lista			
	5.Ver video	6.Envío a una hora	6. Vaciar carrito				
	6.Ver contenido digital						

Creamos el primer MPV, el producto mínimo viable que sería la primera versión del producto

Ahora que ya tenemos todas las historias de usuario y sus tareas y además sabemos lo más importante para el cliente creamos nuestro MVP, que será la primera versión de nuestro producto y tendrá que ser totalmente funcional y cumplir con las expectativas de los clientes, si algo habitual en su sector no está, será un gran hándicap por lo tanto vamos a añadir en nuestra primera versión las características habituales de una tienda virtual y si además tenemos alguna característica única o que tengan pocas, mejor que mejor.

MVP

Cuenta cliente

Como puede observar la tarjeta regalo lo hemos dejado para la siguiente entrega:

Login	Registro	Escritorio	Pedidos	Descargas	Salir
1.Iniciar sesión	1.Registrar datos	1.Acceder a pedidos recientes	1.Ver todos los pedidos	1.Descargar un producto digital	1.Salir de cuenta y cerrar sesión
2.Recuperar password	2. Cumplir LOPD	2. Acceder a direcciones de envío	2.Detalle de un pedido	2.Detalle de un producto digital	2.Salir de cuenta sin cerrar sesión
3.Guardar contraseña	3.Validar email	3.Acceder a edición de cuenta	3.Cancelar un pedido	3. Ver todos los productos digitales	
	4.Eliminar cuenta	4. Cerrar sesión	4.Cambiar dirección de pedido		
	5.Registro con redes sociales doble factor				

Administración de tienda

En la siguiente tabla ponemos las tareas que tiene que tener nuestro MVP, 4 de ellas irán a la siguiente entrega.

Épica Administrar tienda						
Gestión de productos	Gestión de pedidos	Gestión de clientes	Gestión de cupones	Gestión de descuentos	Gestión de devoluciones	Configuración
1.Añadir producto	1.Ver todos los pedidos	1.Borrar cliente	1.Crear cupón	1.Crear descuento	1.Ver estado devolución	1.Configuración general
2.Modificar Producto	2.Ver detalle Pedido	2.Convertir a Cliente en cliente premium	2.Modificar Cupón	2.Aplicar Descuento a categoría de productos	2.Cambiar Estado de devolución	2.Configuración Pagos
3.Borrar producto	3.Cambiar estado pedido	3.Descargar información de todos los clientes	3.Borrar cupón	3.Aplicar descuento especial a clientes premium		3.Configuración impuestos
4.Crear categoría producto	4.Devolver pedido	4.Descargar información cliente		4.Modificar descuento		4.Configuración envío

5.Borrar categoría producto	5.Generar factura en pdf			5. Borrar descuento		5.Configuración privacidad
6.Modificar categoría producto	6.Albarán en pdf					6.Configuración páginas de productos
7.Crear atributo producto						7.Configuración de pantillas de correos
8.Modificar atributo producto						8.Configuración integración con redes sociales
9.Borrar atributo producto						
10.Duplicar producto						
11.Crear etiqueta						
12.Modificar etiqueta producto						
13.Borrar etiqueta producto						

Tienda

Épica Tienda							
Buscar producto	**Detalle producto**	**Comprar producto**	**Añadir producto al carrito**	**Añadir producto a la lista de deseos**	**Productos recomendados**	**Valorar producto**	**Suscribirse**
1.Buscar producto por categoría	1.Ver resumen	1.Comprar con tarjeta	1.Añadir elemento al carrito	1.Añadir productos a la lista	1.Ver producto recomendado	1.Valorar producto	1.Suscribirse por correo
2.Buscar producto por precio	2.Ver valoración	2.Comprar con Paypal	2.Ver carrito	2.Ver elemento de la lista		2.Modificar valoración	
3.Buscar mejor valorados	3.Ver atributos	3.Envío estándar	3. Ir a finalizar compra	3.Eliminar producto de la lista		3.Eliminar valoración	

4.Buscar más vendidos	4.Hacer zoom a foto	4.Envío premium	4.Eliminar elemento carrito	4.Ver lista			
	4.Ver carrusel de fotos	5.Comprar con contrareembolso	5.Añadir productos al carrito	5.Vaciar lista			
	5.Ver vídeo		6. Vaciar carrito				

Definimos nuestro plan de entrega de los siguientes release

En esta última parte vamos definiendo en entregas las distintas versiones del producto, en la que vamos añadiendo mejoras al producto que lo hacen mejor, la otra opción es sacar todo de una vez con características que son únicas en el mercado y que harán que tu producto destaque con respecto a otros productos.

Con respecto a esto comentare algo que está muy de moda, la **comunicación disruptiva**, que consiste en diferenciarte del resto creando un mercado solo para ti porque tú eres el único que ofrece ese servicio o ese producto.

Un ejemplo es Netflix, todos hemos descargado películas de internet, los gobiernos intentaron controlar eso sin éxito así que Netflix creó un nuevo mercado en donde podías ver películas de todo tipo e incluso películas y series creadas por Netflix a un ritmo que ninguna productora de cine puede, creó un mercado único en el que tiene poca competencia, quizás Amazon Prime y algunas otras pero creo que sigue siendo la más utilizada y además últimamente compra los derechos de series que ya se vieron en otras plataformas como true Blood de HBO.

Algunos dirán, pero aunque crees un segmento de mercado en que de inicio solo estás tú, tarde o temprano irán más empresas pero tú siempre serás el primero en llegar y por lo tanto el que tendrá la cuota de mercado más grande, los demás solo podrán ir quitándote esa cuota poco a poco pero si tú innovas continuamente y aparece SCRUM es lo mejor, eso no pasara pero continuamente intenta mejorar, adáptate a los tiempos o te pasará como al Corte Ingles que era líder en tiempos en que la venta no era por internet o Firefox o Nestcape navegadores que no pudieron competir con el poder económico y de copia de Microsoft.

Un consejo, hazte grande rápidamente, porque si no alguien más grande copiará y te borrará del mercado.

Comentado esto vamos a mostrar la entrega dos o versión 2 del producto que en este caso es nuestra tienda virtual.

Entrega 2

Cuenta cliente

Estas son las tareas o características que no se publicaron en la primera versión del producto de la épica *Cuenta cliente*.

Registro	Tarjeta regalo
6.Doble factor	1.Ver tarjeta regalo
	2.Utilizar tarjeta regalo

Administración tienda

Estas son las tareas o características que no se publicaron en la primera versión del producto de la épica *Administración tienda*.

Gestión de clientes	Gestión de devoluciones	Configuración
5.Bloquear cliente	3.Suspender devolución	9.Configuración con servicios externos

Tienda

Estas son las tareas o características que no se publicaron en la primera versión del producto de la épica *Tienda*.

Buscar producto	Detalle producto	Comprar producto	Productos recomen dados	Suscribirse
5.Buscar productos en rebajas	6.Ver contenido digital	6.Envío a una hora	2.Esconder producto 3.Esconder productos recomendados	2.Suscribirse por notificación navegador

9

CREACIÓN Y GESTIÓN DE HISTORIAS DE USUARIOS

9.1 ¿QUÉ ES UNA HISTORIA DE USUARIO Y EJEMPLO?

Las *historias de usuario* son descripciones cortas y simples de una característica o requisito desde el punto de vista de la persona o personas que quieren esa característica que suele ser el cliente.

La plantilla de una *historia de usuario* o *HU sería como la siguiente:*

Como <Rol>
Quiero <Objetivo>
Para <Motivo>

Las historias de usuario antes se escribían en notas o Post-it y se ponían en una pared, pero a día de hoy se suelen utilizar herramientas como *Jira* o *Trello* para crearlas y gestionarlas.

Un ejemplo de *HU* para el requerimiento de maximizar los ingresos de un hotel seria:

Como operador hotelero **Quiero** poder ver en un calendario las habitaciones ocupadas **Para** poner en Booking las habitaciones libres.

Además de las *HU* tenemos las *Épicas* que son *HU* demasiado grandes para que un grupo pueda realizarla en un *Sprint*, por eso esas HU se dividen en otras más pequeñas.

Un ejemplo de *Épica* sería la siguiente:

Como dentista **Quiero** hacer una copia de seguridad de todos mis pacientes **Para** recuperar sus datos por si se pierden.

Esta *Épica* se podría dividir en un montón de *Historias de Usuario,* pero 2 podrían ser:

Como dentista **Quiero** buscar a mis clientes por DNI o pasaporte **Para** hacer una copia de seguridad de su historial dental.

Como dentista **Quiero** buscar aquellos pacientes que llevan más de 5 años sin venir **Para** no hacer una copia de seguridad de su historia dental.

Por último, comentar que para poder especificar mejor o añadir detalles a una *HU* se puede hacer de 2 maneras, dividiendo la *HU* en otras más pequeñas o utilizando criterios de aceptación.

9.2 ¿QUÉ ES UN CASO DE USO? EJEMPLO

Un *Caso de Uso* describe una secuencia de interacciones entre un sistema y un actor externo para una funcionalidad determinada.

Hay distintos **Casos de Uso,** pero todos tienen estos elementos:

▼ *Identificar único.*

▼ *Un título que indique el objetivo de un **Caso de Uso**.*

▼ *Un detonante que genere la secuencia de pasos.*

▼ *La precondición que se debe cumplir para iniciar un **Caso de Uso**.*

▼ *La postcondición que debe tener el sistema luego de ejecutar el **Caso de Uso**.*

▼ *Los pasos entre el **Actor Externo** y el Sistema.*

Hay que comentar que un actor puede ser una persona, un sistema externo o un dispositivo de hardware.

Ahora vamos a ver un ejemplo donde podemos crear un *Caso de Uso* para la funcionalidad de una aplicación web.

Supongamos que tenemos una aplicación web en la cual ofrecemos el servicio de suscripción de streaming para poder ver las carreras de motos GP en vivo y en offline.

La funcionalidad que queremos es que el usuario pueda suscribirse a la misma.

En la siguiente página hay la tabla de este *Caso de Uso*, es un ejemplo simple pero muy didáctico donde puedes ver cómo es un caso de uso simple pero muy claro.

Caso de uso: suscripción a Streaming			
Descripción: el visitante quiere ver las carreras de motos GP en vivo			
Precondición			
El visitante tiene que estar registrado en la página El visitante debe estar suscrito al Streaming, tener una tarjeta de crédito o débito y pagar 2,99 euros al mes			
Flujo normal			
Acción del actor		Respuesta del sistema	
1	El visitante introduce su usuario y password	2	El sistema verifica los datos y da acceso al usuario a su panel
3	El visitante desde su panel pulsa en Ver Carrera	4	El sistema muestra la carrera de Moto GP con calidad HD
Flujo alterno			
Usuario y contraseña incorrectos		El sistema muestra un error y no deja acceder	
Postcondiciones			
La carrera se graba y el visitante ya es usuario premium y puede ver carreras en vivo y carreras grabadas desde su panel en la opción carreras en diferido			
Pago:	Mensual	Coste:	2,99 euros

9.3 DIFERENCIAS ENTRE HISTORIA DE USUARIO Y CASO DE USO

Vamos a basarnos en el ejercicio anterior en la funcionalidad de suscripción para ver la diferencia entre un Caso de Uso y una Historia de Usuario.

El anterior ejercicio puesto como una Historia de Usuario seria.

Como visitante del sitio **Quiero** suscribirme al sitio **Para** poder ver las carreras de Moto GP en vivo y en diferido.

Como podemos ver esta HU no tiene detalles y lo he hecho apropósito para poder ir refinando la historia para poder ir creando los *Criterios de Aceptación* que harán que la historia esté mucho más estricta y refinada.

En el Caso de Uso se toma otra perspectiva, no queremos saber qué es lo que el usuario quiere hacer con el sistema si no los pasos que tenemos que seguir para realizar la funcionalidad que en este caso es la suscripción a Streaming, es decir, los pasos que tiene que hacer el visitante, que es el actor externo, para conseguir suscribirse al streaming y poder ver Moto GP en vivo y en diferido.

9.4 CRITERIOS DE ACEPTACIÓN Y UN EJEMPLO

Los criterios de aceptación se aplican a las historias de usuario y nos permiten saber cuándo una de ellas está finalizada; suelen expresarse en forma de lista o como una serie de criterios.

El **Product Owner** es quien suele crear estos criterios con antelación, dado que es el propietario del producto, el que más sabe de las expectativas del cliente y el que debe asegurarse que están bien creados y que se cumplen todos los *Criterios de* Aceptación y que se cubran todos los aspectos que quiere *el cliente,* pero en la **Reunión de Planificación del Sprint**.

Se hace en esta reunión para que los desarrolladores entiendan las *Historias de Usuario* de este Sprint y el objetivo que quiere el cliente con este incremento.

En la **Reunión de Revisión** del Sprint es donde el *PO comprueba que las HU* cumplen con sus respectivos **Criterios de Aceptación**.

La plantilla de un **Criterio ce Aceptación** *sería la siguiente:*

Dado (Give) un contexto inicial.

Cuando (When) se produce un evento.

Entonces (Then) se produce un resultado.

Una manera de hacer **Criterios de Aceptación** es utilizando **BDD,** que es un enfoque que se centra en el desarrollo de software basándose en escenarios de usuario en donde programadores, técnicos y stakeholders definen los requisitos con el lenguaje **Gherkin.**

En la sección de abajo vamos a ver un ejemplo de criterio de aceptación. Basándose en la historia de usuario de abajo.

HU

Como visitante del sitio **Quiero** suscribirme al sitio **Para** poder ver las carreras de Moto GP en vivo y en diferido.

Criterio de aceptación

> Escenario 1: suscripción del visitante.
>
> **Dado** un visitante que ha cargado la página web en su navegador.
>
> **Cuando** el visitante está registrado, está logeado, está suscrito al streaming y ha guardado una tarjeta de crédito o débito en la web.
>
> **Entonces** el visitante podrá ver en vivo o en diferido en su cuenta las carreras de Moto GP.

▼ *1 es el **número** de escenario.*

▼ *Suscripción del visitante es el **título** del criterio.*

▼ *Un visitante que ha cargado la página web en su navegador es el **estado inicial.***

▼ *El visitante está registrado, está logeado, está suscrito al streaming y ha guardado una tarjeta de crédito o débito en la web, son las condiciones o **acciones que desencadenan un proceso.***

▼ *El visitante podrá ver en vivo o en diferido en su cuenta las carreras de Moto GP es el **resultado del proceso.***

9.5 INVEST. CREACIÓN DE UNA BUENA HISTORIA DE USUARIO

Para que una historia de usuario esté bien creada debe ser **INVEST,** que es independiente, negociable, aportar valor, estimable, corta y testeable.

La palabra INVEST son las siglas de esas 6 características, pero en inglés, y voy a explicar cada característica más en detalle.

Independiente

Las historias de usuario deben ser independientes, si 2 o más HU son dependientes si son pequeñas unifícalas en una sola y si son grandes debes tenerlo en cuenta a la hora de planificar.

Negociable

Deben tener un detalle que necesita ser discutido con el cliente para conseguir más información acerca de lo que el cliente desea.

Valorable

Deben aportar valor al cliente y deberían ser independientes a la tecnología solo centrándose en la funcionalidad, pero algunas veces la historia de usuario puede aportar valor siendo bastante técnica.

Estimable

Se tiene que poder estimar la HU si no se puede es porque hay que realizar más reuniones con el cliente para obtener más detalle y poder estimar.

Cortas

Las historias de usuario deben ser lo suficientemente cortas para que puedan:

▸ Ser fáciles de estimar.
▸ Sea sencillo trabajar con ellas.
▸ Se puedan realizar de manera independiente.
▸ Se puedan realizar en un Sprint.

Testeables

Las historias de usuario deben poder probarse, la mejor prueba de que una historia de usuario está finalizada es que pase todas las pruebas que se realizaron para ella.

9.6 REFINAMIENTO DE HISTORIAS DE USUARIO. USER STORY MAPPING. ROADMAP

Una historia de usuario se puede refinar utilizando las 7 dimensiones siguientes:

Usuario	¿Quién va a interactuar con el producto?
Interfaz	¿Qué interfaz tendrá el producto?
Acciones	¿Qué acciones se pueden realizar en el producto?
Datos	¿Qué datos se podrán buscar y guardar en el producto?
Control	¿Qué control de calidad va tener que pasar?
Ambiente	¿En qué contexto se usará el producto?
Calidad	¿Los tiempos de carga son pequeños, es extensible y usable el producto?

Si utilizamos las siguientes preguntas podemos ver si una Historia de Usuario se puede refinar más:

▸ *¿Tiene impedimentos?*
▸ *¿Está el DoD definido correctamente?*
▸ *¿Soluciona el problema del Sprint?*
▸ *¿Se estima correctamente?*
▸ *¿Debe ser refinada?*
▸ *¿Se puede probar?*

Si da **no** en algunas de estas preguntas habrá que refinar más la **Historia de usuario**.

Un lugar donde se suele utilizar el refinamiento es en las **Épicas**, que como sabemos por su tamaño necesitan más de un Sprint para realizarlas, deben dividirse para aportar valor.

9.6.1 User Story Mapping

Es una técnica que se utiliza para la creación de un producto o de una nueva funcionalidad de un producto; el resultado será un diagrama en que todas las historias de usuario están ordenadas en grupos funcionales lo que permite tener un panorama general y poder ver todos los detalles de la aplicación en su conjunto.

Esta técnica es útil porque permite el descubrimiento del producto y la priorización de las tareas en construcción.

Esta técnica tiene 6 pasos que son los siguientes:

1. *Empezar por épicas o grandes historias.*

2. *Descomponer las épicas en historias de usuario más pequeñas.*

3. *Revisar la completitud del diagrama.*

4. *Ordenar las tareas según su importancia.*

5. *Definir las entregas.*

6. *Definir las siguientes entregas.*

Estos 6 pasos los haremos en la práctica de este tema que será el diseño de una tienda virtual, no toda si no una parte para que se entienda como se aplica esta técnica.

9.6.2 Roadmap

Este diagrama nos permite ir planificando las entregas; cada entrega es un incremento funcional fundamental del producto que hace que con cada entrega se entregue una parte más grande de un producto.

Por ejemplo, supongamos que un producto tiene 4 épicas, pues cada épica sería una entrega y se entregaría cada 2 semanas, al final sería algo así.

Épicas	1-15 dic	16-31 dic	1-15 Ene	16-31 Ene
Épica 1	Entrega 1			
Épica 2		Entrega 2		
Épica 3			Entrega 3	
Épica 4				Entrega 4

10

PRUEBAS UNITARIAS

Las pruebas unitarias son fundamentales porque son las primeras pruebas que se realizan, se realizan sobre el código; antes eran realizadas por los desarrolladores pero debido a la rapidez de las entregas se les está liberando de este trabajando haciéndolo el equipo de QA y esa es la razón de que hable de este tipo de pruebas en un libro de **QA** y **SCRUM.**

10.1 QUE ES UNA PRUEBA UNITARIA

Las pruebas unitarias es un procedimiento más que tiene lugar dentro de una metodología ágil de desarrollo como es **SCRUM** pero también en otras metodologías ágiles y básicamente tiene la función de comprobar que el fragmento de código que se prueba funciona correctamente.

Dicho de otra manera, son pruebas que consisten en aislar una parte del código, que suele ser una **clase**, y validar el comportamiento, resultado y lógica de los métodos de esa clase.

También se les llama **unit testing** y son las primeras pruebas que se realizan durante el proceso de desarrollo de una aplicación web o app, como comenté las suelen realizar los desarrolladores pero últimamente son realizados por miembros del equipo QA porque ya se ve al equipo **QA** como miembros del equipo de desarrollo de un producto como ya hablamos en SCRUM.

Los desarrolladores lo ven como una pérdida de tiempo porque están sometidos a mucho estrés por eso se ha pasado a realizar por el equipo **QA** porque son muy importantes, estas pruebas detectan defectos que son fáciles de solucionar y que posteriormente en fases posteriores podrían hacer que no se entreguen todas las historias que el equipo se comprometió porque como sabemos el tiempo del sprint no se toca.

En definitiva, las pruebas unitarias con regularidad suponen ahorro de tiempo y dinero y sobre todo cumplir con el compromiso del **Sprint** pero si queréis más razones de porque hacerlas os las comento con las siguientes razones:

1. *Las pruebas unitarias demuestran que la lógica del código es correcta y que funciona en todos los casos.*

2. *Aumenta la legibilidad del código ayudando a los desarrolladores a entender el código base y hacer los cambios y el mantenimiento del código más rápido.*

3. *Las pruebas unitarias pueden servir como documentación del código y del proyecto.*

4. *Se realizan en muy poco tiempo por lo que se puede realizar miles de ellas en pocos minutos.*

5. *Las pruebas unitarias permiten la refactorización del código más adelante y que la clase funcionara correctamente. Por eso se realizan pruebas unitarias de todos los métodos y funciones de una clase para que cada vez que un cambio provoque un error se pueda identificarlo rápidamente y cambiarlo igual de rápido.*

6. *La calidad del código final aumentara mucho porque se están realizando pruebas continuamente.*

7. *Las pruebas unitarias permiten probar partes del proyecto de manera independiente sin tener que esperar a que esas partes estén completadas de hecho gracias a* **mockito** *precisamente se consigue esto.*

También quiero hablar de la cobertura de una prueba que consiste en calcular cuántos caminos del código se están probando, hay herramientas que ya te indican la cobertura que estas probando en una prueba unitaria, ya hablamos de algunas en el entorno que utilizaremos de desarrollo Intellij se puede utilizar **Coverage, hay** técnicas para hacerlo de manera manual pero no voy a entrar en ello.

10.2 FRAMEWORKS MÁS UTILIZADOS EN PRUEBAS UNITARIAS

Todos los **frameworks** que se utilizan para realizar pruebas unitarias se dividen en las 3 A's, que serían los tres pasos fundamentales que son:

▸ **Arrange (Organizar)**: es el primer paso de estas pruebas; en esta parte es donde se definen los requisitos que debe cumplir el código.

▸ **Action (Actuar):** es el segundo paso, es el momento de ejecutar los tests que dará lugar a los resultados que se deben analizar.

▸ **Assert (Afirmar):** es el último paso, es el momento de comprobar si los resultados obtenidos son los esperados, si es así se valida y las pruebas son exitosas y se sigue con las siguientes si no se tendrá que solucionar el error y volverá pasar las pruebas unitarias hasta que se solucione el error.

Las pruebas unitarias se pueden hacer de manera manual pero hay **frameworks** que nos permiten automatizar estas pruebas, estos framework dependen del lenguaje de programación en que esta el código, algunos de los framework más conocidos según el lenguaje son:

▸ *xUnit: se trata de un framework de pruebas unitarias gratuito y de código abierto para probar aplicaciones en .NET Core.*

▸ *JUnit: es un framework para realizar pruebas unitarias en aplicaciones java.*

▸ *TestNG: es un framework para realizar pruebas unitarias en aplicaciones java.*

▸ *NUnit: se ha reescrito para hacer pruebas unitarias en un montón de plataformas .NET.*

▸ *PHPUnit: framework para realizar pruebas unitarias en el lenguaje PHP.*

Al utilizar estas herramientas o **framework** se codifican los criterios en la prueba para que verifiquen si el código es correcto o no, cuando se ejecutan las pruebas en un **IDE** como **Eclipse** la herramienta puede detectar las pruebas con errores, se resuelven esos errores y luego se vuelve a ejecutar la herramienta para ver que todo está correcto.

10.3 SIMULACIÓN DE RESPUESTA DE OBJETOS. MOCKITO

Cuando se realizan pruebas unitarias ,tu estas probando los métodos de esa clase ,realmente pruebas la clase de manera independiente pero por desgracia en proyectos reales una clase siempre depende de otras clases por eso para probar la clase y simplificar el test unitario utilizamos **mockito** que nos permite simular otras clases de diferentes maneras ,lo que se consigue es que simulemos la respuesta del método de una clase; esto es muy útil cuando queremos controlar la prueba y que no falle por errores de terceros o cuando las otras clases aún no están implementadas y necesitamos simular su respuesta.

▼ **Dummy:** es un objeto vacío, se suele utilizar solo para la compilación.

▼ **Fake**: es un objeto que tiene una implementación funcional que puede ser de tres tipos Stub, Mock y Spy.

▼ **Stub:** es cuando se quiere probar el estado de un objeto, es decir, se proporcionan respuestas predefinidas para los métodos de la clase que se va a probar, lo que se hace es probar que el método del objeto devuelve el resultado esperado, se le dice que cuando se mete los valores a y b tiene que dar c.

▼ **Mock**: es un doble de la clase, contiene todos los métodos de la clase original, pero son falsos, es decir, no tienen implementaciones; aquí lo que se hace es probar que se llama correctamente a la clase, generalmente se utiliza para probar llamadas a servicios web, entonces lo que se hace es probar que se llama correctamente a todos los métodos de ese servicio web y también se le indica la respuesta que tiene que dar.

▼ **Spy**: un Spy es como un Mock solo que puede funcionar como un objeto real y puede llamar a los métodos reales del servicio web o clase o puede simular esos métodos de la clase o servicio reales.

En la siguiente sección creare una prueba unitaria utilizando **mockito** y una simulación de tipo **mock.**

10.4 CASO PRÁCTICO. CREACIÓN DE UNA PRUEBA UNITARIA CON JUNIT5, MOCKITO E INTELLIJ

Busca en Google el IDE Intellij y lo descargas, una vez lo tengas instalado vas a ver y le das a new Project y pones estos datos o parecido.

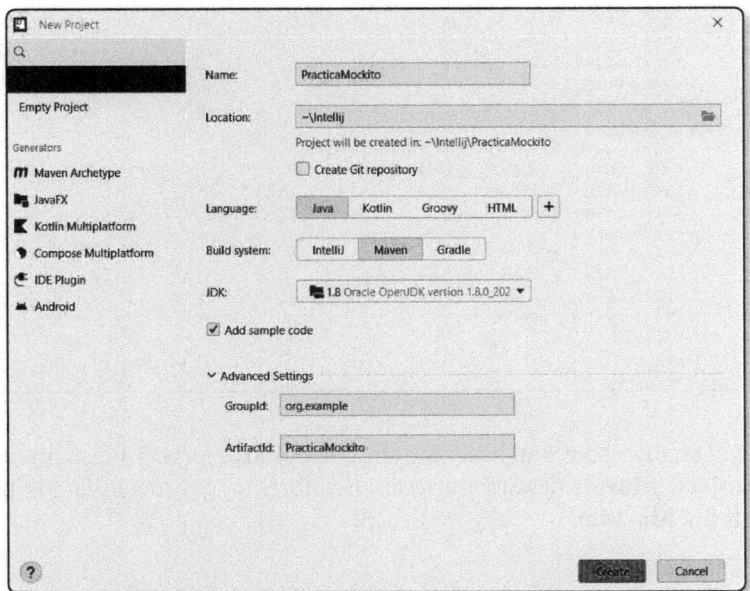

La estructura es esta, como puedes ver tiene un archivo pom.xml, la carpeta **main** y carpeta **test**, la carpeta **main** se ponen la clases a probar, en la carpeta **test** la clase de **JUnit** y **Mockito** para poder probar la clase dentro de **main**.

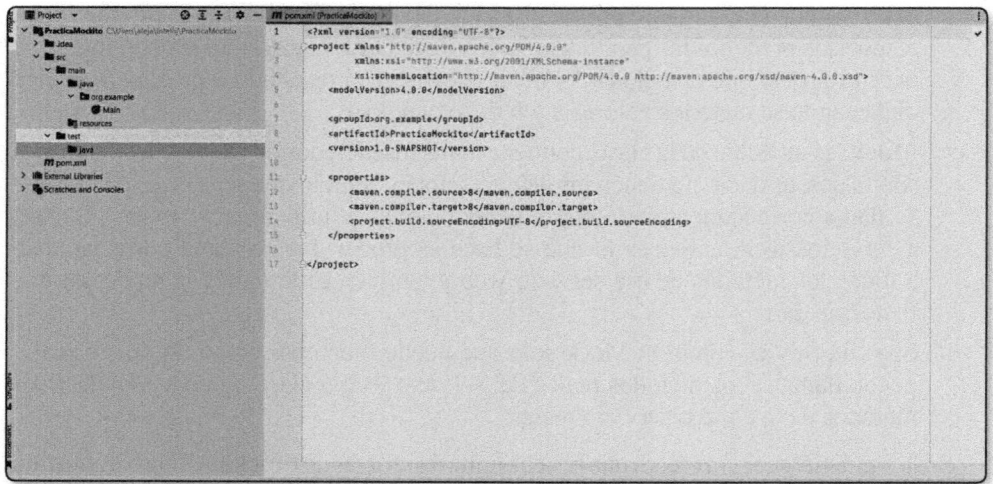

Vamos a agregar este contenido al archivo con extensión. Pom

```xml
<dependencies>
    <dependency>
        <groupId>org.junit.jupiter</groupId>
        <artifactId>junit-jupiter-engine</artifactId>
        <version>5.5.2</version>
        <scope>test</scope>
    </dependency>
    <dependency>
        <groupId>org.junit.jupiter</groupId>
        <artifactId>junit-jupiter-api</artifactId>
        <version>5.5.2</version>
        <scope>test</scope>
    </dependency>
    <dependency>
        <groupId>org.junit.jupiter</groupId>
        <artifactId>junit-jupiter-params</artifactId>
        <version>5.5.2</version>
        <scope>test</scope>
    </dependency>
    <dependency>
        <groupId>org.mockito</groupId>
        <artifactId>mockito-core</artifactId>
        <version>3.1.0</version>
        <scope>test</scope>
    </dependency>
</dependencies>
```

Si vamos al archivo pom.xml hacemos clic con botón derecho y pulsamos en **Maven->Reload project, Maven** descargara todas las librerías que necesitamos para poder utilizar **Junit 5** y **Mockito.**

Ahora vamos a crear la clase *Calculadora* con los métodos *Sumar, restar, dividir y multiplicar y dividir* por cero.

Lo primero que hay que hacer es crear la clase Calculadora

```java
3 usages
public int sumar(int n1, int n2){
    resultado = n1 + n2;
    return resultado;
}


2 usages
public int restar(int n1, int n2){
    resultado = n1 - n2;
    return resultado;
}
2 usages
public int multiplicar(int n1, int n2){
    resultado = n1 * n2;
    return resultado;
}


2 usages
public int dividir(int n1, int n2){
    resultado = n1 / n2;
    return resultado;
}


1 usage
public int divideByZero(int n1, int n2){
    if(n2 == 0){
        throw new ArithmeticException("No se puede dividir por cero");
    }
    resultado = n1 / n2;
```

Lo segundo que hay que hacer es importar todas las clases que vamos a necesitar, en este caso, la más importante es la de **JUnit 5** que sería la que contiene *Jupiter* y la de *Assertions* que nos permite utilizar todos los tipos de *Assertions* que son los más importantes porque permiten comprobar si el método devuelve lo que se espera.

```java
package junit5;                                               ▲3 ✖30

import org.junit.jupiter.api.*;

import static org.junit.jupiter.api.Assertions.*;

import org.junit.jupiter.params.ParameterizedTest;
import org.junit.jupiter.params.provider.Arguments;
import org.junit.jupiter.params.provider.MethodSource;
```

Después tenemos las etiquetas *@BeforeEach* Y *@AfterEach*, vienen con *@* para indicar que es una palabra clave, la primera es para que el contenido de dentro se ejecute antes de cada **prueba unitario** y en este caso queremos instanciar la clase *Calculadora* que es donde esta los métodos que queremos probar y la segunda se ejecuta después de ejecutar la prueba y lo que hace es borrar el objeto instanciado de la memoria.

```
12 usages
private Calculadora calculator;


@BeforeEach
public void setUp(){
    calculator = new Calculadora();
    System.out.println("Instanciamos objeto");
}


@AfterEach
public void tearDown(){
    calculator = null;
    System.out.println("Eliminamos el objeto de memoria");
}
```

En estos test el primero, el de sumar se hace de manera más clásica, se definen variables y alguna se inicializa es la parte de organizar ,la segunda se llama a la función sumar de Calculadora y luego vamos verificando que lo que devuelve el método es lo que se espera con el método *assertEquals* , un método mítico de **JUnit** para verificar que el método que probamos devuelve lo que se espera, aquí muestro la forma más clásica y la forma optimizada en *sumarTest* y *restarTest*, donde dentro de assertEqual llamo a los métodos sumar y restar de *Calculadora*

```
@Test                                                              A 3
void sumarTest() {
    //1.- Arranque
    int resultadoEsperado = 40;
    int resultadoActual;
    //2.- Action
    resultadoActual = calculator.sumar(15,25);
    assertEquals( expected: 30, calculator.sumar(10,20));
    assertEquals( expected: 12, calculator.sumar(9,3));
    //3.- Assert
    assertEquals(resultadoEsperado, resultadoActual);
    System.out.println("@Test -> sumarTest()");
}
@Test
void restarTest() {
    //Forma rapida
    assertEquals( expected: 5, calculator.restar(7,2));
    assertEquals( expected: -12, calculator.restar(10,22));
}
```

Aquí probamos los métodos multiplicar, dividir y comprobamos que ocurre un error aritmético al dividir por cero el número 2, donde comprobamos que se llama a la clase de excepción aritmética y además mostramos un mensaje

```java
@Test                                                                          ⚠3 ✗30 ︿
void multiplicarTest() {
    //Forma rapida
    assertEquals( expected: 25, calculator.multiplicar(5,5));
    assertEquals( expected: -56, calculator.multiplicar(7,-8));
}

@Test
void dividirTest() {
    //Forma rapida
    assertEquals( expected: 2, calculator.dividir(10,5));
    assertEquals( expected: 5.0, calculator.dividir(17,3));
}

@Test
void divideByZero() {
    //Forma rapida y comprobando una excepcion de tipo aritmetico
    assertThrows(ArithmeticException.class, ()->calculator.divideByZero(2,0),  message: "No se puede dividir por cero");
}
```

Pero lo que nos falta ahora es ejecutar estos test para saber si los métodos que hemos desarrollado funcionan perfectamente para eso hay dos formas ejecutar cada test de manera individual o todos juntos, para ejecutar un solo test vas encima de la etiqueta *@Test* y haces click con el botón derecho y aparece un menú y le das a **Run** nombre método y si quieres ejecutar todos los test sería hacer lo mismo pero en cualquier parte de la clase de prueba **CalculadoraTest** y hacer clic **en Run Nombre de la clase de prueba**.

Si todo va bien debería aparecer en la primera ejecución la siguiente imagen

```
∨ ✓ CalculadoraTest (junit5)              19 ms    "C:\Program Files\Java\jdk1.8.0_202\bin\java.exe" ...
     ✓ sumarTest()                        19 ms    Instanciamos objeto
                                                    @Test -> sumarTest()
                                                    Eliminamos el objeto de memoria

                                                    Process finished with exit code 0
```

Y en la ejecución de todos los test la siguiente imagen

```
▶ ✓ ⊘ ⇅ ⇵ ⊼ ⊽ ↑ ↓  ⊙ ⬓ ⬔ ✿          ✓ Tests passed: 5 of 5 tests – 22 ms
∨ ✓ CalculadoraTest (junit5)              22 ms    "C:\Program Files\Java\jdk1.8.0_202\bin\java.exe" ...
     ✓ restarTest()                       17 ms    Instanciamos objeto
     ✓ dividirTest()                       2 ms    Eliminamos el objeto de memoria
     ✓ multiplicarTest()                   1 ms    Instanciamos objeto
     ✓ sumarTest()                         1 ms    Eliminamos el objeto de memoria
     ✓ divideByZero()                      1 ms    Instanciamos objeto
                                                    Eliminamos el objeto de memoria
                                                    Instanciamos objeto
                                                    @Test -> sumarTest()
                                                    Eliminamos el objeto de memoria
```

Ahora empezamos con la parte de **mockito** pero ,como no explique porque se utiliza **mockito** en profundidad lo hago aquí; cuando se hacen las pruebas unitarias lo que se quiere probar es que esa clase que están probando y solo esa funciona correctamente pero que pasa si esa clase depende de otras clases pues que vamos a simular esas clases porque no nos importa en esta fase, en la fase de pruebas unitarias, si esas clases dependientes funcionan correctamente o no solo nos importa ver si la clase que estamos probando funciona por eso utilizamos **mockito** ya luego en la fase de pruebas de integración si esas clases dependientes están mal programadas ya veremos el error y se solucionara porque para eso son las pruebas de integración.

Si es un servicio, lo que se va a probar también es si las llamadas se hacen correctamente además de ver si devuelven las respuestas esperadas para eso sirve los **Stub** y **Mock** y los **Spy** para que si falla un servicio se pueda simular y la aplicación no falle por ejemplo.

Para explicar los conceptos de **Stub, Mock y Spy** voy a crear dos clases, la clase *Sumar* donde tendrá una clase dependiente llamada *ValidNumber.*

```
package mockito;

public class Sumar {

    3 usages
    private ValidNumber validNumber;

    1 usage
    public Sumar(ValidNumber validNumber) { this.validNumber = validNumber; }

    2 usages
    public int sumar(Object a, Object b){
        if(validNumber.check(a) && validNumber.check(b)){
            return (Integer)a + (Integer)b;
        }
        return 0;
    }
}
```

Y la clase validNumber tiene 2 métodos, el método *check* valida si el objeto que se mete esta instanciado como entero entre 0 y 9, si es así devuelve true y si no devuelve false y *checkZero* devuelve un error de tipo aritmético cuando dividimos un numero por cero; bien esta clase será la clase que utilizaremos para utilizar los distintos tipos de mockitos que hay.

```
public class ValidNumber {

    1 usage
    public ValidNumber(){};

    17 usages
    public boolean check(Object o){
        if(o instanceof Integer){
            if((Integer)o <10 && (Integer)o>=0){
                return true;
            }else{
                return false;
            }
        }else {
            return false;
        }
    }
    5 usages
    public boolean checkZero(Object o){
        if(o instanceof Integer){
            if((Integer)o==0){
                throw new ArithmeticException("No podemos aceptar cero");
            }else{
                return true;
            }
        }else {
            return false;
        }
    }
}
```

Bien voy a mostrar las dos formas de crear un mock la primera es la forma clásica.

Primero importamos la clase de **Mockito,** luego mediante **Mockito.mock** *indicamos la clase que vamos a moquear que será* **ValidNumber** y creamos un objeto con la clase moqueada.

Dentro del test de sumar lo que hacemos es con el objeto moqueado llamamos a sumar con valores 5 y 3 y vemos si se está llamado al método **check** que está dentro de la clase **validNumber** y que está dentro de la clase **Sumar** con el valor 5 y luego con el valor 3 pasara la prueba porque si lo hace pero si cambias el segundo parámetro de sumar a 5 lo que va a pasar es que el segundo **verify** fallará porque ya no se está llamado a est método con ese valor

```java
import org.mockito.Mockito;

import static org.junit.jupiter.api.Assertions.*;

class SumarMockito1Test {

    2 usages
    private Sumar add;
    4 usages
    private ValidNumber validNumber;

    @BeforeEach
    void setUp() {

        validNumber = Mockito.mock(ValidNumber.class);
        add = new Sumar(validNumber);
    }

    @Test
    void sumar() {
        //llamamos al metodo
        add.sumar( a: 5, b: 3);
        //verificamos que se llama a la clase validNumber con parametro 5
        Mockito.verify(validNumber).check( o: 5);
        //verificamos que se llama a la clase validNumber con parametro 3
        Mockito.verify(validNumber).check( o: 3);
        //si en la verificacion utilizamos un valor diferente a 5 devolvera 0
        //en mockito si no se llama con un parametro esperado si es entero devuelve 0 ,si es boll ,false si es n objeto null y text
    }
```

Esta es la segunda forma de crear un **Mock** utilizando la anotación *@InjectMocks* que indica la clase en la que se va a meter el **Mock** y **@Mock** indica la clase que va a ser el **Mock**, es decir, la que se va a moquear o hace la simulación del comportamiento real.

Con *MockitoAnnotations.InitMocks* lo que se consigue es instanciar el mock en la clase donde vamos a probar el método sumar pero de esta segunda forma.

```java
class SumarMockito2Test {

    //objeto donde se inyecta el mock
    1 usage
    @InjectMocks
    private Sumar add;
    2 usages
    @Mock
    private ValidNumber validNumber;
    //la clase que se simula

    @BeforeEach
    void setUp() {
        MockitoAnnotations.initMocks( testClass: this);

    }

    @Test
    void sumar() {
        //llamamos al metodo
        add.sumar( a: 5, b: 3);
        //verificamos que se llama a la clase validNumber con parametro 5
        Mockito.verify(validNumber).check( o: 5);
        //verificamos que se llama a la clase validNumber con parametro 3
        Mockito.verify(validNumber).check( o: 3);
        //si en la verificacion utilizamos un valor diferente a 5 devolvera 0
        //en mockito si no se llama con un parametro esperado si es entero devuelve 0 ,si es boll ,false si es n objeto null y text
    }
```

La clase de abajo es una clase donde probamos con **JUnit** todas las posibilidades del método *Check* y *CheckZero* para tener la máxima cobertura, con **coverage** podemos ver su cobertura

```
class ValidNumberTest {                                                        ▲5 ^

    8 usages
    private ValidNumber validNumber;

    @BeforeEach
    public void setUp() { validNumber = new ValidNumber(); }

    @AfterEach
    public void tearDown() { validNumber = null; }

    @Test
    public void checkTest() { assertEquals( expected: true, validNumber.check( o: 5)); }

    @Test
    public void checkNegativeTest() { assertEquals( expected: false, validNumber.check( o: -5)); }

    @Test
    public void checkStringTest() { assertEquals( expected: false, validNumber.check( o: "5")); }

    @Test
    public void checkZeroTest() { assertEquals( expected: true, validNumber.checkZero( o: -57)); }

    @Test
    public void checkZeroStringTest() { assertEquals( expected: false, validNumber.checkZero( o: "5")); }

    @Test
    public void checkZero0Test() { assertThrows(ArithmeticException.class, ()->validNumber.checkZero( o: 0)); }
```

Hacemos clic con el botón derecho y aparece un menú y hacemos clic con el botón izquierdo en *Run validNumberTest with coverage aparece una ventana pequeña.*

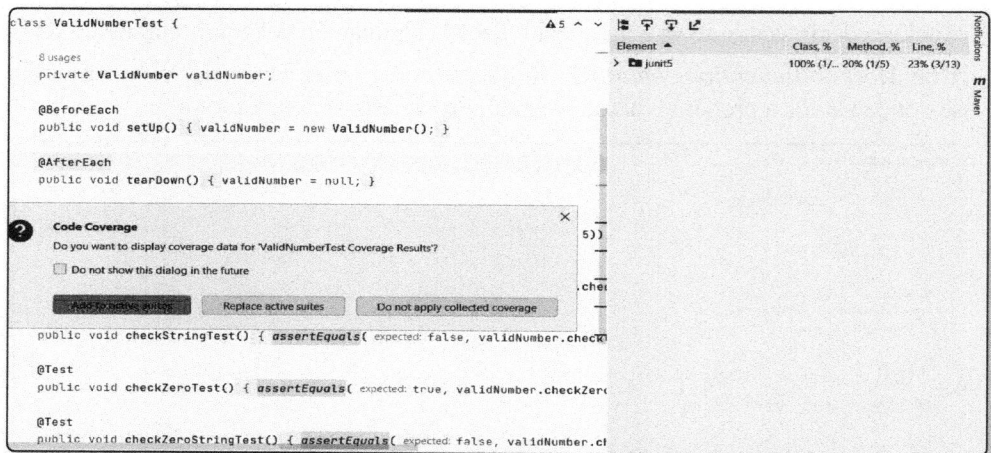

Pulsamos en *Add to active suites* para poder ver la cobertura de todas las pruebas unitarias en este proyecto y extendiendo la carpeta de *mockito* podemos ver que la clase *validNumber tiene una cobertura del 100%, es decir,* se prueba todos los caminos de todos los métodos de *validNumber* que son *Check* y *CheckZero.*

```
class ValidNumberTest {                                     ▲ 5 ∧ ∨   ⋮≡ ⵝ ⵝ ⌐

    8 usages                                          Element ▲              Class, %   Method, %   Line, %
    private ValidNumber validNumber;                  ∨ ▣ all              50% (1/2)   60% (3/5)   68% (11/16)
                                                        > ▣ junit5        100% (1/...  20% (1/5)   23% (3/13)  m
    @BeforeEach                                         ∨ ▣ mockito        50% (1/2)   60% (3/5)   68% (11/16)
    public void setUp() { validNumber = new ValidNumber(); }  ◉ Sumar      0% (0/1)    0% (0/2)    0% (0/5)
                                                            ◉ ValidNumber 100% (1/...  100% (3/3)  100% (11/...
    @AfterEach
    public void tearDown() { validNumber = null; }

    @Test
    public void checkTest() { assertEquals( expected: true, validNumber.check( o: 5))

    @Test
    public void checkNegativeTest() { assertEquals( expected: false, validNumber.che

    @Test
    public void checkStringTest() { assertEquals( expected: false, validNumber.check

    @Test
    public void checkZeroTest() { assertEquals( expected: true, validNumber.checkZer

    @Test
    public void checkZeroStringTest() { assertEquals( expected: false, validNumber.c

                                                                                    ⚙ −
   ✔ Tests passed: 6 of 6 tests – 19 ms
```

Ahora os voy a explicar cada una de las pruebas que aparecen en la clase *AddTest* para que entendáis como se está utilizando un **Mock** primero y luego un **Spy.**

Aquí creamos el **Mock** de *validNumber* y se lo inyectamos a la clase *Sumar*

```
@InjectMocks
private Sumar add;
10 usages
@Mock
private ValidNumber validNumber;
```

Con *when* lo que hacemos es indicarle que llame al método *check desde el* **Mock** *que acabamos de crear y le decimos que cuando llame con el parámetro 3 devuelva true que es cómo se comporta el* método real ya bajo cuando tenemos el parámetro a que devuelva false que es cómo se comporta la función real.

Abajo llamamos al método *check* desde el objeto moqueado y va a devolver lo que le indique arriba.

```
@Test
public void addTest(){
    when(validNumber.check( o: 3)).thenReturn( value: true);
    boolean checkNumber = validNumber.check( o: 3);
    when(validNumber.check( o: "a")).thenReturn( value: false);
    checkNumber = validNumber.check( o: "a");
    assertEquals( expected: false, checkNumber);
}
```

Aquí llamamos a el método *checkZero* pasándole un parámetro cero y sabemos que va a dar un error aritmético por eso utilizamos *thenThrow* para llamar a la clase *AritmetcException* que es una excepción que ocurre cuando se divide por cero un numero entero y le pasamos un mensaje indicando que no se puede dividir por cero, aunque en la imagen aparece porque ocupaba demasiado espacio.

Desde dentro de try se llama al método *check* con el objeto moqueado con parámetro cero y se mete dentro de un **try catch** porque así se controla el error aritmético, esto son fundamentos de java, hay un montón de libros y de blog y manuales para aprender java básico que realmente es lo que estamos utilizando aquí.

```java
@Test
public void addMockExceptionTest(){
    when(validNumber.checkZero( o: 0)).thenThrow(new ArithmeticException("No
    Exception exception = null;
    try{
        validNumber.checkZero( o: 0);
    }catch (ArithmeticException e){
        exception = e;
    }
    assertNotNull(exception);
}
```

Aquí con *when thenCallRealMethod* lo que se hace realmente es llamar al método real del objeto real al contrario que se llamaba al objeto mockeado.

```java
@Test
public void addRealMethodTest(){
    when(validNumber.check( o: 3)).thenCallRealMethod();
    assertEquals( expected: true, validNumber.check( o: 3));

    when(validNumber.check( o: "3")).thenCallRealMethod();
    assertEquals( expected: false, validNumber.check( o: "3"));
}
```

Aquí os muestro la diferencia entre un **Spy** y un **Mock;** la diferencia entre uno y otro es que en el **Spy** si no se ha definido el valor que va devolver el método *add* mediante el moqueo de una lista el Spy devuelve el valor de la lista real, aquí no hemos definido que va devolver el método *Size* pero en el *mock* si mediane el *given* le decimos que devuelva 2 cuando se llame al método *size* .

```java
@Spy
List<String> spyList = new ArrayList<>();
6 usages
@Mock
List<String> mockList = new ArrayList<>();

@Test
public void spyTest(){
    spyList.add("1");
    spyList.add("2");
    verify(spyList).add("1");
    verify(spyList).add("2");
    assertEquals( expected: 2, spyList.size());


}


@Test
public void mockTest(){
    mockList.add("1");
    mockList.add("2");
    verify(mockList).add("1");
    verify(mockList).add("2");
    given(mockList.size()).willReturn( value: 2);
    assertEquals( expected: 2, mockList.size());}
```

Ahora vamos a ejecutar la prueba *mockTest* pero sin el *Given* sin indicarle que tiene que devolver *Size* y lo que va a pasar es que va a fallar porque por defecto en un **Mock** si no le indicamos el valor que tiene que devolver devuelve por defecto en un entero 0, en una cadena vacía y en un boolean un false.

```
  resources                       73
∨ test                            74      @Test
  ∨ java                          75      public void mockTest(){
    ∨ junit5                      76          mockList.add("1");
      CalculadoraTest             77          mockList.add("2");
    ∨ mockito                     78          verify(mockList).add("1");
      AddTest                     79          verify(mockList).add("2");
      SumarMockito1Test           80          assertEquals( expected: 2, mockList.size());}
      SumarMockito2Test           81
      ValidNumberTest             82      }
  > target
  pom.xml
  PracticaMockito.iml
  UnitTest.iml
> External Libraries
> Scratches and Consoles

Run:  ⟨⟩ AddTest.mockTest ×

▶ ✔ ⊘ ⬇ ⬆ ☰ ☲ ↑ ↓ ⊕ ⬐ ⬑ ⚙      ⊗ Tests failed: 1 of 1 test – 406 ms
⊗ ∨ ⊗ AddTest (mockito)         406 ms   Expected :2
     ⊗ mockTest()               406 ms   Actual   :0
                                         <Click to see difference>
```

Como se puede ver se esperaba un 2 y devuelve un 0 el mock porque por defecto si no le dices que devolver devuelve eso.

Y hasta aquí el tema de pruebas unitarias.

11

AUTOMATIZACIÓN EN METODOLOGÍAS ÁGILES

11.1 DISEÑO DE SOFTWARE CON TEST DRIVEN DEVELOPMENT (TDD)

TDD o *Test Driven Development* realmente es traducido del inglés desarrollo dirigido por test; esto es una práctica de desarrollo que consiste en escribir primero los test o pruebas (pruebas unitarias), después escribir el código fuente que pase esas pruebas correctamente y luego refactorizar el código escrito; la refactorización ya hablaremos de ella en el siguiente tema.

¿Por qué se utiliza TDD?, pues porque con esta práctica lo que se consigue es un código de más calidad, más mantenible y más rapidez en el desarrollo.

Sin entrar profundidad podemos hablar de que en **TDD** tiene los siguientes principios:

▼ *Principio de responsabilidad única.*

▼ *Principio de abierto/cerrado.*

▼ *Principio de sustitución de Liskov.*

▼ *Principio de segregación de interfaces.*

▼ *Principio de inversión de dependencia.*

Realmente **TDD** es tan utilizado porque tiene las siguientes ventajas:

▼ Detecta requisitos no especificados.

▼ Puede mejorar el diseño.

▼ Reducir los errores.

▼ Menor coste de mantenimiento correctivo.

▼ Se tiene mayor productividad ya que nos centramos en un requisito en concreto.

▼ Existe menor redundancia.

Hay muchos libros que hablan exclusivamente de TDD los mejores están en inglés, por Amazon seguro que si os interesa podéis encontrar libros con una gran profundidad para ser unos expertos en esta práctica.

En la siguiente sección hablaremos del origen, el objetivo que tiene, el proceso que se tiene que realizar, los pasos y un ejemplo práctico.

11.2 CICLO DE DESARROLLO TDD

TDD parece que tiene como objetivo realizar las pruebas unitarias para el código que se va a implementar, es decir, primero creamos la prueba y luego desarrollamos la lógica de negocio.

Mucha gente puede pensar que **TDD** es una técnica para realizar pruebas, pero la realidad es que es una técnica para diseñar software, de hecho, la última letra debería significar diseño y no desarrollo, debería ser *diseño orientado por las pruebas.*

TDD fue creado por **Ken Beck,** que también creo **XP** y **JUnit.**

El proceso de **TDD** está formado por los siguientes pasos:

1. *Selección del requisito funcional.*

2. *Codificación de prueba.*

3. *Verificar que la prueba falla.*

4. *Codificar la lógica.*

5. *Ejecutar pruebas automatizadas.*

6. *Refactorizar y limpiar código.*

Estos 6 pasos son los pasos fundamentales en la aplicación de **TDD**; comentar que según se dice en internet este proceso no se puede aplicar en pruebas integradas.

Lo fundamental de este ciclo sería hacer que la prueba falle, hacer que la prueba pase y refactorizar.

Cuando **TDD** se utiliza con metodologías ágiles, uno se da cuando que el enfoque pase de ser crear pruebas a diseñar código, porque realmente la generación de pruebas de **TDD** es más un objetivo secundario que principal.

Esto que os comento os daréis cuenta cuando se aplica TDD con metodologías ágiles como pasa a mostrar más abajo.

1. *El cliente escribe su historia de usuario*

2. *Se escriben con la ayuda del cliente los criterios de aceptación de esta historia de usuario, intentando simplificarlos todo lo posible.*

3. *Se escoge el criterio de aceptación más simple y de ahí se saca una prueba unitaria.*

4. *Se comprueba que esta prueba falla.*

5. *Se escribe el código que permite que se pase la prueba.*

6. *Se ejecutan todas las pruebas automatizadas.*

7. *Se refactoriza el código y se limpia.*

8. *Se vuelve a pasar todas las pruebas automatizadas para comprobar que a pesar de la refactorización todo sigue funcionando.*

9. *Volvemos al paso 3 y se escoge otro criterio de aceptación y se repite el ciclo hasta que se implementan todos los criterios de aceptación y se completa nuestra aplicación.*

Después de cómo funciona TDD con metodologías os pongo un ejemplo práctico.

Imaginemos que el cliente nos pide que desarrollemos una calculadora para multiplicar números.

Acordamos con el cliente que el criterio de aceptación sería que, si introduces en la calculadora dos números y le das a la operación de multiplicar, la calculadora muestra el resultado en pantalla.

Partiendo de esto, empezamos a definir el funcionamiento del algoritmo de multiplicación y convertimos el criterio de aceptación en una prueba unitaria determinada, por ejemplo, si introduces un 5 y un 8 te devuelve un 40, abajo podemos ver la prueba unitario.

```
public void testmultiplicacion() {
assertEquals(40, Calculadora.suma(3,5)); }
```

Esta parte es la más importante del **TDD** y que supone un cambio de paradigma, primero escribo cómo debe funcionar mi programa y después paso a codificarlo.

Al escribir la prueba estoy diseñando cómo va a funcionar el software, para poder realizar la prueba necesitaré una clase Calculadora con un método que se llame multiplicación y que tenga dos parámetros.

Esta clase no existe, pero cuando la cree, ya sé cómo va funcionar. Este caso práctico es simple, pero ayuda mucho a ver cómo funciona TDD.

Uno de los problemas típicos que tenemos es que muchas veces perdemos el tiempo creando calces y métodos que nunca llegan a utilizarse y se pierde tiempo, con **TDD** podemos desarrollar lo que realmente vamos a utilizar de verdad en ese momento.

Si intentamos pasar esta prueba nos dará un error, porque la clase Calculadora no existe.

Lo que tenemos que hacer ahora es escribir la clase Calculadora, que ya sabemos cómo se va a comportar y se puede ver el código abajo:

```
public class Calculadora {
public static int multiplicacion (int num1, int num2) {
int result = num1 * num2;
return result; } }
```

Ahora si ejecutamos la prueba, pasara la prueba y ya tenemos el código funcionando.

Una vez esté todo funcionando, pasamos a refactorizar y a eliminar código duplicado.

```
public class Calculadora {
public static int multiplicar (int sum1, int sum2) {
return sum1+sum2; } }
```

En el código de arriba hemos simplificado el código pero cuando el código es más complejo lo normal es que agrupemos el código duplicado en métodos y utilicemos polimorfismos y herencia.

Es importante pasar todas las pruebas después de refactorizar por si hemos generado algún error.

Ahora lo que se tendría que hacer es ir al paso 3 y empezar a realizar pruebas más complicadas y repetir el proceso, por ejemplo, podíamos multiplicar números decimales.

Trabajar de esta manera es muy bueno para entender el código porque así la calidad del diseño aumentará mucho.

11.3 METODOLOGÍA BDD

Las siglas **BDD** significan Behaviur Driven Develoment que en español significa desarrollo guiado por comportamiento.

BDD no es una metodología de desarrollo que viene a sustituir a Scrum o XP por poner un ejemplo, es una práctica de ingeniería que podemos implementar en nuestro proceso de desarrollo.

Independientemente de la metodología de desarrollo que vamos a utilizar BDD nos puede ayudar a 7 cosas, sobre todo:

1. *Generar conversaciones alrededor de ejemplos para entender como los **features** dan valor al negocio.*

2. *Crear requerimientos de una forma más testeable en un lenguaje que tanto **stakeholders** como equipos de desarrollo entiendan.*

3. *Convertir requerimientos en pruebas automatizadas que guíe el desarrollo, validen el **feature** y se puedan convertir en documentación.*

4. *Crear el software adecuado, el que realmente quiere y necesita el cliente.*

5. *Conseguir una colaboración y entendimiento colectivo haciendo que participen todos los miembros del equipo de analistas de negocio, **stakeholders**, desarrolladores de software y testers para que se cree la solución más completa y mejor que se pueda.*

6. *Se entrega más valor al entregar lo que más importa en un negocio.*

7. *Se entrega software más confiable y efectivo.*

BDD utiliza un lenguaje llamado **Gherkin** para crear las pruebas y que el usuario y el **stakeholder** puedan darnos **feedback** sobre el comportamiento esperado del software.

Lo que está claro es que **BDD** prueba los **features** o bugs no los componentes ni las clases, por cierto, un **feature** es una funcionalidad tangible y entregable.

BDD no sustituye ni a las pruebas unitarias que prueban las clases ni a las pruebas de integración que prueban si las clases y sus métodos llaman correctamente a otras.

Hay 2 conceptos que tenemos que entender que son los conceptos de **Capabilities** y **Features.**

▸ **Capability** le da los usuarios y **stakeholders** la posibilidad de realizar alguna tarea fácil o de hacer algo por ejemplo la habilidad de hacer la compra del supermercado por internet.

▸ **Feature** es la funcionalidad de software que construimos para soportar la **Capability** por ejemplo hacer la compra del supermercado pagando en efectivo.

Un **Feature** es una funcionalidad tangible y entregable que ayuda al negocio a alcanzar sus objetivos, ¿pero, cómo podemos identificar un **Feature?**, pues porque tiene las siguientes características:

▼ *Es una acción concreta que el usuario puede realizar en un sistema o aplicación.*

▼ *Es algo que cambia el estado del sistema o aplicación.*

▼ *Es algo que hace que el sistema o aplicación interactúe con un tercero.*

Para poder definir los requisitos de **Feature** con **BDD** necesitamos la ayuda de tres grupos de personas:

▼ *El equipo del producto que esté compuesto por analistas de negocio, producto owner, clientes y usuarios.*

▼ *Equipo de desarrollo.*

▼ *Testers y analistas de calidad e ingenieros de integración.*

La mejor forma en el mundo real de definir requerimientos es pedir al cliente que muestre un ejemplo, a esto se llama **Example Mapping.**

El objetivo de esta técnica es descubrir ejemplos, agruparlos en **reglas de negocio** y en **Features.**

A partir de estos ejemplos y **Features** nosotros podemos crear nuestras historias de usuario.

Un ejemplo de **historia de usuario** seria:

As un cliente de supermercado.

I want comprar diferentes productos de supermercado.

So that yo no tenga que ir al supermercado a comprarlos.

Para definir los **criterios de aceptación** de la **historia de usuario** se utilizan los ejemplos y las reglas de negocio identificadas.

Pero **BDD** realiza las pruebas utilizando un lenguaje llamado **Gherkin** del que vamos a hablar a continuación.

Una vez tenemos nuestro **Example mapping** diseñamos los escenarios de la prueba, cada escenario tiene los pasos en el lenguaje **Gherkin**.

Gherkin es un lenguaje no técnico que puede ser entendido por cualquier persona, porque es un lenguaje natural, y nos permite mostrar comportamientos; sus palabras clave son **Given, When, Then, And, But, Scenario, Feature** que significan lo siguiente:

▼ **Given** : *son las precondiciones para un escenario que nos permite preparar el ambiente de pruebas.*

▼ **When** : *la acción a realizar por el usuario que será lo que hay que probar.*

▼ **Then** : *es el resultado esperado por parte del sistema o aplicación.*

▼ **And:** *es para hacer una concatenación en las precondiciones, acciones o resultados esperados.*

▼ **Scenario:** *es el escenario que estamos creando que tendrá un nombre y que permite probar una historia.*

▼ **Feature:** *es el requerimiento que estará formado por varios escenarios que habrá que probar.*

Teniendo en cuenta la historia de usuario de una persona que quiere comprar productos de un supermercado, su escenario sería el siguiente:

Given un cliente que está en la tienda online del supermercado **And** donde el cliente está registrado en la página **And** tiene registrado la dirección de su domicilio actual.

When agrega "5" alimentos al carrito **And** paga los "5" productos.

Then los "5" productos son enviados a la calle "Gran Vía 34 3b".

Lo que está entre comillas son los datos de la prueba y podemos utilizar variables, lo que se llama parametrizar, para poder pasarle distintos valores y tener un dataset de datos esto es lo que se llama scenario outline y permite automatizar mas los datos.

Given un cliente que está en la tienda online del supermercado And donde

Given un cliente que está en la tienda online del supermercado **And** donde el cliente está registrado en la página **And** tiene registrado la dirección de su domicilio actual.

When agrega "<Prod>" alimentos al carrito And paga los "<Prod>" .

Then los "<Prod>" productos son enviados a la calle "<Domicilio>".

Examples:

|Número Productos | Domicilio|

|5 | Calle Doctor Esquerdo 130 2|

|8 | Calle de Segovia 23 1 |

|12 | Plaza de España 1 |

Cuando tenemos nuestras pruebas ya escritas en el lenguaje de BDD **Gherkin** podemos convertirlo en especificaciones ejecutables (código fuente), de esta manera podemos automatizar nuestros criterios de aceptación.

Para conseguir esto necesitamos tres componentes fundamentales:

▼ *Feature file.*
▼ *Page Object Model.*
▼ *Steop definitions.*

Las pruebas en Gherkin también sirven como forma de documentación, no es la más completa, pero permite que contribuya a una base de documentación.

Además, está siempre actualizada y es fácil de leer porque está ilustrada con ejemplos, lo que permite entender mejor el negocio y ver el estado real de la automatización.

En la parte práctica de esta lección indicaré cómo automatizar varios escenarios de un requerimiento utilizando **BDD** en **Katalon Studio**.

11.4 FRAMEWORK DE SELENIUM

Selenium es una de las 3 herramientas más utilizadas para automatizar pruebas funcionales, las otras tres son UFT, Cypress y Katalon Studio; estas dos últimas herramientas en los últimos años han crecido muchísimo siendo Cypress la herramienta gratuita, aunque tiene su parte de pago, que más se acerca en utilización a Selenium, Katalon tiene una parte gratuita pero para conseguir su máximo poder se necesita la licencia de pago, que más se acerca en utilización a Selenium, Katalon tiene una parte gratuita pero para conseguir su máximo poder se necesita la licencia de pago, pero a cambio te ofrece una plataforma muy potente que además permite utilizar de pruebas sobre móviles y pruebas sobre todo tipo de navegadores y sistemas operativos además de poder automatizar pruebas sobre API's y sobre aplicaciones de escritorio , web y móvil.

Desde hace años la automatización de las pruebas del **front-end** de las aplicaciones web es muy importante, porque ayuda a perder menos tiempo en las pruebas al automatizarlas haciendo que sean más rápidas y aumentando la calidad del software pues permite tener tiempo para hacer pruebas que aún no están totalmente automatizadas como las pruebas de seguridad o de usabilidad muy importantes a día de hoy por la cantidad de **ciberataques** que ocurren hoy en día y porque es muy importante la satisfacción del cliente y en eso las pruebas de usabilidad tienen mucho que decir.

Selenium es una herramienta gratuita para automatizar las pruebas funcionales de aplicaciones web, también tiene una extensión que se llama **Appium** y que permite automatizar las pruebas funcionales de app's para móviles o smartphones; **Selenium** se creó en el 2004, no fue la primera herramienta de automatización de pruebas funcionales, esa fue **Rational Functional Tester** de IBM, pero sí la herramienta que más se popularizó de manera masiva hasta que llego su mejora que es **Cypress**; como comentario diré que **Cypress** es más rápido, no necesita un controlador para manejar el navegador pero necesitas conocimientos en **JavaScript** y además no soporta todos los navegadores.

Pero empecemos ya a explicar **Selenium** más en profundidad.

11.4.1 ¿Qué es Selenium?

Selenium es una herramienta de automatización para aplicaciones web, es de código abierto y se utiliza para automatizar sobre todo pruebas funcionales y de regresión.

Selenium se puede utilizar en plataformas como:

- *Windows.*
- *Linux.*
- *MacOS.*
- *Solaris.*

En distintos lenguajes de programación como:

- *Java.*
- *C#.*
- *Python.*
- *Ruby.*
- *JavaScript.*

Soporta los 5 navegadores más importantes que son:

- *Chrome.*
- *Firefox.*

▼ *Microsoft Edge.*
▼ *Safari.*
▼ *Opera.*

Selenium permite **Cross-browsing** (lanzar la ejecución de una prueba con varios navegadores a la vez) y crear suites de pruebas muy potentes además **Selenium** junto con el lenguaje de programación **Java** y **Cucumber** que es un framework para pruebas basado en **BDD** y en **Java** puede hacerse pruebas muy mantenibles y que se prueben todos los escenarios posibles de un requerimiento.

Fue creado por Jason Huggins en el año 2004 mientras trabajaba como ingeniero en una aplicación web que necesitaba pruebas periódicas, lo creó en **JavaScript,** pero luego se dio cuenta del potencial de esta herramienta y lo puso como código abierto y lo llamó **Selenium Core.**

Herramientas como **Selenium**, **Cypress** o **Katalon** son muy importantes porque hoy en día las aplicaciones nunca se terminan, están en continua mejora, añadiendo nuevos requerimientos y mejorándolas continuamente y cuando esto ocurre puede ser que un nuevo cambio genere algún error, para eso se hacen las pruebas de regresión que son muy repetitivas y que se pierde mucho tiempo pero necesario en esa pruebas, para eso sobre todo se utiliza la automatización, para automatizar no solo las pruebas funcionales de algo que se está construyendo como indicamos con **BDD** o **TDD** si no también para hacer pruebas de regresión y que aquello que es la base de la aplicación sigue funcionando cuando le agregamos nuevas funcionalidades.

11.4.2 Componentes de Selenium

Selenium IDE

Puedes automatizar las pruebas de las aplicaciones web utilizando un grabador de acciones llamado **Selenium IDE,** viene como una extensión en los navegadores de Firefox y Chrome.

Se puede utilizar por aquellos que no tienen conocimientos en programación ya que permite grabar las acciones que se realizan en una aplicación web y realizar la reproducción.

Selenium RC

Selenium RC es el componente que permite insertar código JavaScript en los navegadores más importantes para realizar la automatización; requiere de un servidor para ejecutar esos scripts de pruebas.

Tiene ciertas limitaciones como que es lento, depende de la clase HtmlUnitDriver y es necesario que esté arrancado el servidor para poder ejecutar los scripts de prueba.

Selenium WebDriver

Selenium WebDriver es yo creo el componente más importante de **Selenium** porque tiene controladores para los navegadores más utilizados del mercado y soporta bastantes lenguajes de programación como **Python, Rubi, Java** o **C#.**

11.4.3 Introducción a Selenium WebDriver

WebDriver realmente es un conjunto de interfaces de programación de aplicaciones, lo que se llama API, está orientado a objetos y permite la utilización de muchos navegadores y lenguajes de programación.

WebDriver permite que se puedan ejecutar en paralelo varias pruebas a la vez y con distintos navegadores.

En 2009 **Selenium RC** se fusiono con **WebDriver** para crear lo que se conoce como **Selenium WebDriver** o Selenium 2.0 mucho más rápido ya que realiza una llamada directa al navegador.

Para poder llamar a los navegadores se necesitan los controladores de cada uno de los navegadores, esos drivers se descargan y luego hay que poner la ruta de esos navegadores para poder ejecutar el script con cada uno de esos navegadores, de hecho, el de Firefox se llama **geckdriver.**

Hoy en día **Selenium** tiene bibliotecas gratuitas y de código abierto para que se puedan automatizar distintos tipos de pruebas en aplicaciones web y muchas empresas de automatización en sus pruebas web con **Selenium** y a día de hoy con **Cypress,** pero grandes empresas o ministerios de gobierno utilizan también **Katalon Studio.**

Como comenté en **Selenium** los scripts de pruebas pueden crearse en lenguajes como Ruby, Python, Perl, Java, PHP y C#, pero lo más popular es utilizar C# y Java.

11.4.4 Componentes de Selenium WebDriver

Son los 4 componentes de arriba, las librerías de **Selenium** en el lenguaje que vallamos a utilizar, el protocolo **JSON,** los controladores de los navegadores y los navegadores en sí mismo.

Cuando creas los scritps de automatización se utilizan las librerías de **WebDriver** para realizar acciones sobre la aplicación web con métodos de la clase **WebDriver** y por supuesto si está creando las pruebas en Java necesitaras las librerías de Java JDK 1.7 o 1.8 o en adelante.

Al final de esta sección mostraré una pequeña práctica de cómo hacer una prueba en **Selenium** con Java.

JSON Wire Protocol es una notación que tiene el lenguaje de JavaScript para objetos y que sirve para intercambiar datos entre un servidor y el cliente de una aplicación web, es un formato muy popular y que admite todos los formatos de datos en todos los lenguajes populares como Python, Ruby, Java, C#.

Selenium necesita de los controladores de cada navegador porque son los que reciben las solicitudes de las librerías de **Selenium** y luego es este controlador el que arranca el navegador real y ejecuta todas las acciones que hemos creado en nuestra prueba, cuando se vea el ejemplo práctico se entenderá perfectamente.

Para que se entienda bien, cuando tú ejecutas la prueba sobre eclipse u otro entorno integrado como **Intellij** estos comandos se ejecutan y se convierten al formato JSON que es serializado y se envía al controlador del navegador que envía esas acciones al servidor HTTP que es quien ejecuta esas acciones sobre el navegador, si todo está correcto el servidor devolverá un 200 u otro código si hay error.

11.4.5 Ventajas e inconvenientes de Selenium

Las ventajas serían las siguientes:

- *Selenium WebDriver es estable, gratuita de código abierto y portátil.*

- *Es compatible con Windows, Linux y Mac y además apoya a herramientas como Apache.*

- *Permite la ejecución de pruebas paralelas.*

- *Se puede utilizar con framewrok de pruebas unitarias como **JUnit** o **TestNG**.*

- *Podemos utilizar la integración continua porque se integra con **Maven**, **Docker** y **Jenkins**.*

Las desventajas serían las siguientes:

- ***Selenium** solo permite probar aplicaciones web.*

- *No se puede realizar pruebas en una imagen.*

- *Necesita a framework de pruebas como **JUnit** para generar los informes de pruebas.*

- *No soporta todos los navegadores solo los 5 más importantes.*

- *Solo tienes soporte en foros, pero no hay soporte profesional las 24 horas.*

11.4.6 Ejemplo práctico de una prueba automatizada con Selenium WebDriver

Supongamos que queremos automatizar un caso de prueba que consiste en verificar que un usuario se puede loguear perfectamente en una tienda virtual y que cuando se loguea la aplicación lo envía a la página de inicio de su cuenta, la precondición es que tiene que estar ya registrado en la tienda online.

Primero hay que crear un proyecto de tipo Maven En Intellij, le damos un nombre y se crea.

Se necesitan estas dependencias para poder automatizar con **Selenium** además de instalar un **JDK** que ya puedes instalarlo cuando creas un proyecto **Maven**.

```xml
<dependencies>
  <dependency>
    <groupId>org.seleniumhq.selenium</groupId>
    <artifactId>selenium-java</artifactId>
    <version>4.0.0</version>
  </dependency>
  <dependency>
    <groupId>org.seleniumhq.selenium</groupId>
    <artifactId>selenium-chrome-driver</artifactId>
    <version>4.0.0</version>
  </dependency>
  <dependency>
    <groupId>org.junit.jupiter</groupId>
    <artifactId>junit-jupiter-api</artifactId>
    <version>5.8.2</version>
  </dependency>
  <dependency>
    <groupId>org.junit.jupiter</groupId>
    <artifactId>junit-jupiter-engine</artifactId>
    <version>5.8.2</version>
    <scope>test</scope>
  </dependency>
  <dependency>
    <groupId>io.github.bonigarcia</groupId>
    <artifactId>webdrivermanager</artifactId>
    <version>5.6.3</version>
  </dependency>
</dependencies>
```

Luego se tiene que crear una clase dentro de la carpeta de Test con el nombre de la prueba e importamos todas las clases que necesitamos que sean las que aparecen en la imagen.

```java
import java.time.*;
import java.util.ArrayList;
import org.junit.jupiter.api.Test;
import static org.junit.jupiter.api.Assertions.*;
import org.junit.jupiter.api.AfterAll;
import org.junit.jupiter.api.AfterEach;
import org.junit.jupiter.api.BeforeAll;
import org.junit.jupiter.api.BeforeEach;
import org.openqa.selenium.By;
import org.openqa.selenium.JavascriptExecutor;
import org.openqa.selenium.WebDriver;
import org.openqa.selenium.WebElement;
import org.openqa.selenium.chrome.ChromeDriver;
import org.openqa.selenium.chrome.ChromeOptions;
import org.openqa.selenium.edge.EdgeDriver;
import org.openqa.selenium.edge.EdgeOptions;
import org.openqa.selenium.firefox.FirefoxDriver;
import org.openqa.selenium.firefox.FirefoxOptions;
import org.openqa.selenium.interactions.Actions;
import org.openqa.selenium.remote.CapabilityType;
import org.junit.jupiter.api.Assertions;
import io.github.bonigarcia.wdm.*;
import org.openqa.selenium.support.ui.WebDriverWait;
import org.openqa.selenium.support.ui.ExpectedConditions;
```

Creamos un objeto **WebDriver** que es quien nos permite manejar todas las librerías de **Selenium** para detectar objetos por **Xpath,** por ejemplo, hay más formas, pero esta forma es la que permite que los scripts sean más mantenibles.

Utilizamos la clase **By** para poner todos los **Xpath** que vamos a utilizar para detectar los objetos sobre los que vamos a realizar acciones que se enviaran por **JSON** como vimos; por último, utilizamos unas variables de tipo cadena para guardar el usuario y la contraseña, generalmente los datos se suelen guardar en archivos Excel y se tienen que utilizar librerías para manejarlos o acceso a base de datos cuando son muchísimos datos; aquí como son pocos utilizo variables.

```
14 usages                                                                  ⚠ 29 ⚡ 10
private static WebDriver driver;

//Localizadores Xpath
1 usage
private By BotonAceptarCookies=By.xpath( xpathExpression: "//button[@id='cookies-eu-accept']");
1 usage
private By EnlaceCuenta=By.xpath( xpathExpression: "//a[contains(text(),'Mi Cuenta')]");
1 usage
private By CampoUsuario=By.xpath( xpathExpression: "//input[@id='username']");
1 usage
private By CampoPassword=By.xpath( xpathExpression: "//input[@id='password']");
1 usage
private By BotonEnviar=By.xpath( xpathExpression: "//button[contains(text(),'Acceso')]");
1 usage
private By CabeceraMiCuenta=By.xpath( xpathExpression: "//h1[contains(text(),'Mi Cuenta')]");
1 usage
private By EnlaceSalir=By.xpath( xpathExpression: "//a[contains(text(),'Salir')]");
1 usage
private By EnlacePedidos=By.xpath( xpathExpression: "//a[contains(text(),'Pedidos')]");

//Variables
1 usage
private String usuario="juan.sanchez2023@gmail.com";
1 usage
private String password="Deportivo_2023";
```

WebDriverManager es una librería que permite gestionar los drivers de distintos navegadores y que se actualicen y descarguen automáticamente, ayuda a no perder tiempo con el mantenimiento de los controladores.

La clase **EdgeOptions** sirve para añadir opciones a esos navegadores, porque será el que utilicemos para la prueba y le indicamos que acepte certificados inseguros y el segundo argumento es para solucionar un problema que ocurría al acceder a mi página.

El método con **BeforeEach** es para que cada vez que se ejecute una prueba se llame al método **setUpDriver** porque es quien lanza el navegador configurado como queremos mediante nuestro controlador.

El método con **AfterAll** es para que se ejecute siempre después de que se ejecuten todas las pruebas, como solo es una le digo que cierre navegador y elimine el driver.

```
//Configurar controlador de Chrome
1 usage
public static void setUpDriver(){
    WebDriverManager.edgedriver().setup();
    EdgeOptions edgeOptions = new EdgeOptions();
    edgeOptions.setAcceptInsecureCerts(true);
    edgeOptions.addArguments("--remote-allow-origins=*");
    driver = new EdgeDriver(edgeOptions);

}

//Arrancar controlador de Chrome
@BeforeEach
public void setUpClass(){
 setUpDriver();
}

//Cerramos todo
@AfterAll
public static void tearDownAfterClass() throws Exception {
    //Cerramos navegador
    driver.close();
    //Cerramos Controlador o Driver
    driver.quit();
}
```

Voy a ir comentando lo que significa cada clase o método:

▶ El método **maximize** sirve para maximizar el navegador y la clase **Manage** nos permite gestionar una ventana y borrar cookies o una cookie en particular, sobre todo.

▶ El método **get** permite navegar a una página web, hay que ponerle httpp, https o dará error al ejecutar el script.

▶ **GetElement** es una clase que representa un objeto de la página donde estamos y el método **findElement** sirve para encontrar el objeto de la página utilizando su **id**, su **name,** su **Xpath**, **CSS Selector**, lo mejor son los últimos métodos; los primeros son atributos típicos de **HTML** para identificar un elemento de la página web.

▶ El método **Click** es un método para hacer clic con el ratón sobre un enlace.

▶ El método **getTitle** devuelve el título de una página.

▶ El método **asserEquals** permite comparar un valor con otro valor.

▶ La clase de Java **Thread** es para controlar la ejecución actual y el método **sleep** para pararla unos segundos para que le dé tiempo a cargar el elemento o página.

▶ El método **sendKeys** sirve para escribir texto en un campo **Textbox** o **TextArea.**

```
                                                                            ⚠ 29  ✗ 101
//Accedemos a la pagina y la maximizamos
driver.manage().window().maximize();
driver.get("https://www.pruebasgafenix.com");
//Esperamos unos milisegundos a que se pueda interactuar con los objetos
//Encontramos los objetos de la pagina de inicio
WebElement AceptarCookies=driver.findElement(BotonAceptarCookies);
AceptarCookies.click();
//Encontramos el objeto
String TituloPagina=driver.getTitle();
//Comprobamos que el titulo de la pagina es el correcto asi sabemos que es la pagina y se ha cargado correctamente
assertEquals(TituloPagina, actual: "Inicio -");
//Esperamos que sea cliqueable
Thread.sleep( millis 2000);
WebElement MiCuenta=driver.findElement(EnlaceCuenta);
MiCuenta.click();
//Accemos a los objetos de la pagina de Login
WebElement Usuario=driver.findElement(CampoUsuario);
WebElement Password=driver.findElement(CampoPassword);
WebElement Enviar=driver.findElement(BotonEnviar);
//Escribimos el usuario en el campo usuario
Usuario.sendKeys(usuario);
//Escribimos el password en el campo password
Password.sendKeys(password);
//Pulsamos el boton Enviar
Enviar.click();
//Encontramos  los objetos de la pagina
WebElement cabecera=driver.findElement(CabeceraMiCuenta);
WebElement pedidos=driver.findElement(EnlacePedidos);
```

> ▶ El método **getText** de la imagen de abajo sirve para devolver el texto que haya en el objeto de la página que hayamos identificado.

```
WebElement Salir=driver.findElement(EnlaceSalir);
//Capturamos sus textos
String TextoCabecera=cabecera.getText();
String TextoPedidos=pedidos.getText();
//Comprobamos que nos logeamos y accedemos a la pagina de mi cuenta del usuario
assertEquals(TextoCabecera, actual: "Mi Cuenta");
assertEquals(TextoPedidos, actual: "Pedidos");
//Cerramos la sesion
Salir.click();
}
}
```

> ▶ Para ejecutar un script en **Intellij** solo tenemos que hacer clic con el botón derecho del ratón y en el menú que parece hacer clic en **Run Nombre del script o clase.**

Puedes acceder a la práctica en la ruta correspondiente del libro.

11.4.7 Introducción a Cypress

Cypress es un nuevo framework que ha empezado a sustituir a **Selenium** en las pruebas automatizadas, está escrito desde cero y utiliza **Javascript.**

Para las pruebas unitarias en aplicaciones JavaScript se utiliza **Mocha**, Jamin o Karma y **Chai** como librería para aserciones o comprobaciones.

Para utilizar datos en las pruebas se utiliza **SinonJS.**

Para realizar las pruebas las funcionales de **front-end** se solía utilizar **Selenium,** pero con **Cypress** se acabó, ahora en muchas aplicaciones cuyo **front-end** están escritos en **Angular, React** o en aplicaciones web renderizadas en servidor, Cypress puede realizar pruebas unitarias y 2e2 o end to end que lo que verifica es que funciona como debería la aplicación porque se simula la experiencia de usuario de principio a fin.

Como dicen en la web de esta herramienta:

"Cypress prueba todo lo que se ejecuta en una aplicación web".

Esta herramienta permite cosas como utilizar **stubs** para realizar comportamientos, modificar el **status code** para que el código de respuesta sea 500, evitar hacer login gracias a comando como **cy.request.**

Cypress escribe las pruebas en **JavaScript** y por lo tanto permite acceder a todos los elementos, elementos del **DOM,** funciones y temporizadores.

Cypress utiliza node.js, que es un entorno de ejecución en tiempo real para poder ejecutar un programa escrito en JavaScript.

Puedes descargarlo desde **nodejs.org** e incluye el gestor de paquete **npp** que permite descargar todas las dependencias en un proyecto JavaScript.

Para instalar **Cypress** se puede hacer de dos maneras utilizando **npp** o descargándolo desde su página web.

Si utilizamos **npp** que es la forma que yo recomiendo para instalarlo en el proyecto, se verá como una dependencia más y además se integrará mejor con la integración continua.

Para utilizar el gestor de paquetes **npp** necesitamos instalar antes **node.js,** al instalarlo dile que instale todo lo que necesite, arrancara **Windows Powershell** e instalará todas las dependencias, cuando termine sigue con los pasos de abajo.

Después de instalarlo agregar la variable de entorno porque si no el entorno no podrá ejecutar los comandos.

Nueva variable del sistema		×
Nombre de la	NODE_PATH	
Valor de la	C:\Program Files (x86)\nodejs	
Examinar directorio...	Examinar archivo...	Aceptar Cancelar

Después de esto abrimos la consola con el comando **cmd** por ejemplo y escribimos los comandos *node -v* para ver la versión de **node.js** y *npm -v* para ver la versión del gestor de paquetes de node.js., debería aparecer algo como lo de abajo m, si instalaste otra versión aparecerá otros números.

```
Símbolo del sistema          ×    +   ∨

Microsoft Windows [Versión 10.0.22631.2715]
(c) Microsoft Corporation. Todos los derechos reservados.

C:\Users\aleja>node -v
v21.6.0

C:\Users\aleja>npm -v
9.3.1

C:\Users\aleja>
```

Para instalar **Cypress** vamos a la carpeta donde está el proyecto de JavaScript desde la consola de Windows.

Cd ruta proyecto.

Ejecutamos el siguiente comando.

npm install cypress —save-dev

Después ejecutamos el siguiente comando.

npx cypress open

Aparecerá la siguiente ventana que tiene dos módulos, *pruebas E2E que* serían las pruebas funcionales y *Component Testing* que serían las pruebas unitarias. Nosotros pulsaremos encima de la primera.

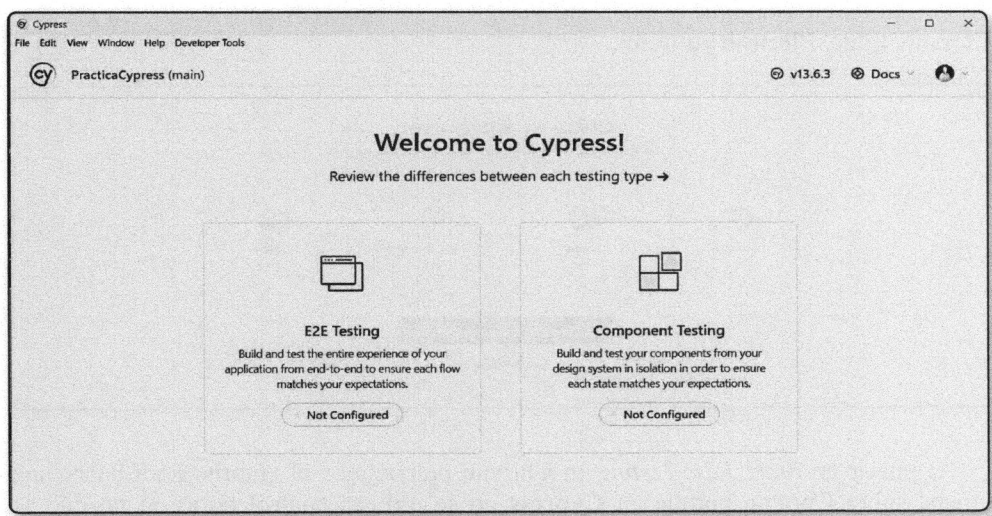

Aparece una ventana donde nos dicen que han agregado los siguientes archivos de configuración al proyecto para poder utilizar Cypress.

▼ *cypress.config.js* es el archivo de configuración de Cypress.

▼ *e2e.js* es para poder hacer pruebas funcionales, pruebas finales.

▼ *commands.js* es para utilizar los comandos que veremos después para poder hacer las pruebas.

▼ *example.json* son ejemplos de pruebas con Cypress.

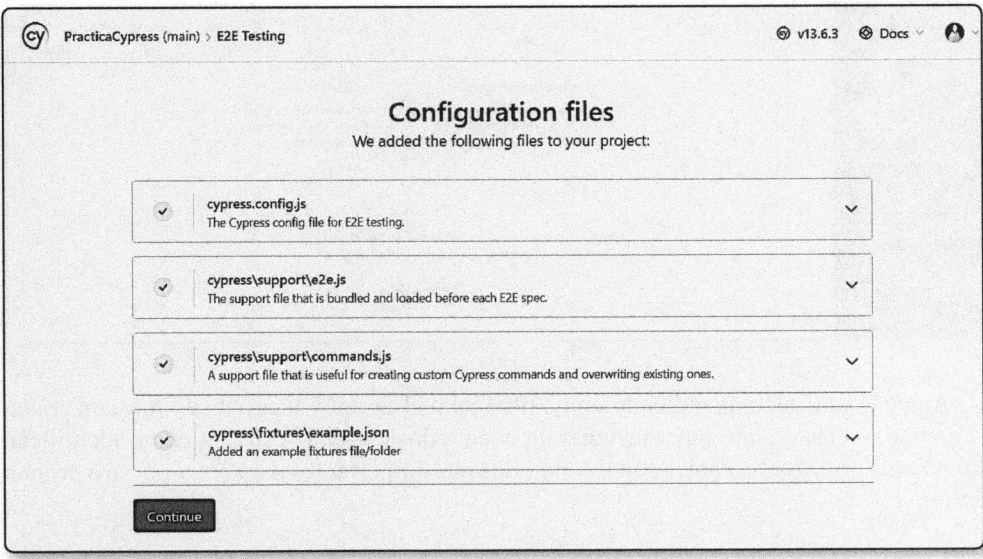

Pulsamos en Continue y podremos elegir 4 navegadores para hacer las pruebas Chrome, Edge, Electron y Firefox.

Al pulsar en *Start E2E Testing* in Chrome preparamos el entorno para hacer una prueba sobre Chrome porque en **Cypress** no se utilizan controladores, si no que se ejecuta directamente el código en el navegador por eso es más rápido que **Selenium.**

En la imagen vemos que podemos ver el código de varios ejemplos y ejecutarlos y crear una prueba nosotros, este es el entorno que se utiliza para crear Scripts de prueba; pulsamos en Create new spec

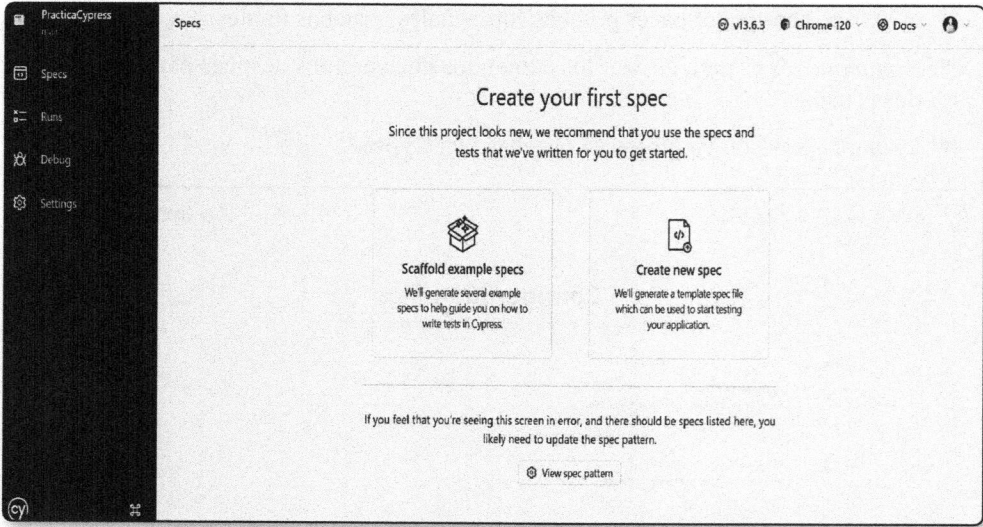

Aparece una ventana pidiendo un nombre para el Script y luego un editor para poner el código, en este punto hay que tener en cuenta dos cosas, la primera cómo identificar los objetos, la segunda cuáles son los métodos más importantes para crear nuestro primer Script.

Vamos a utilizar **CSS selector** como método de identificación de elementos del **DOM** y la extensión de Chrome **CroPath** para identificar los elementos.

En la imagen se ve el elemento que queremos identificar de manera única, luego la extensión *CroPath*, luego el **css selector** que utilizaremos que será el tipo de elemento que es un input y la clase **CSS** de ese elemento también podríamos utilizar sus atributos **id** o **name**, formas de identificarlo es *tipo.clase, tipo.id, tipo.name*.

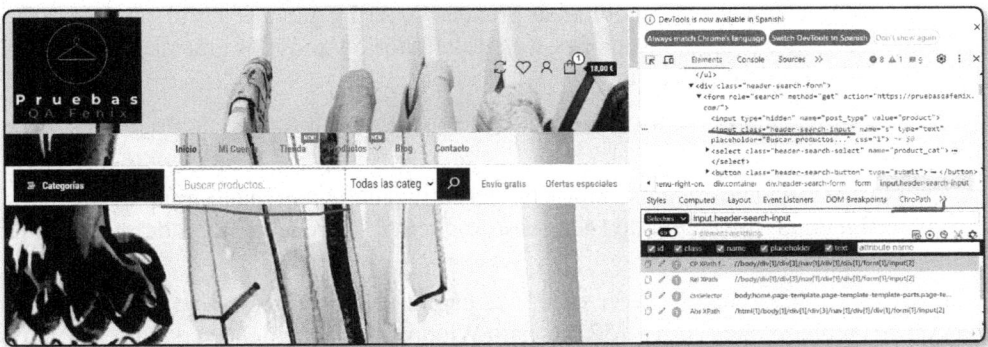

Ahora voy a explicar los métodos más importantes en Cypress para que podáis crear todo tipo de scripts y tendréis la práctica en la sección de este libro de la editorial RA-MA.

Visit: envía a Chrome a la url que se le pasa como parámetro.

Get: obtiene un elemento por el identificador que le pasemos, para realizar acciones sobre él. Como hemos explicado anteriormente, todos los identificadores que pasemos serán obtenidos del **CSS**, es así cómo funciona esta herramienta.

Children: nos permite obtener un elemento que pasamos por parámetro, que desciende del elemento que hemos obtenido con la función get, es decir son elementos hijos del elemento actual.

Click: realiza un clic sobre el elemento que hayamos obtenido con la función get.

Type: escribe sobre el elemento obtenido un texto que pasamos por parámetro. Por ejemplo, usamos este método para elementos input donde queremos introducir un texto.

Submit: permite enviar el contenido del formulario al servidor para que lo procese.

It: permite crear funciones en **Cypress.**

Desde el **IDE Intellij** podemos abrir el proyecto y crear un pequeño script para ejecutarlo en el entorno de **Cypress**.

11.5 CASO DE PRUEBA PRÁCTICO. AUTOMATIZACIÓN DE UN CASO DE PRUEBA CON KATALON STUDIO Y BDD

Lo primero que hay que comentar es que **Katalon Studio** es una herramienta que tiene una versión gratuita y además puedes probar todas sus herramientas y su plataforma online si te registras en su página web *www.katalon.com.*

Esta herramienta permite automatizar pruebas de API y además permite automatizar pruebas funcionales sobre aplicaciones web de escritorio y móviles gracias a que utiliza **Appium** y **Selenium WebDriver.**

Además, esta herramienta permite integrase con casi todas las herramientas más utilizadas en QA.

Creo que será la herramienta comercial más utilizada por su plataforma, los avances que ha hecho en la utilización de IA en sus productos y porque la curva de aprendizaje es muy corta.

Lo primero que vamos a hacer es ir a la página de **Katalon** y descargar la última versión de 64 bits si puedes, si no 32 bits para Windows, aunque tiene versión para Linux y MAC.

Pulsando en el botón verde se descarga un archivo que se llama KatalonSetup.exe y si le damos dos clics empezara a descargar los archivos de **Katalon.**

Al terminar aparecerá esta pantalla donde podremos loguearnos si tenemos cuenta o registrarnos utilizando una cuenta de Gmail o GitHub, yo utilicé una cuenta de Gmail particular.

Al iniciar sesión aparece la siguiente pantalla y nos crea un proyecto de tipo web automáticamente; pulsamos en **Maybe later** para que aparezca nuestro entorno de **Katalon.**

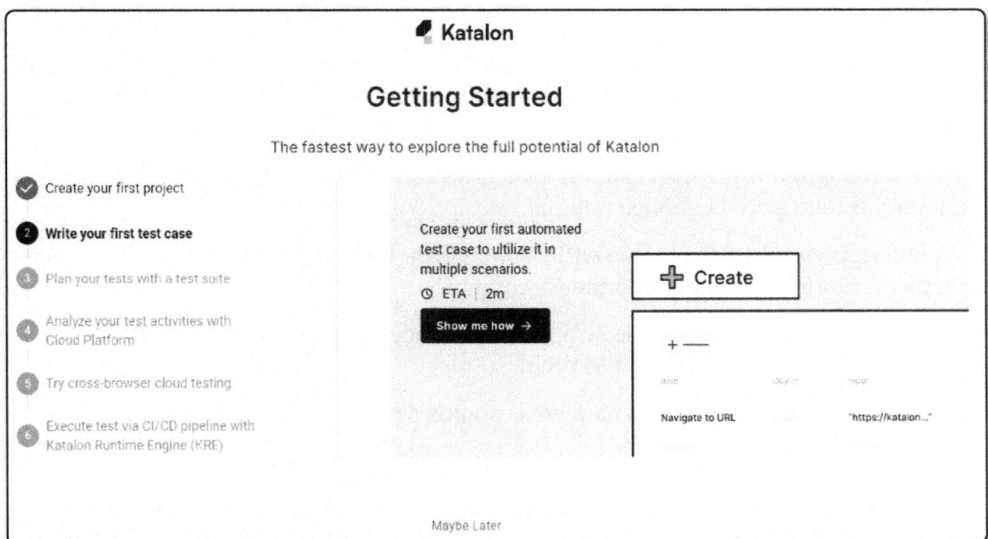

También nos llega un correo a nuestro email indicando que tenemos 31 días para probar su plataforma **Katalon DevOps** y **Katalon TestCloud** pero eso se sale de nuestra práctica.

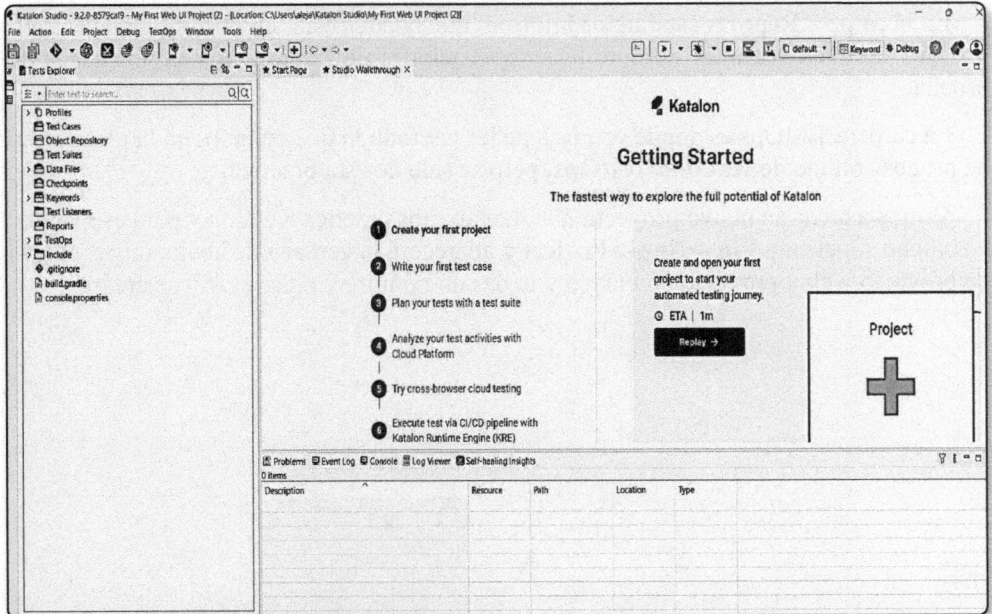

En la imagen de arriba voy a explicar algunas partes para que entendáis un poco qué es cada carpeta.

La carpeta Profile es donde se ponen variables globales y se puede utilizar para utilizar perfiles distintos, que podía ser de los diferentes entornos de prueba QA, UAT, etc.

La carpeta **Test Cases** es donde se crean los **scripts** que van a automatizar los casos de prueba.

Test Suites en donde agruparemos casos de prueba por ejemplo para hacer una prueba de regresión o pruebas de **crossbroser** que es cuando pasamos unos Scripts por varios navegadores.

Katalon soporta los 5 navegadores más utilizados Chrome, Edge, Firefox, Interner Explorer y Safari, pero la versión antigua.

Además, permite pruebas sobre API y automatizar los casos de prueba de aplicaciones web, de escritorio y móviles soportando Appium.

La carpeta **Data files** es donde se ponen los enlaces a archivos Excel, CSV y base de datos como Oracle, SQL Server o MYSQL.

La carpeta de **Checkpoint** es para crear puntos de control de partes de la aplicación.

La carpeta de **Keywords** nos permite crear nuestro propio código.

La carpeta **Include** es aquí donde utilizaremos el framework **Cucumber** que es una framework **BDD** pero para Java.

Katalon utiliza como lenguaje de script **Groovy** que es un lenguaje descendiente de Java.

En la carpeta **Reports** estarán los informes que pueden estar en formato PDF, HTML o CSV; También **Katalon** permite hacer grabaciones de la ejecución de los casos de prueba.

La carpeta TestOps es donde vamos a poder ver todo lo que tenemos en la plataforma de pruebas online de **Katalon TestOps,** pero se sale de esta práctica.

Vamos a crear un nuevo proyecto que llamaremos práctica Katalon y para eso vamos a el menú superior a **File->New->Project** y aparecerá la ventana de abajo, eliges el tipo de proyecto web y proyecto en blanco y le das un nombre y pulsas Ok y se creara.

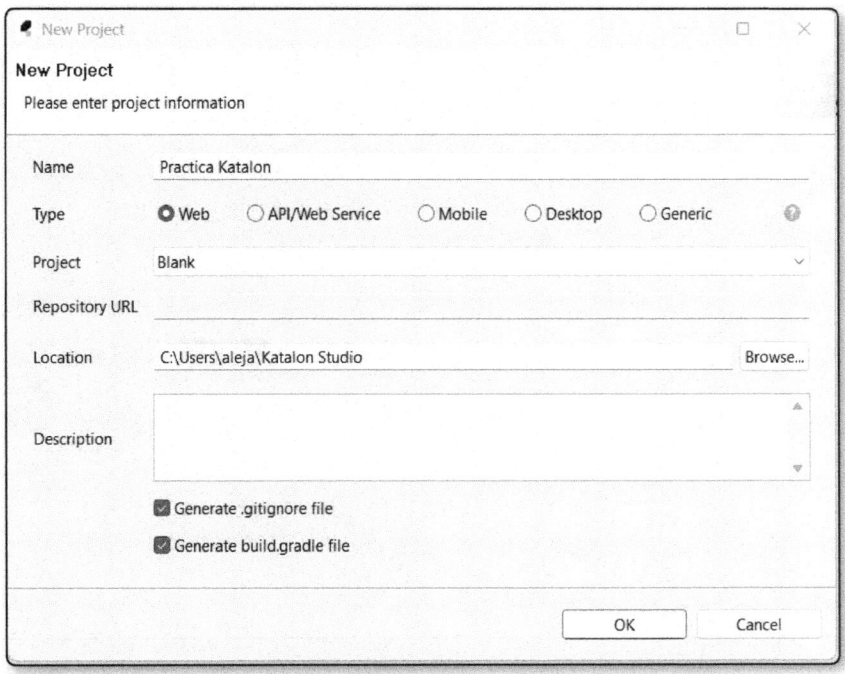

Aparecerá una ventana que nos indicará que elijamos el nombre grupo de personas y un nombre para el proyecto online de la plataforma **DevOps.**

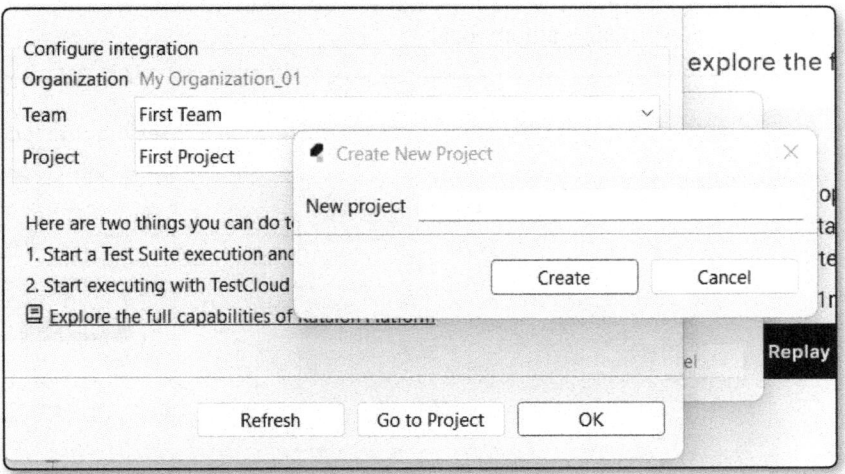

Después de eso aparecerá el proyecto creado en **Katalon** con el nombre de Práctica Katalon y con todas las carpetas de las que hablamos.

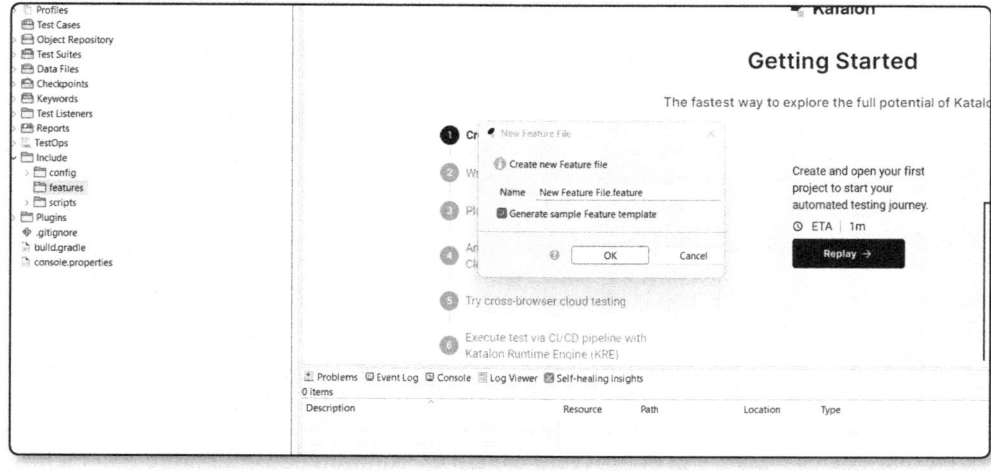

Ahora vamos a empezar a aplicar **Cucumber,** para eso vamos a la carpeta **Include** y dentro en la carpeta **Features** le damos clic derecho y pulsamos en **New->New Feature File** y aparecerá la siguiente ventana; acordaros que en **BDD** los requerimientos a probar estaban en archivos **Feature** y tenían escenarios que eran básicamente los casos de prueba que queríamos probar y automatizar.

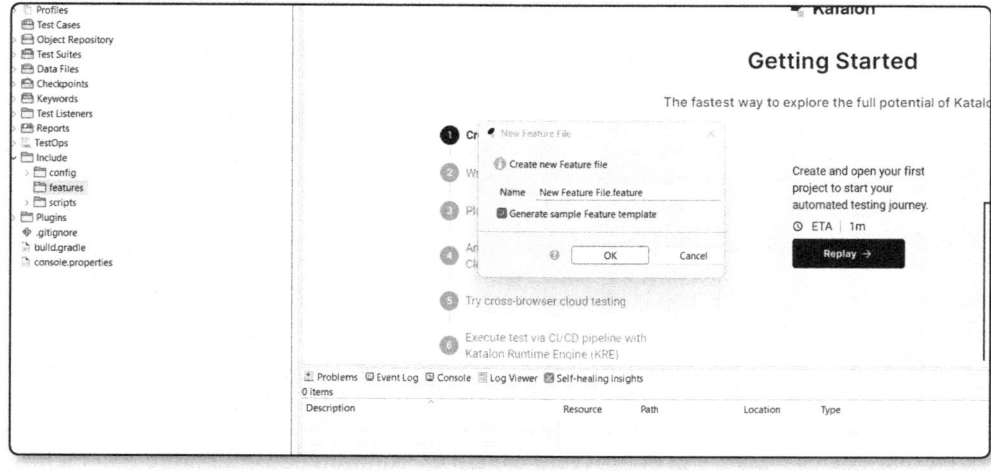

Vamos a automatizar el Feature de hacer login en una tienda virtual por lo tanto le pondremos Login como nombre y pulsamos en Ok y se creara el archivo con un ejemplo ya creado.

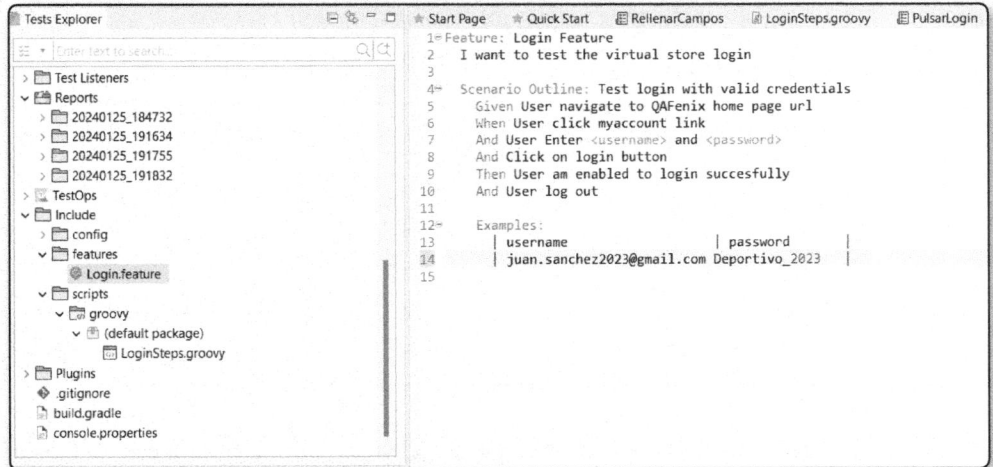

Ahora vamos a crear nuestros escenarios en un lenguaje llamado **Gherkin** que es el lenguaje que tiene el framework **Cucumber** para crear los **escenarios** que vamos a automatizar y además serán de **tipo Outline** que es cuando le pasamos los datos y además tendremos un escenario, el login correcto.

Ahora vamos a crear el archivo **Steps** que es donde vamos a indicar los pasos de los **escenarios**, para eso vamos a la carpeta **Scripts** y dentro de la carpeta **Groovy** hacemos clic derecho y en el menú elegimos **New-> Step definitions** y ponemos el nombre LoginSteps al archivo y pulsamos en Ok.

Nos va a crear una serie de métodos que estarán asociados a **Given**, **When** y **Then,** pero los **And** no están asociados y tampoco pone los nombres que nos interesan por lo que vamos a modificar el archivo que se ha creado y que puedes ver en la imagen de abajo.

Ahora vamos a crear un **Script** con los pasos del caso de prueba para eso, vamos a la carpeta **Test Case** damos clic con el botón derecho y en el menú **New->Test Case**, después pulsamos en el icono de la esfera con el botón derecho y aparece la ventana de abajo que es donde se irán guardando las acciones que haremos en la página web, para eso tenemos que poner la url *https://www.pruebasqafenix.com* y pulsamos en el icono de Chrome para empezar a grabar las acciones, en ese momento se grabarán las acciones que hagamos .

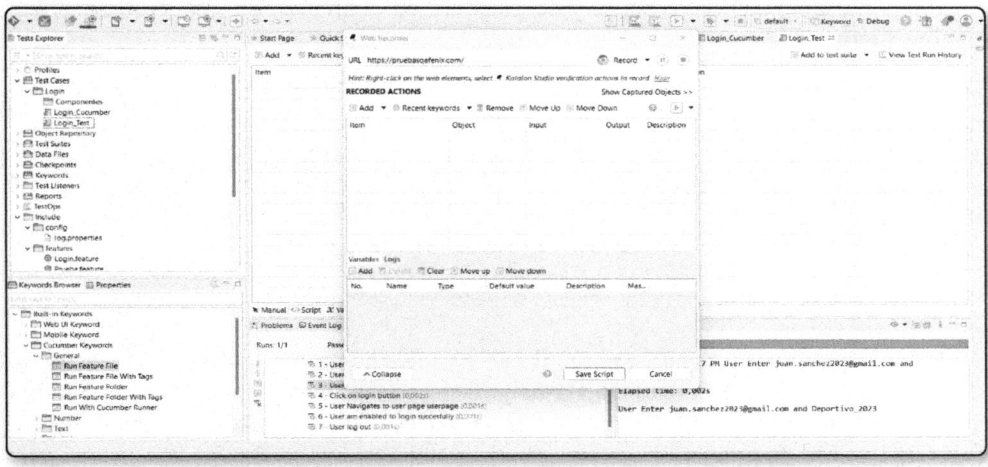

Cada acción que grabemos va a tener asociada un objeto donde se realiza esa acción y vamos a tener que guardar los objetos en una carpeta que creamos y que estará dentro de la carpeta **Object Repository.**

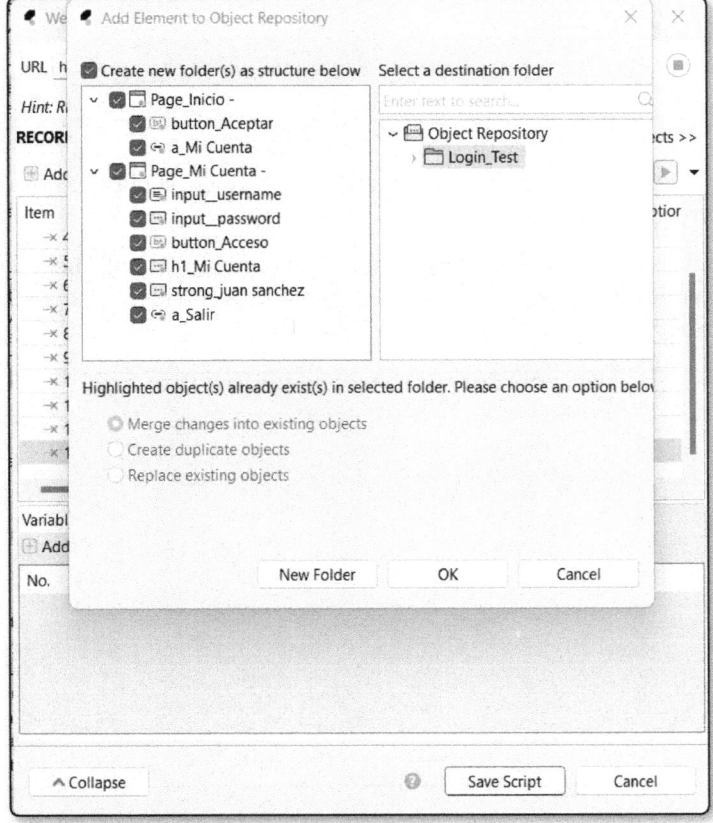

Luego pulsamos en Save Script y se guardará en el archivo de tipo **Test Case** con nombre **Login_Test.**

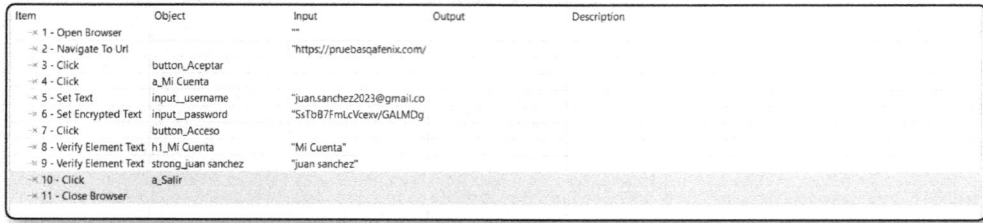

Ahora para que este **Script** sea reutilizable vamos a agrupar los pasos en **Scripts** y los meteremos dentro de la carpeta **Pasos** y luego arrastramos y soltamos esos **Scripts** en el **Test Case Login_Test** y lo que se hace es hacer llamadas a esos **Scripts** desde ese **Test Case** o caso de prueba.

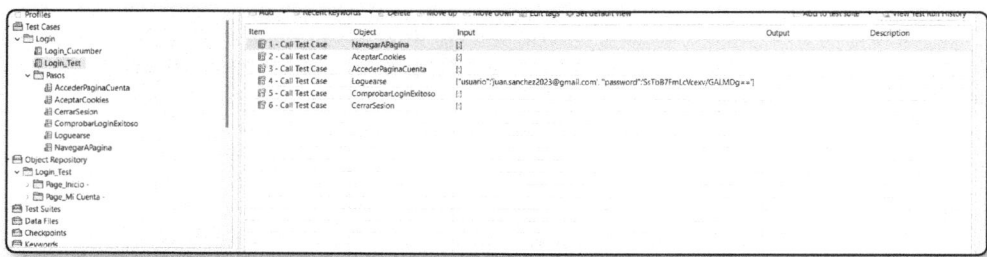

En el menú de arriba hay un botón con un icono en verde, si pulsamos encima debería ejecutarse correctamente el Script.

Ahora vamos a crear otro **Test Case** que se llamará **Login_Cucumber** y que ejecutará el Script, pero utilizando **Cucumber** para eso se tiene que agregar el siguiente comando desde **Cucumber Keyword.**

Ahora vamos a ir a cada uno de los Scripts de la carpeta paso y en la pestaña script podremos ver el código en **Groovy** y todos los métodos que utiliza **Katalon**, esta herramienta encapsula **Selenium WebDriver,** pero realmente por dentro lo está utilizando.

Ahora vamos a el archivo **LoginSteps** y dentro de cada método de tipo **Give**, **When**, **Then** y **And** meteremos los códigos en las imágenes, abajo puedes verlo.

```groovy
class LoginSteps {
    /**
     * The step definitions below match with Katalon sample Gherkin steps
     */

    @Given("User navigate to QAFenix home page url")
    def NavigatetoLoginPage() {
        println " Navego a la pagina de inicio de la tienda QAFenix"

        WebUI.callTestCase(findTestCase('Login/Pasos/NavegarAPagina'), [:], FailureHandling.STOP_ON_FAILURE)

        WebUI.callTestCase(findTestCase('Login/Pasos/AceptarCookies'), [:], FailureHandling.STOP_ON_FAILURE)
    }

    @When("User click myaccount link")
    def ClickmyAccountLink() {
        println " Hago click en el enlace Mi Cuenta"

        WebUI.callTestCase(findTestCase('Login/Pasos/AccederPaginaCuenta'), [:], FailureHandling.STOP_ON_FAILURE)
    }

    @And("User Enter (.*) and (.*)")
    def EnterCredentials(String username,String password) {
        println " Escribo usuario y contraseña"

        WebUI.callTestCase(findTestCase('Login/Pasos/RellenarCampos'), [('usuario') : username, ('password') : password],
        FailureHandling.STOP_ON_FAILURE)
    }

    @And("Click on login button")
    def ClickLoginButton() {
        println " Hago click en el boton login"

        WebUI.click(findTestObject('Object Repository/Login_Test/Page_Mi Cuenta -/button_Acceso'))
    }
}
```

```
@Then("User am enabled to login succefully")
def LoginOK() {
    println " El usuario se loguea correctamente"

    WebUI.callTestCase(findTestCase('Login/Pasos/ComprobarLoginExitoso'), [:], FailureHandling.STOP_ON_FAILURE)
}

@And("User log out")
def LoginOut() {
    println " El usuario cierra su sesion"

    WebUI.callTestCase(findTestCase('Login/Pasos/CerrarSesion'), [:], FailureHandling.STOP_ON_FAILURE)
}
```

Para que **Katalon** genere informes que pueden ser de tipo **HTML**, **PDF** o **CSV** y que se guardan dentro de la carpeta **Reports** necesitamos crear un **Test Suite** que puede contener un conjunto de **Test Cases** y luego ejecutar ese **Test Suite** y es cuando se generan los informes en esos formatos si así lo configuras.

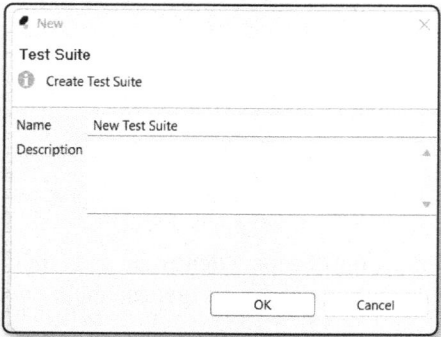

Llamaremos **SmokeTest** al **Test Suite y** seleccionamos el **Test Case** Login_Cucumber para agregarlo y pulsamos el botón Ok.

Ejecutamos el **Test Suite** Smoke_Test y si es correcto se mostrará todo en verde como en la imagen de abajo.

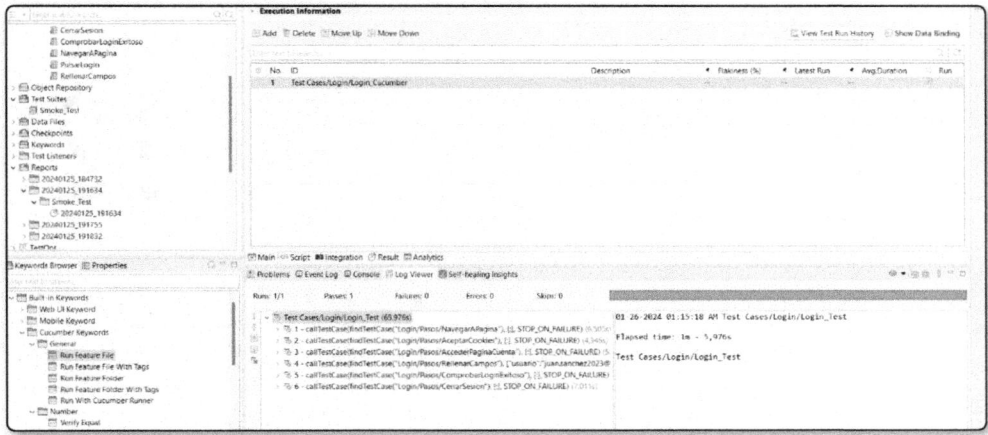

Si falla se mostrará como la imagen de abajo y va a fallar porque en el archivo Feature hay que poner la contraseña encriptada o fallara, también puede ocurrir porque las barras laterales no están o falta una.

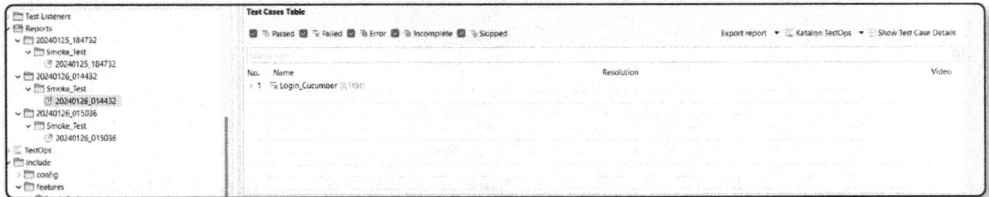

Si se ejecuta correcto se mostrará como la imagen de abajo.

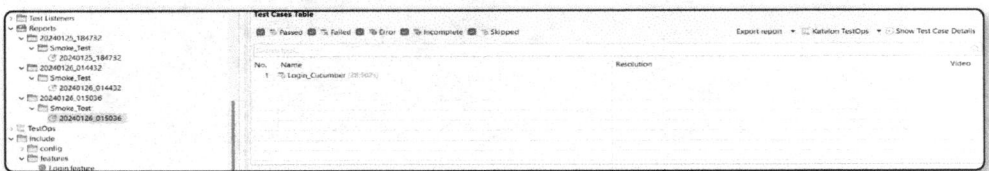

Y en el archivo de **Feature** hay que poner la contraseña encriptada.

```
Feature: Login Feature
  I want to test the virtual store login

  Scenario Outline: Test login with valid credentials
    Given User navigate to QAFenix home page url
    When User click myaccount link
    And User Enter <username> and <password>
    And Click on login button
    Then User am enabled to login succesfully
    And User log out

  Examples:
    | username                    | password              |
    | juan.sanchez2023@gmail.com  |SsTbB7FmLcVcexv/GALMDg==  |
```

12

PATRONES DE DISEÑO Y REFACTORIZACIÓN DEL CÓDIGO

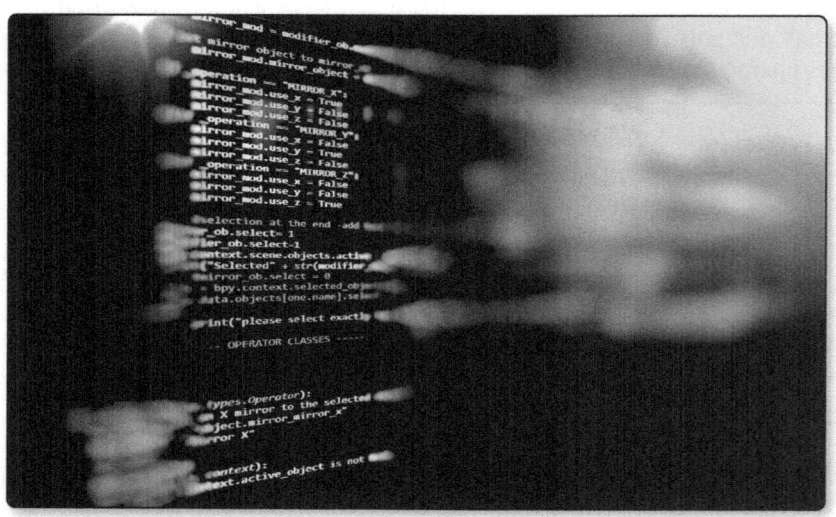

12.1 PATRONES DE DISEÑO

Los patrones de diseño son soluciones habituales a problemas que ocurren habitualmente en el diseño de software, estas soluciones prefabricadas se pueden personalizar para resolver un problema recurrente en tu código.

Estos patrones de diseño no son como bibliotecas ya preparadas con su código que puedes copiar para resolver el problema, si no que son pasos o conceptos generales para resolver un problema particular, siguiendo los detalles del patrón puedes implementar una solución que resuelva tu problema.

A menudo los patrones se confunden con algoritmos porque ambos dan soluciones atípicas a problemas conocidos.

Un algoritmo siempre define unos pasos para logar un objetivo mientras que un patrón es una descripción de más alto nivel de una solución, el código del mismo patrón aplicado a dos aplicaciones diferentes puede ser distinto.

Un algoritmo sería como una receta de comida, ambos tienen pasos claros para llegar a un objetivo, sin embargo, un patrón es más como un plano ya que puedes ver cómo es su resultado y sus funciones, pero la implementación depende totalmente de ti.

Los patrones se describen con mucha formalidad para que se puedan utilizar en muchos contextos, las partes de un patrón serían las siguientes:

▼ *Propósito: explica el problema y la solución de manera breve.*

▼ *Motivación: explica el problema y la solución de una manera más profunda.*

▼ *Estructura: muestra las partes del patrón y el modo en que se relacionan.*

▼ *Ejemplo de código: en un lenguaje popular muestra un ejemplo para que se entienda el patrón.*

También puede aparecer la aplicación del patrón, los pasos de implementación y las relaciones entre patrones.

12.1.1 Historia de los patrones

Nadie inventó los patrones, los patrones son soluciones habituales a problemas comunes, cuando una solución se repite varias veces en varios proyectos, alguien se encarga de ponerle un nombre y en explicar en detalle la solución, así es como se descubre un patrón.

El concepto de patrones fue descrito por Christopher Alexander en **El lenguaje de patrones** y es utilizado para diseñar entornos urbanos.

Posteriormente fue recogido ese concepto por 4 personas **Erich Gamma, John Vlissides, Ralp Johnson y Richard Helm** el libro patrones de diseño en el que se aplicaron el concepto de patrones de diseño a la programación.

Este libro hablaba de 23 patrones que resolvían varios problemas de diseño orientado a objetos y se hizo un éxito de ventas muy rápido.

Desde ese día se han descubierto decenas de nuevos patrones orientados a objetos incluso hay patrones no relacionados con el diseño orientado a objetos.

12.1.2 Clasificación de los patrones

Los patrones se pueden agrupar en 3 tipos:

▼ *Patrones creacionales: permiten la creación de objetos y la reutilización.*

▼ *Patrones estructurales: enseñan a ensamblar objetos y clases en estructuras más grandes.*

▼ *Patrones de comportamiento: explican cómo utilizar objetos y la asignación de responsabilidades entre ellos.*

Después ver la clasificación de los patrones hay que hablar de 22 patrones de diseño y una pequeña descripción que daré, no entraré en profundidad porque este libro es de QA y no de diseño de programación, quiero que se tenga una idea pero no se sepa implementar porque un QA nunca hace diseño de software, sus funciones son otras.

Factory method

Es un patrón de diseño creacional que proporciona una interfaz para crear objetos en una clase padre mientras permite a las clases hijo modificar el tipo de objetos que se crearan.

Abstract factory

Es un patrón de diseño creacional que permite crear familias de objetos relacionados sin especificar sus clases concretas.

Adapter

Es un patrón de diseño estructural que permite la colaboración entre objetos con interfaces no compatibles.

Bridge

Es un patrón de diseño estructural que permite una clase grande o clases que están relacionadas, en dos jerarquías separadas, abstracción e implementación, que pueden implementarse independientemente una de la otra.

Chain of responsability

Es un patrón de diseño de comportamiento que permite pasar solicitudes a lo largo de un conjunto de manejadores, al recibir una solicitud cada manejador decide si la procesa o se la pasa al siguiente manejador de la cadena.

Command

Es un patrón de comportamiento que convierte una solicitud en un objeto independiente que contiene una gran información de la solicitud, esto permite parametrizar los métodos con distintas solicitudes, poner en cola la ejecución de una solicitud y soportar operaciones que no se pueden realizar.

Iterator

Es un patrón de diseño de comportamiento que permite recorrer los elementos de una colección sin indicar su tipo de elemento, es decir, si es una lista, una pila, un árbol, etc.

Mediator

Es un patrón de diseño de comportamiento que te permite reducir las dependencias, este patrón restringe las comunicaciones directas entre objetos y obliga a que se tengan que comunicar a través de un único objeto mediador.

Builder

Es un patrón de diseño creacional que permite construir objetos complejos, permite crear distintos tipos de objetos empleando el mismo código de construcción.

Prototype

Es un patrón de diseño creacional que nos permite copiar objetos que ya existen sin que el código dependa de sus clases.

Composite

Es un patrón de diseño estructural que permite crear objetos en estructuras de árbol y trabajar con esas estructuras como si fueran objetos individuales.

Decorador

Es un patrón de diseño estructural que te permite añadir funcionalidades a objetos poniendo estos objetos dentro de objetos encapsulados que contienen esas funcionalidades.

Memento

Es un patrón de diseño de comportamiento que te permite guardar y restaurar el estado de un objeto sin mostrar su implementación.

Observer

Es un patrón de diseño de comportamiento que permite definir un modo de suscripción para notificar a varios objetos sobre cualquier evento que le pase al objeto que se está observando.

State

Es un patrón de diseño de comportamiento que permite a un objeto modificar su comportamiento cuando su estado cambia, es como si el objeto cambiara su clase.

Strategy

Es un patrón de diseño de comportamiento que te permite crear una familia de algoritmos, poner cada uno de ellos en una clase diferente y hacer sus objetos intercambiables.

Singleton

Es un patrón de diseño creacional que nos permite asegurarnos de que una clase tenga una única instancia, a la vez que es una instancia publica que puede ser utilizada por cualquiera.

Facade

Es un patrón de diseño estructural que proporciona una interfaz simplificada a una biblioteca o framework.

Flyweight

Es un patrón de diseño estructural que te permite mantener más objetos dentro de la RAM disponible compartiendo las partes comunes del estado entre varios objetos.

Template method

Es un patrón de diseño de comportamiento que define el esqueleto de un algoritmo en las clases padre o superclase pero permite que las clases hijo o subclases sobrescriban pasos del algoritmo sin cambiar la estructura.

Visitor

Es un patrón de diseño de comportamiento que permite separar algoritmos de los objetos donde operan.

Proxy

Es un patrón de diseño estructural que te permite proporcionar un sustituto para otro objeto. El proxy controla el acceso al objeto original, permitiendo hacer algo antes o después de que la solicitud llegue al objeto original.

12.1.3 Ventajas de los patrones

Muchos programadores son muy buenos y no tienen conocimientos de patrones de diseño entonces cuáles son las ventajas de aprender estos patrones y comprarse un libro de patrones de diseño de software, por ejemplo, básicamente son 2:

▼ *Son soluciones comprobadas a problemas habituales en el diseño de software y aunque nunca te encuentres con estos problemas te pueden ayudar a resolver cualquier problema utilizando principios del diseño orientado a objetos.*

▼ *Permite tener un lenguaje y un patrón común a la hora de desarrollar porque si sabes estos patrones y como se crean te permitirá comentarlo en una reunión e incluso que todos estandaricen una solución a un problema y no que cada uno lo haga a su manera.*

12.1.4 Problemas de los patrones

Los patrones se suelen utilizar cuando el lenguaje que se utiliza para programar no tiene la suficiente complejidad y nivel de abstracción.

Hay veces que los patrones se implementan al pie de la letra en vez de adaptarlos al problema o proyecto actual.

Otro problema que puede pasar es que los que acaban de aprender los patrones los utilicen continuamente incluso cuando hay código más simple que solucionaría el problema.

12.2 QUE ES LA REFACTORIZACIÓN Y CÓMO HACERLA

Desarrollar software es un proceso laborioso que suele involucrar a varios desarrolladores que suele ser estresante y donde se modifica y añade código de manera continuada y no siempre con las mejores prácticas por las prisas que siempre hay por entregar a tiempo, esto genera código defectuoso que se llama **code smells** y que provoca que la funcionalidad y el mantenimiento del software empeore con el tiempo, para evitar esta continua pérdida de calidad se realiza la refactorización.

La refactorización sería como la corrección de un libro, el producto final no sería otro libro si no el mismo texto pero más comprensible y de más calidad, así que si en la corrección de un libro se usa la reformulación, eliminación de frases, en la refactorización se utilizan técnicas como encapsulación o extracción para optimizar el código.

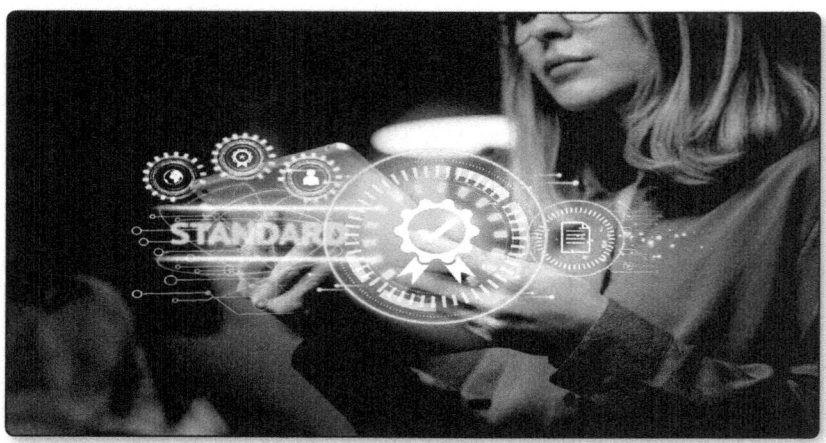

El proceso de refactorización es fundamental en el desarrollo iterativo e incremental que es el que ocurre en las metodologías ágiles.

Cuando en un proyecto se va con retraso en la entrega, los desarrolladores tienen poca experiencia y no hay una política clara de desarrollo ni se utilizan herramientas como **Sonarqube** de la que ya hablamos en el tema 5, lo que ocurre es que se genera **código espagueti** que es código confuso, de difícil lectura y comprensión y que hace que a los desarrolladores que no han escrito el código les sea muy difícil el mantenimiento del mismo; las ordenes de salto, las sentencias condicionales y bucles como while o for son elementos que complican el entendimiento de un código fuente.

Generalmente los proyectos en los que trabajan muchos desarrolladores se genera un código poco legible porque si ya de por si por las prisas o la falta de experiencia se genera código con poca calidad esto genera que se realicen parches para solucionar problemas urgentes y al final este **código espagueti** hace que ni la refactorización pueda solucionar el problema.

Los peores problemas cuando estamos desarrollando un software son el **code smells**(literalmente es código que huele),que es el código cuya **complejidad ciclomática** es alta y por lo tanto empeora el rendimiento del software y es difícil de mantener y entender y el **code rot**(erosión del software);es decir con el paso del tiempo si hay muchos elementos innecesarios, algoritmos muy costosos, mala estructuración del código, poca reutilización y mucho código repetido, y esto suele ocurrir cuando se amplía el código y los desarrolladores rotan mucho encargándose de distintas partes para tener un concepto general, es muy importante que se apliquen estándares en el código, en la manera de nombrar las variables, los métodos, aplicar el mismo tipo de reutilización pero también es fundamental aplicar la refactorización en cuanto aparezcan los primeros **code smells** porque si no el código seguirá erosionándose y perderá su funcionalidad a causa del **code rot o putrefacción,** es como si en una casa cuando se está construyendo el diseño no fuera correcto y los materiales no fueran de calidad por lo tanto a medida que pasa el tiempo y los efectos climáticos hacen mella hay que hacer reformas pero cada vez es más difícil arreglar los problemas y al final prácticamente hay que volver a hacer la casa con una estructura mejor y unos materiales de más calidad.

Esto es lo que pasa en muchos proyectos porque las empresas por conseguir un proyecto reducen al máximo el tiempo de entrega y los costes lo que obliga a hacer el software rápido y con gente con poca experiencia que está dispuesta a hacer horas extras y a cobrar poco, pero a la larga muchos proyectos así terminan siendo un desastre porque ni se puede hacer las pruebas correctamente porque no hay tiempo.

12.2.1 Objetivo de la refactorización y qué corrige

El objetivo de la **refactorización** es simplemente mejorar el código, con un código más efectivo y mejor estructurado la integración de nuevos elementos no genera nuevos errores, además cuanto más fácil y rápido les resulte a los programadores leer el código más rápido lo entenderán y podrán identificar los bugs y de una manera más eficiente.

Además, otro objetivo de la **refactorización** es mejorar el análisis de los errores y su identificación y también hacer más rápido el mantenimiento del software.

Hay que comentar que realizar la **refactorización** no exime de realizar las pruebas de software, cuantas más pruebas mejor.

La refactorización puede corregir los siguientes problemas:

▼ *Clases demasiado grandes: clases con demasiados métodos, atributos o instancias; hay que analizar para ver si se puede agrupar métodos y atributos por funcionalidad, por ejemplo crear una clase para acceder a la base de datos y hacer consultas, otra clase que defina una entidad y sus métodos, por ejemplo si es una tienda un **ArrayList** compuesto por los atributos de un producto (nombre, descripción, precio, etc.) y las acciones que se puede realizar AñadirProductoaCarrito, VerProducto, ComprarProducto, etc.*

▼ *Código duplicado: líneas de código exactamente iguales o muy parecidas en varios sitios; se debe unificar en un solo sitio permitiendo la reutilización, es el **code smell** más común y debe evitarse.*

▼ *Listas de parámetros demasiada larga: los objetos no se asignan directamente a un método, si no que se indican sus atributos en una lista de parámetros, lo ideal sería crear en una clase de objetos a partir de esos parámetros o **encapsular los atributos.***

▼ *Clases con demasiados métodos: clases que tienen demasiados métodos, algunos innecesarios y que hacen que mantener el software y adaptarlo sea muy complicado.*

▼ *Código demasiado general: método con casos muy específicos que apenas se usan y que dificultan el añadido de ampliaciones necesarias.*

▼ *Middle man: clases intermedias entre métodos y distintas clases en lugar de direccionar las solicitudes directamente a una clase.*

12.2.2 Técnicas de refactorización

La refactorización se tiene que hacer antes de modificar el código, se debe hacer en pocos pasos comprobando la modificación del código mediante prácticas como **TDD** y **CI** para probar que el nuevo código funciona bien y no genera errores en el código existente, esto suelen ser procesos automatizados.

Cuando se modifica un código siempre hay que hacer pruebas después para ver que no se han generado errores a estas pruebas se les llama **pruebas de regresión**.

A la hora de utilizar técnicas de refactorización hay muchas, de hecho hay un libro sobre este tema **de *Martin Fowler* y *Kent Beck*** que se llama **Refactoring: Improving the Design of Existing Code**.

Algunas de las técnicas que se hablan en ese libro son:

Desarrollo rojo-verde

Esta técnica de desarrollo llamada ***desarrollo rojo*-verde** es un método de desarrollo basado en pruebas; suele *aplicarse cuando se* quiere integrar una nueva función en un código que ya existe.

El rojo representaba el primer test, realizado antes que la implantación de la nueva función, el verde se refiere al código más simple que necesita la función para superar el test.

Las ampliaciones del código siempre deben probarse continuamente para descartar código defectuoso.

Esta técnica es fundamental para aplicar la refactorización continua.

Branching by abstraction

Este método de refactorización hace cambios graduales a una aplicación y va cambiando elementos viejos por elementos nuevos.

Esto se hace cuando se realizan grandes cambios que afectan a la jerarquía de clases y a las herencias.

Esto se suele realizar utilizando métodos de **pull-up** o **push-down.** La función nueva se enlaza con la abstracción y se le transmiten los enlaces, al hacer eso se transforma una subclase en una clase superior (**pull-up**) o se divide una clase superior en subclases (**push-down**).

Al final pueden borrarse las funciones antiguas sin que peligre la funcionalidad global. Este método permite que se puedan ir sustituyendo elementos defectuosos por elementos mejorados sin que haya errores.

Combinar métodos

La refactorización permite que el código se pueda entender de manera más fácil y para eso se unifican métodos, eliminan redundancias y se divide métodos muy largos en otros más fácilmente mantenibles.

Algunas técnicas que podemos utilizar son:

▶ *Convertir métodos a inline.*
▶ *Eliminar variables temporales.*
▶ *Introducir variables descriptivas.*
▶ *Separar variables temporales.*
▶ *Sustituir métodos por un objeto método.*
▶ *Sustituir algoritmos.*
▶ *Eliminar redireccionamientos a variables de parámetro.*

Mover propiedades entre clases

Otra manera de mejorar el código es mover atributos y métodos entre clases, para eso se pueden utilizar técnicas como estas:

▶ *Mover métodos.*
▶ *Mover atributos.*
▶ *Convertir una clase a inline.*
▶ *Ocultar el delegate.*
▶ *Introducir métodos ajenos.*

Organización de los datos

Esta técnica se utiliza para clasificar los datos en clases, que deben ser pequeñas y fáciles de comprender. Deben ser eliminados y divididos en clases lógicas los enlaces innecesarios entre clases que perjudiquen la funcionalidad.

Algunas técnicas que podemos utilizar son:

▶ *Encapsular los accesos a atributos.*
▶ *Sustituir un atributo por una referencia a un objeto.*
▶ *Sustituir un valor por una referencia.*
▶ *Sustituir una referencia por un valor.*
▶ *Encapsular atributos.*
▶ *Sustituir un conjunto de datos por una clase de datos.*

Simplificación de condiciones

Las condiciones del código deberían simplificarse todo lo que se pueda durante la refactorización del código, para eso hay varias técnicas:

▶ *Dividir las condiciones.*
▶ *Agrupar las condiciones.*
▶ *Agrupar código redundante en condiciones.*
▶ *Eliminar elementos de control.*
▶ *Aplicar polimorfismo.*
▶ *Utilizar objetos cero.*

Simplificar las llamadas a métodos

Las llamadas a métodos se pueden ejecutar más rápidamente con las siguientes técnicas:

- ▼ *Cambiar el nombre a los métodos.*
- ▼ *Añadir parámetros.*
- ▼ *Eliminar parámetros.*
- ▼ *Sustituir parámetros por métodos explícitos.*
- ▼ *Sustituir código defectuoso por excepciones.*

12.3 PRÁCTICA DE REFACTORIZACIÓN. REFACTORIZACIÓN DE UN CASO DE PRUEBA AUTOMATIZADO

Como práctica vamos a refactorizar el caso de prueba de la práctica anterior del tema 11 en la sección de **Selenium.**

De inicio teníamos el siguiente código mostrado en las imágenes siguientes.

```
                                                                    ⚠ 29 ✗ 101
//Accedemos a la pagina y la maximizamos
driver.manage().window().maximize();
driver.get("https://www.pruebasqafenix.com");
//Esperamos unos milisegundos a que se pueda interactuar con los objetos
//Encontramos los objetos de la pagina de inicio
WebElement AceptarCookies=driver.findElement(BotonAceptarCookies);
AceptarCookies.click();
//Encontramos el objeto
String TituloPagina=driver.getTitle();
//Comprobamos que el titulo de la pagina es el correcto asi sabemos que es la pagina y se ha cargado correctamente
assertEquals(TituloPagina, actual: "Inicio -");
//Esperamos que sea cliqueable
Thread.sleep( millis: 2000);
WebElement MiCuenta=driver.findElement(EnlaceCuenta);
MiCuenta.click();
//Accemos a los objetos de la pagina de Login
WebElement Usuario=driver.findElement(CampoUsuario);
WebElement Password=driver.findElement(CampoPassword);
WebElement Enviar=driver.findElement(BotonEnviar);
//Escribimos el usuario en el campo usuario
Usuario.sendKeys(usuario);
//Escribimos el password en el campo password
Password.sendKeys(password);
//Pulsamos el boton Enviar
Enviar.click();
//Encontramos los objetos de la pagina
WebElement cabecera=driver.findElement(CabeceraMiCuenta);
WebElement pedidos=driver.findElement(EnlacePedidos);
```

```
WebElement Salir=driver.findElement(EnlaceSalir);
//Capturamos sus textos
String TextoCabecera=cabecera.getText();
String TextoPedidos=pedidos.getText();
//Comprobamos que nos logeamos y accedemos a la pagina de mi cuenta del usuario
assertEquals(TextoCabecera, actual: "Mi Cuenta");
assertEquals(TextoPedidos, actual: "Pedidos");
//Cerramos la sesion
Salir.click();

}

}
```

Ahora lo que vamos a hacer es utilizar las técnicas *de mover propiedades entre clases, organizar los datos y simplificar las llamadas a métodos.*

Vamos a organizar los métodos, localizadores y datos en la carpeta Datos para los datos donde cada conjunto de datos esta agrupado en una clase con datos utilizados en una página web, la carpeta localizadores contendrá clases con los localizadores agrupados por página web y en la carpeta Métodos tendremos los métodos comunes, que son aquellos que se va a utilizar en muchos casos de prueba.

Hacemos esto para poder reutilizar el código, la primera de los errores que ocurre que es cuando se repite código igual continuamente; además se agrupa así los datos y localizadores porque es más fácil de entender el proyecto de mantener, se programa más rápidamente porque ya hay muchos métodos para utilizar y además se encuentra más rápidamente el error.

En la carpeta PasosCP estarán los pasos de cada caso de prueba que encapsulados dentro tendremos los métodos comunes donde podremos utilizarlos aunque no tengamos idea de programación y de **Selenium,** por último en la carpeta CP_TiendaVitual tendremos la configuración del controlador que utilicemos, el arranque del controlador y el cierre del navegador y liberación del controlador.

En las siguientes imágenes se verá el código de cada clase creada del proyecto.

LoginEnTiendaVirtual

```java
public class LoginEnTiendaVirtual
{
    //Objetos
    10 usages
    private static WebDriver driver;
    7 usages
    private PasosLoginEnTiendaVirtual pasosCP=new PasosLoginEnTiendaVirtual();
    3 usages
    private static MetodosComunes MC=new MetodosComunes();




    //Configurar controlador de Chrome
    1 usage
    public static void setUpDriver(){
        WebDriverManager.edgedriver().setup();
        EdgeOptions edgeOptions = new EdgeOptions();
        edgeOptions.setAcceptInsecureCerts(true);
        edgeOptions.addArguments("--remote-allow-origins=*");
        driver = new EdgeDriver(edgeOptions);

    }

    //Arrancar controlador de Chrome
    @BeforeEach
    public void setUpClass(){
        setUpDriver();
```

```java
    }

    //Cerramos todo
    @AfterAll
    public static void tearDownAfterClass() throws Exception {
        //Cerramos navegador
        MC.CerrarNavegador(driver);
        //Cerramos Controlador o Driver
        MC.CerrarDriver(driver);
    }

    //Prueba login en tienda
    @Test
    public void LoginEnTiendaVirtual() throws InterruptedException{

        //Pasos del caso de prueba
        pasosCP.AccederPaginaWeb(driver);
        pasosCP.AceptarCookies(driver);
        pasosCP.ComprobarTituloPagina(driver);
        MC.PararProgramaPor( TiempoaParar: 2000);
        pasosCP.AccederAMiCuenta(driver);
        pasosCP.Login(driver);
        pasosCP.ComprobarTextoDeCabeceraYPedidosEnMiCuenta(driver);
        pasosCP.CerrarSesion(driver);
    }
}
```

DatosMiCuenta

```
package Datos;

public class    DatosMiCuenta {

    2 usages
    public  String URL;
    2 usages
    public  String Usuario;
    2 usages
    public String Password;
    1 usage
    public DatosMiCuenta(){
        URL="https://www.pruebasqafenix.com";
        Usuario="juan.sanchez2023@gmail.com";
        Password="Deportivo_2023";
    }

}
```

LocalizadoresMicuenta

```
package Localizadores;

import org.openqa.selenium.By;

4 usages
public class LocalizadoresMiCuenta {
    //Localizadores de los objetos agrupados por pagina y utilizando XPATH

    2 usages
    public  By CampoUsuario;
    2 usages
    public  By CampoPassword;
    2 usages
    public By BotonEnviar;
    2 usages
    public By CabeceraMiCuenta;
    2 usages
    public By EnlaceSalir;
    2 usages
    public By EnlacePedidos;

    1 usage
    public LocalizadoresMiCuenta(){

        CampoUsuario=By.xpath( xpathExpression: "//input[@id='username']");
        CampoPassword=By.xpath( xpathExpression: "//input[@id='password']");
        BotonEnviar=By.xpath( xpathExpression: "//button[contains(text(),'Acceso')]");
        CabeceraMiCuenta=By.xpath( xpathExpression: "//h1[contains(text(),'▒▒▒▒▒▒')]");
        EnlaceSalir=By.xpath( xpathExpression: "//a[contains(text(),'Salir')]");
        EnlacePedidos=By.xpath( xpathExpression: "//a[contains(text(),'Pedidos')]");
```

LocalizadoresPaginaDeInicio

```
package Localizadores;

import org.openqa.selenium.By;

4 usages
public class LocalizadoresPaginaInicio {

    //Localizadores de los objetos agrupados por pagina y utilizando XPATH
    2 usages
    public By BotonAceptarCookies;
    2 usages
    public By EnlaceCuenta;

    1 usage
    public LocalizadoresPaginaInicio(){
        BotonAceptarCookies=By.xpath( xpathExpression: "//button[@id='cookies-eu-accept']");
        EnlaceCuenta=By.xpath( xpathExpression: "//a[contains(text(),'Mi Cuenta')]");

    }
}
```

MetodosComunes

```
public class MetodosComunes  {

    //METODOS PARA REUTILIZAR
    1 usage
    public void MaximizarNavegador(WebDriver driver) {

        driver.manage().window().maximize();
    }

    1 usage
    public void BorraCoookies(WebDriver driver){

        driver.manage().deleteAllCookies();
    }

    1 usage
    public void NavegaraURL(WebDriver driver,String url){

        driver.get(url);
    }

    public WebElement EncontrarObjeto(WebDriver driver,By localizador){

        return driver.findElement(localizador);
    }
```

```java
public void HacerClick(WebDriver driver,By localizador){

 driver.findElement(localizador).click();
}


1 usage
public String DevolverTituloPagina(WebDriver driver){

    String titulo=driver.getTitle();
    return titulo;
}


3 usages
public void CompararCadenas(String cadenaActual,String cadenaEsperada){

    assertEquals(c▮▮▮▮▮▮▮,cadenaEsperada);
}


1 usage
public void PararProgramaPor(Integer TiempoaParar) throws InterruptedException {

    Thread.sleep(TiempoaParar);
}


2 usages
public void EscribirEnObjeto(WebDriver driver,By localizador,String texto){

    driver.findElement(localizador).sendKeys(texto);
}
```

```java
2 usages
public String ObtenerTexto(WebDriver driver,By localizador){
    return  driver.findElement(localizador).getText();
}


1 usage
public void CerrarNavegador(WebDriver driver) {

    driver.close();
}


1 usage
public void CerrarDriver(WebDriver driver){

    driver.quit();
}
}
```

PasosLoginEnTiendaVirtual

```
public PasosLoginEnTiendaVirtual(){

}

1 usage
public void AccederPaginaWeb( WebDriver driver){
    metodosComunes.MaximizarNavegador(driver);
    metodosComunes.BorraCoookies(driver);
    metodosComunes.NavegaraURL(driver,datosMiCuenta.URL);
}
1 usage
public void AceptarCookies(WebDriver driver){
    metodosComunes.HacerClick(driver,localizadoresPaginaInicio.BotonAceptarCookies);
}

1 usage
public void ComprobarTituloPagina(WebDriver driver){
    String Titulo= metodosComunes.DevolverTituloPagina(driver);
    metodosComunes.CompararCadenas(Titulo, cadenaEsperada: "Inicio -");

}

1 usage
public void AccederAMiCuenta(WebDriver driver){
    metodosComunes.HacerClick(driver,localizadoresPaginaInicio.EnlaceCuenta);
}
```

```
1 usage
public void Login(WebDriver driver){
    metodosComunes.EscribirEnObjeto(driver,localizadoresMiCuenta.CampoUsuario,datosMiCuenta.Usuario);
    metodosComunes.EscribirEnObjeto(driver,localizadoresMiCuenta.CampoPassword,datosMiCuenta.Password);
    metodosComunes.HacerClick(driver,localizadoresMiCuenta.BotonEnviar);
}

1 usage
public  void ComprobarTextoDeCabeceraYPedidosEnMiCuenta(WebDriver driver){
    String textoCabecera= metodosComunes.ObtenerTexto(driver,localizadoresMiCuenta.CabeceraMiCuenta);
    String textoPedidos= metodosComunes.ObtenerTexto(driver,localizadoresMiCuenta.EnlacePedidos);
    metodosComunes.CompararCadenas(textoCabecera, cadenaEsperada: "Mi Cuenta");
    metodosComunes.CompararCadenas(textoPedidos, cadenaEsperada: "Pedidos");
}

1 usage
public void CerrarSesion(WebDriver driver){
    metodosComunes.HacerClick(driver,localizadoresMiCuenta.EnlaceSalir);
}
}
```

El código lo podéis encontrar en la carpeta del libro de la editorial RA-MA.

13

REPOSITORIOS DE CÓDIGO FUENTE

Los repositorios de código son muy importantes en los proyectos de desarrollo de software porque permiten tener una copia de seguridad del código y que los distintos desarrolladores puedan acceder a él en cualquier momento, pero qué es un repositorio de código.

13.1 ¿QUÉ ES UN REPOSITORIO DE CÓDIGO?

Un repositorio es un tipo de almacenamiento digital centralizado que los desarrolladores utilizan para realizar cambios en el código fuente de una aplicación. Los desarrolladores tienen que compartir y guardar todo tipo de carpetas y archivos.

Un repositorio cuenta con la característica que permite a los desarrolladores seguir los cambios en el código, editar archivos de manera simultánea y trabajar de forma eficiente en el mismo proyecto desde ubicaciones muy diferentes.

Un repositorio permite que los equipos de desarrollo puedan aplicar cambios al código de una aplicación sin comprometer el código fuente principal, por eso en los repositorios suele haber una rama principal y luego una serie de ramas hijos para cada desarrollador que suele estar trabajando en construir una funcionalidad nueva; cuando terminan esos cambios que están en local suelen subirse a la rama en la nube y luego esa rama si no tiene conflictos, si los tiene se solucionan, se une con la rama principal y así el resto de los desarrolladores tienen que hacer lo mismo con su rama, la terminan, la suben al repositorio, ven que no hay conflicto y la unen a la rama principal para que todos puedan descargarse los cambios a la rama principal local.

Por cierto, antes de subir los cambios y hacer la unificación hay que realizar pruebas para verificar que todo está bien, si es en el caso de pruebas automatizadas las pruebas las suelen realizar el propio analista de automatización.

Cualquier empresa debería utilizar un repositorio porque permiten tener una copia centralizada del código, reponer el código anterior si existe un error grave del código y crear nuevas funcionalidades de manera rápida y segura.

13.2 CARACTERÍSTICAS DE UN REPOSITORIO. REPOSITORIOS MÁS POPULARES

Hay un montón de repositorios de software, cada uno tiene sus pros y sus contras y cada uno de estos repositorios suele tener su sistema de control de versiones subyacentes.

Puede parecer que son lo mismo, pero un repositorio de software y un sistema de control de versiones no son lo mismo.

Los sistemas de control de versiones son las utilidades de línea de comandos que se emplean para gestionar los cambios en una colección de archivos de código fuente.

Los repositorios de código son aplicaciones web que encapsulan y mejoran un sistema de control de versiones; no se puede utilizar un repositorio online sin tener que utilizar el sistema de control de versiones subyacente.

Pero un repositorio de código además de controlar los cambios de código, almacenar los cambios y ser un sitio centralizado para los desarrolladores también ofrece otros servicios que permite tener una visión del desarrollo del software como pueden ser herramientas para medir, monitorizar, debatir y gestionar la eficacia del desarrollo del software.

Un repositorio debe integrase con otras herramientas de gestión de tareas, gestión de relación con los clientes, gestión de tickets de soporte, por ejemplo, **Bitbucket** que es un repositorio de código de **Jira** se integra con esta herramienta y muchas de las herramientas de su familia.

A la hora de elegir un repositorio hay que tener en cuenta las siguientes características:

Sistemas de control de versiones compatibles

Una cosa que hay que mirar es si el servicio de repositorio que vamos a elegir es compatible con nuestro sistema de control de versiones, si utilizamos Git y el servicio de repositorios no ofrece compatibilidad con Git, tenemos un problema serio, el sistema de control de versiones tiene que ser compatible con el repositorio que elijamos.

Tamaño del equipo y control de acceso

Es importante saber si el equipo será pequeño, con 2 o 3 personas o grande con hasta 30, estarán en la misma ubicación o distinta, todos tendrán el mismo nivel de acceso o puede haber distintos niveles; por lo tanto, el repositorio tiene que soportar todas esas características.

Programación de la publicación

Muchos repositorios permiten programar la publicación de los cambios y utilizan herramientas de Integración continua pero también se puede necesitar herramientas de seguimiento de incidencias, por ejemplo, un error en producción que debe solucionarse rápido en desarrollo y herramientas de gestión de versiones.

Tamaño del proyecto

Es importante tener en cuanta si el proyecto tiene archivos binarios muy grandes como de video, audio o de modelado 3D porque necesitamos un repositorio que soporte esos archivos tan grandes y además una gran capacidad de almacenamiento.

Herramientas externas e integración con terceros

Es importante que el repositorio que elijamos se integre con herramientas muy utilizadas como Jira, Jenkins, Teams, que permita importar proyectos de otros repositorios, pueda utilizar otras herramientas como de gestión de tareas o de control de calidad.

Mira qué herramientas que utilizas se integren con el repositorio que elijas para luego no tener problemas.

Por último, comentar que los 3 grandes repositorios que las empresas utilizan son **Bitbucket, GitHub y GitLab.**

En la tabla de abajo voy a comparar estos tres repositorios para tener una idea de las capacidades de cada uno.

Características	Bitbucket	GitHub	GitLab
Revisión del código	*SI*	*SI*	*SI*
Integración con Jira	*SI*	*NO*	*NO*
Wiki de documentación del proyecto	*SI*	*SI*	*SI*
Repositorios privados gratuitos	*SI*	*SI*	*SI*
Certificación Soc 2 Tipo II	*SI*	*NO*	*NO*
Búsqueda semántica	*SI*	*NO*	*NO*
CI/CD integrado	*SI*	*NO*	*SI*
Acceso de equipos	*SI*	*SI*	*SI*
Alojamientos propios[2]	*SI*	*SI*	*SI*

13.3 ACCIONES MÁS IMPORTANTES EN UN REPOSITORIO

El repositorio que vamos a poner como ejemplo para ver las acciones más importantes en un repositorio será **GitHub**, porque no es el mejor, pero es el más utilizado y creo que quizás el más simple a la hora de explicar cómo funciona un repositorio de código.

En **GitHub** los desarrolladores pueden colaborar de manera remota y distribuida con una herramienta de control de versiones que esté instalada localmente, para eso se utiliza **Git** que es una interfaz de línea de comandos para implementar funciones en **Git** que es un software de control de versiones, esta herramienta puedes descargarla de internet buscando **Git** o ir al almacenamiento de este libro.

Git permite a los desarrolladores crear, administrar y fusionar cambios en el código con el código fuente principal.

Para empezar a utilizar **git** hay que escribir el comando **git init**.

Los comandos más importantes de **Git** son:

Git clone

Git clone permite descargarte el código fuente desde el repositorio remoto que en este caso es GitHub, el comando sería algo así.

git clone *https://nombre* del repositorio

---

2   **GitHub** tiene alojamiento privado, pero para el servicio empresas solamente, mientras que **Bitbucket** con su **servidor Bitbucket** y **Gitlab** de manera intrínseca.
Como se puede observar **Bitbucket** creo que sería el mejor repositorio, después **GitLab** y por último **GitHub.**
Certificación Soc 2 Tipo II esto significa que garantizan que no se expondrá tu código y que se harán auditorías para asegurarse que pasan controles de seguridad y privacidad de estándares externos como **ISO 27001**.

Para saber la URL de nuestro repositorio vas a GitHub y pulsas en **Code** y ya te aparece la URL que debes poner.

Git branch

La creación de ramas es muy importante porque permite que varios desarrolladores estén trabajando en el mismo proyecto en distintas funcionalidades; Git Branch permite crear, listar y borrar y borrar ramas.

Para crear una nueva rama local utilizamos el siguiente comando:

git branch nombre de la rama.

Para enviar la nueva rama al repositorio remoto, en este caso GitHub, utilizamos el siguiente comando:

git push nombre remoto nombre rama.

Para ver las ramas que hay en el proyecto utilizamos el siguiente comando:

git branch –list.

Para borrar una rama hay que escribir el siguiente comando:

git branch -d nombre de la rama.

Git Checkout

Este comando es muy utilizado porque te permite cambiarte de una rama a otra; para cambiarte a una rama primero tiene que existir.

El comando para cambiarte a una rama seria:

git checkout nombre de la rama.

Hay 2 condiciones que deberías cumplir antes de cambiarte de rama, la primera que la rama exista y la segunda que guardes los cambios antes de cambiarte de rama o se perderán.

Hay un comando que permite cambiarte de rama y crear la rama a la vez y es el siguiente:

git checkout -b nombre de la rama.

Git status

Con este comando puedes ver el estado de la rama y muestra la siguiente información:

▶ Si la rama actual está actualizada.

▶ Si hay algo por confirmar, enviar o recibir.

▶ Si hay archivos en preparación, sin preparación o que no están recibiendo seguimiento.

▶ Si hay archivos creados, modificados o borrados.

El comando sería el siguiente:

git status.

Git add

Cuando eliminamos, modificamos o creamos un archivo estos cambios ocurren en local y no se verán en el siguiente commit a no ser que cambiemos la configuración.

Para incluir los cambios de un archivo seria:

git add archivo.

Para añadir todos los cambios de todos los archivos:

git add –A.

Es importante decir que para que se cambie el repositorio y quede constancia de estos cambios hay que utilizar **git commit.**

Git commit

Este comando posiblemente sea el más utilizado por los desarrolladores y sirve para una vez ya hemos hecho una parte del desarrollo guardar nuestros cambios y además es necesario escribir un mensaje corto para indicar que hemos desarrollado o modificado.

El comando sería como el siguiente:

git commit -m "descripción de lo hecho".

Importante he de comentar que **git commit** solo guarda los cambios en local.

Git push

Después de guardar tus cambios lo que hay que hacer es subirlos al repositorio remoto, así que lo que hace este comando es enviar tus commits al repositorio remoto.

git push nombre remoto nombre de tu rama local.

Si acabas de crear tu rama tendrás que subir tu rama al repositorio con el siguiente comando:

git push -u origin nombre de tu rama local.

Este comando solo envía aquellos cambios que han sido confirmados por el **commit**.

Git pull

Este comando se utiliza para recibir actualizaciones del repositorio remoto. Es una combinación del **git fetch y git merge,** lo que significa que cuando ejecutamos este comando vamos a capturar las actualizaciones del repositorio remoto (**git fetch**) y aplicamos estos cambios de manera automática en el repositorio local (**git merge**).

Git revert

Hay veces que necesitamos deshacer los cambios que hemos hecho de manera remota o local pero esto hay que hacerlo cuidadosamente para no realizar borrados no deseados.

Para eso tenemos el comando **git revert** y si necesitamos ver nuestro historial de **commits** lo podemos hacer con el comando:

git log –oneline.

Este comando nos mostrará la lista de **commits** donde cada commit tendrá un código de comprobación y para deshacer ese **commit** específico tienes que utilizar el siguiente comando:

git revert código de comprobación.

Después aparece una pantalla como la de bajo y para salir pulsas **shift+q**.

Imagen

El comando **git revert** deshará el **commit** que le hemos indicado, pero creará un nuevo **commit** deshaciendo el anterior:

Imagen

La ventaja de utilizar este comando es que no afecta al **commit** histórico, esto significa que puedes ver todos los commits incluido los revertidos.

Lo bueno de todo esto es que ocurre en local a no ser que quieras que estos cambios se envíen al repositorio remoto.

Git merge

Este comando va a fusionar tu rama con todos los commits realizados a la rama donde se han hecho esos cambios.

Así que para hacer un **merge** tiene que seguir los siguientes pasos:

Primero cambiarte a la rama donde harás la fusión que puede ser dev:

git checkout dev.

Antes de fusionar tienes que actualizar tu rama master con los cambios en remoto con el siguiente comando:

git fetch.

Por último, realizas la fusión con el siguiente comando:

git merge nombre de la rama.

Por último, comentar que hay que asegurarse que la rama dev en este caso tiene la última versión.

13.4 CASO PRÁCTICO. CREACIÓN DE RAMA, SUBIDA Y MODIFICACIÓN DE PROYECTO UTILIZANDO GIT, GITHUB Y INTELLIJ

Lo primero que hay que hacer para poder integrar tu IDE con un repositorio será instalar el IDE, en nuestro caso es **Intellij**, y después instalar una herramienta de control de versiones que en nuestro caso es **Git**

Instala la versión de 32 o 64 bits, la de 64 bits solo es si tu procesador es de 64 bits.

Selecciona como abajo.

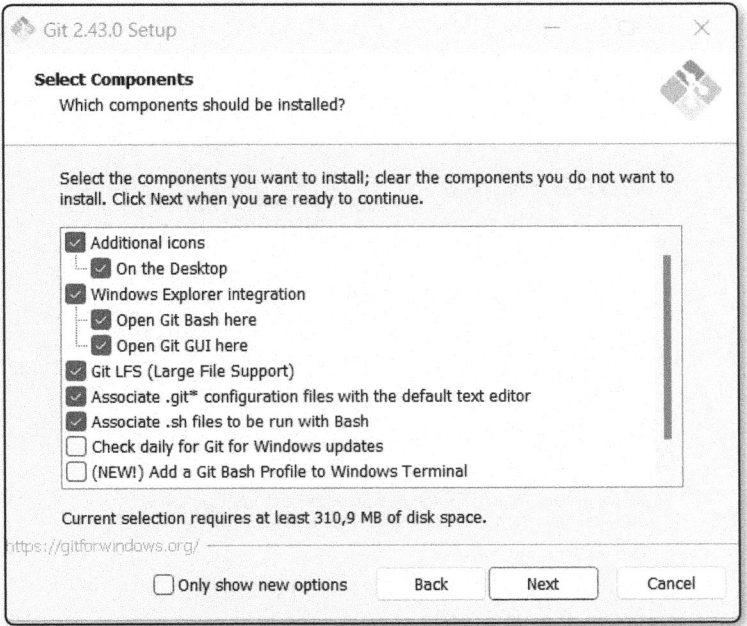

Indica que la rama principal sea main.

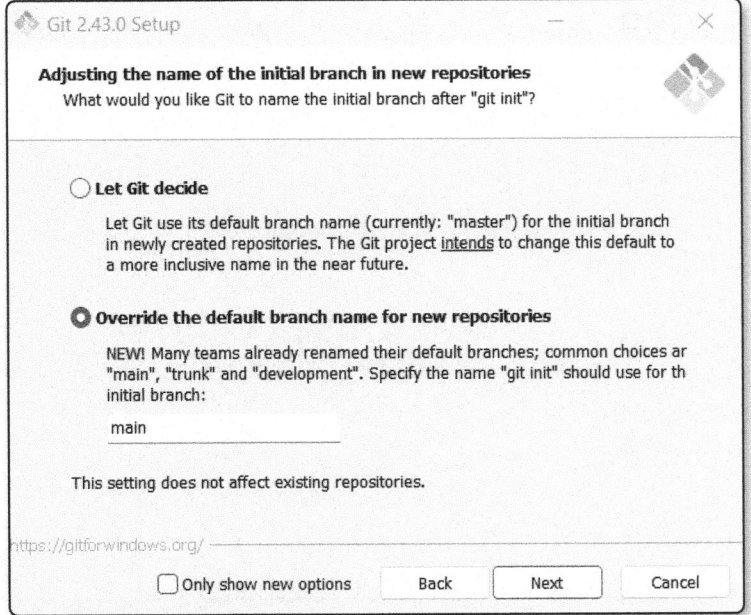

Indica la segunda opción y deja lo demás por defecto.

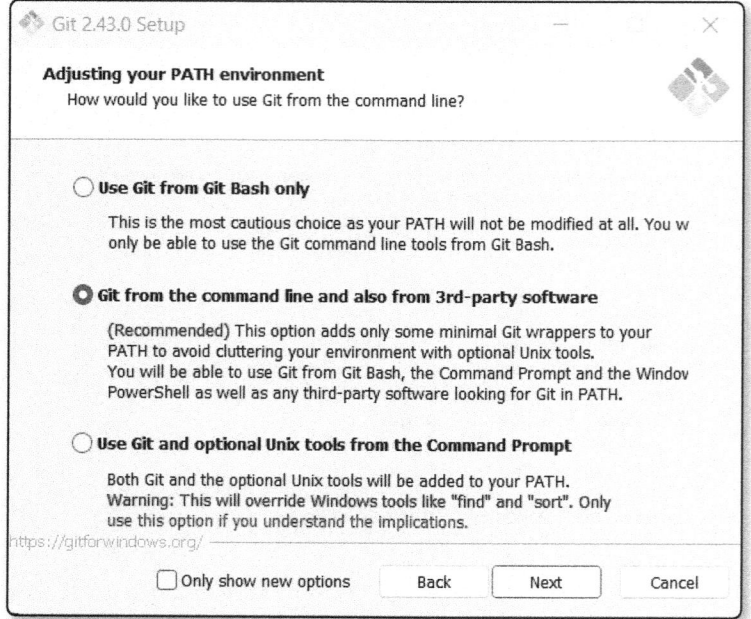

Después tendrás que crearte una cuenta en GitHub, poner tu correo y verificarlo y ya tendrás tu cuenta.

Después vas a crear un repositorio, puedes poner Práctica Refactorización pulsando en **New repository.**

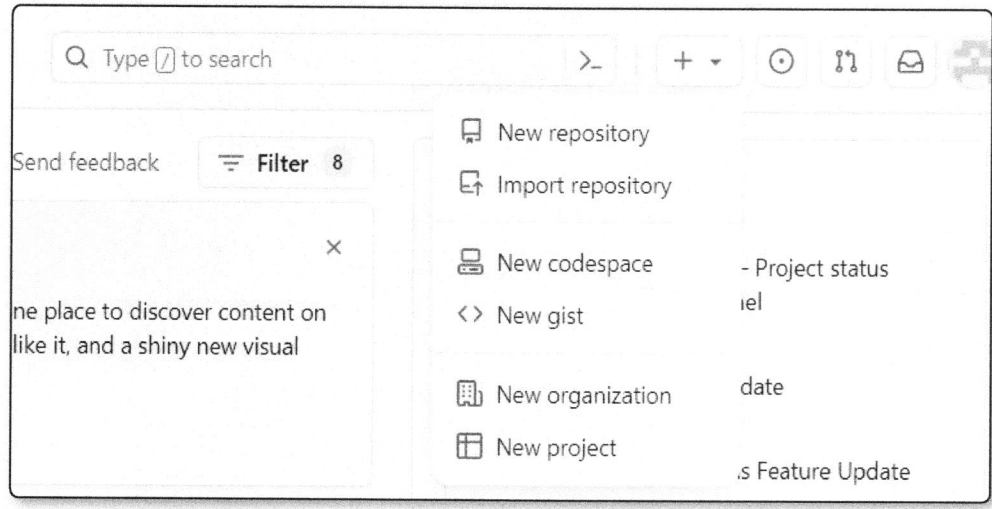

Rellenas los campos como la imagen de abajo y pulsar en el botón **Create repository.**

Owner *   Repository name *

[_____ ▼] / [practicarefactorizacion   ]

✔ practicarefactorizacion is available.

Great repository names are short and memorable. Need inspiration? How about musical-octo-happiness ?

Description (optional)

[   ]

○ 🖥 **Public**
         Anyone on the internet can see this repository. You choose who can commit.

◉ 🔒 **Private**
         You choose who can see and commit to this repository.

Initialize this repository with:

☐ **Add a README file**
     This is where you can write a long description for your project. Learn more about READMEs.

Add .gitignore

[.gitignore template: **None** ▼]

Choose which files not to track from a list of templates. Learn more about ignoring files.

Choose a license

[License: **None** ▼]

A license tells others what they can and can't do with your code. Learn more about licenses.

ⓘ You are creating a private repository in your personal account.

[Create repository]

Después vas al icono de tu perfil en GitHub y pulsas en **Settings** y debajo de todo el menú pulsas en Herramientas de desarrolladores, ahí tendrás que crearte un token, el más fácil el clásico, dile que va ser un token valido para siempre y le das permiso para todas las acciones en tu repositorio y creas el token.

Ahora vas a Intellij a **File->Settings** y agregas la cuenta de tu repositorio de GitHub utilizando el token que creaste para tener permisos para todo, de das a **Add count** y a **Ok.**

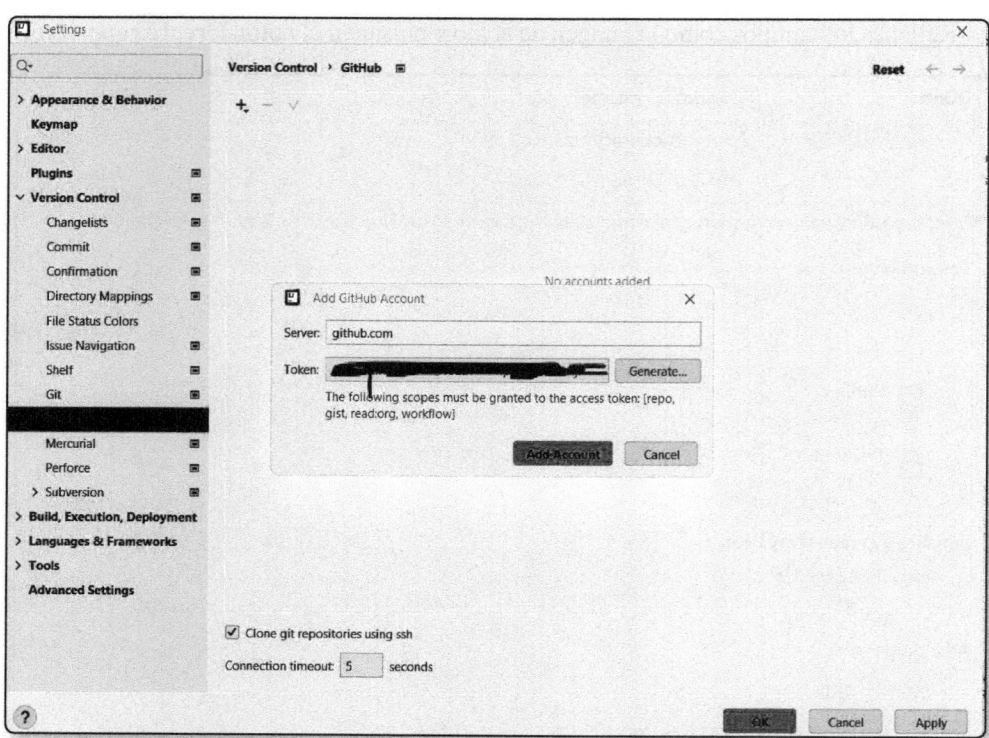

Después vas a **Intellij** a **VCS** y en el menú pulsas **en Create Git Repository** y aparece una ventana donde aparecen carpetas y seleccionas la carpeta donde está la práctica de Refactorización y pulsas en el botón de OK.

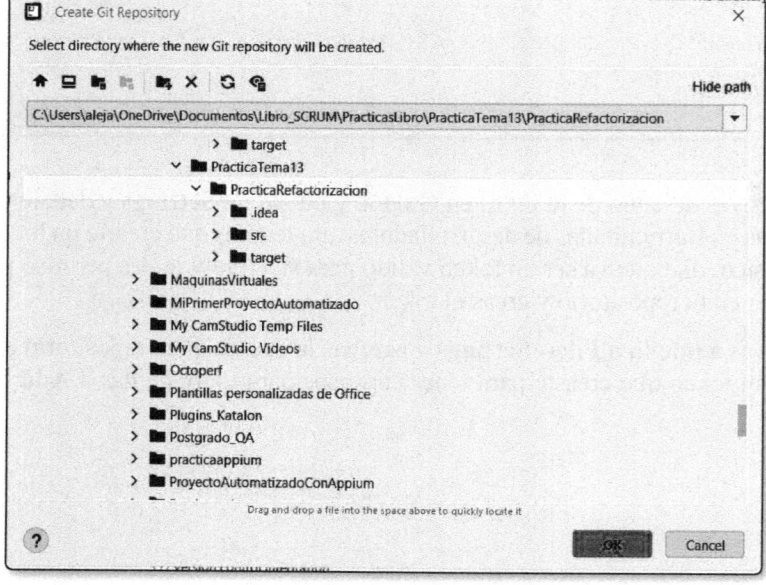

Después de eso se habrá creado una carpeta de Git en tu proyecto e inicializado git en ese proyecto y ya podrás realizar todo tipo de acciones como push, commit, pull, merge y rebase estas últimas de manera local o remota.

📁 .git	20/01/2024 13:40	Carpeta de archivos	
📁 .idea	20/01/2024 13:38	Carpeta de archivos	
📁 src	20/01/2024 13:38	Carpeta de archivos	
📁 target	20/01/2024 13:38	Carpeta de archivos	
🐦 pom	16/01/2024 21:10	1 File Viewer	2 KB

Vamos a el menú de Git y pulsamos en commit y debería aparecer todos los archivos del proyecto porque ahí no hemos hecho ningún push o subida al repositorio de GitHub, y es muy importante que selecciones todos los archivos del proyecto para subirlo si te queda alguno sin subir, le das a push de nuevo y subirá los que falten o si falló por algún motivo, no tienes que volver hacer commit y debes poner un comentario en el campo de texto de commit para que los demás desarrolladores sepan de qué trata esta subida.

Pulsamos en **Commit and Push** y aparecerá una ventana que nos pide el repositorio remoto porque aún no se lo metimos, así que vamos a GitHub y copiamos la ruta de nuestro repositorio y pulsamos OK.

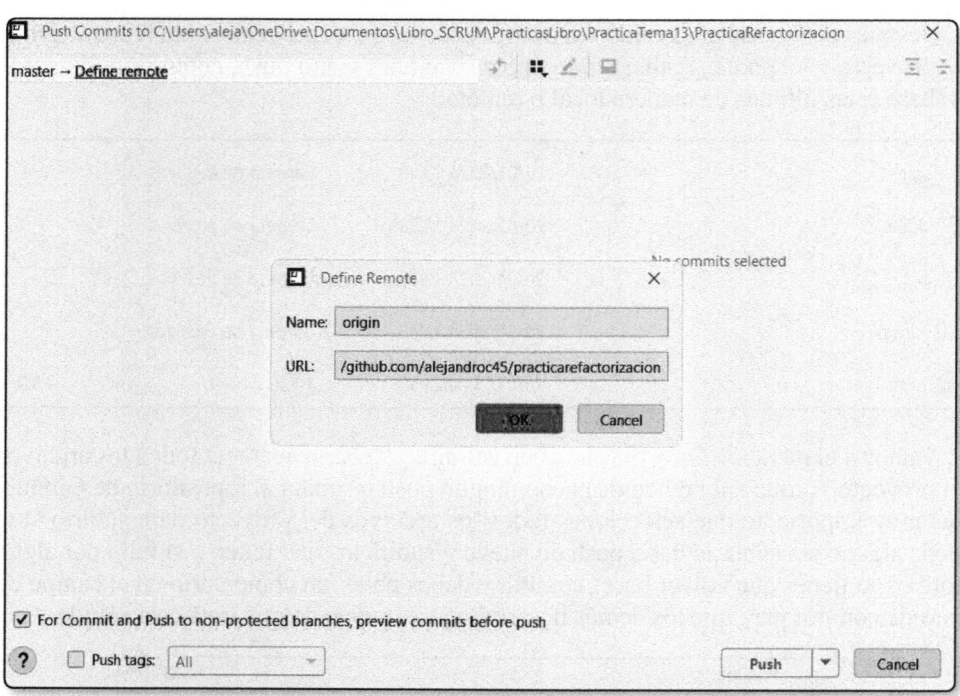

Ya deberían aparecer los archivos que vamos a subir y pulsamos en el botón Push.

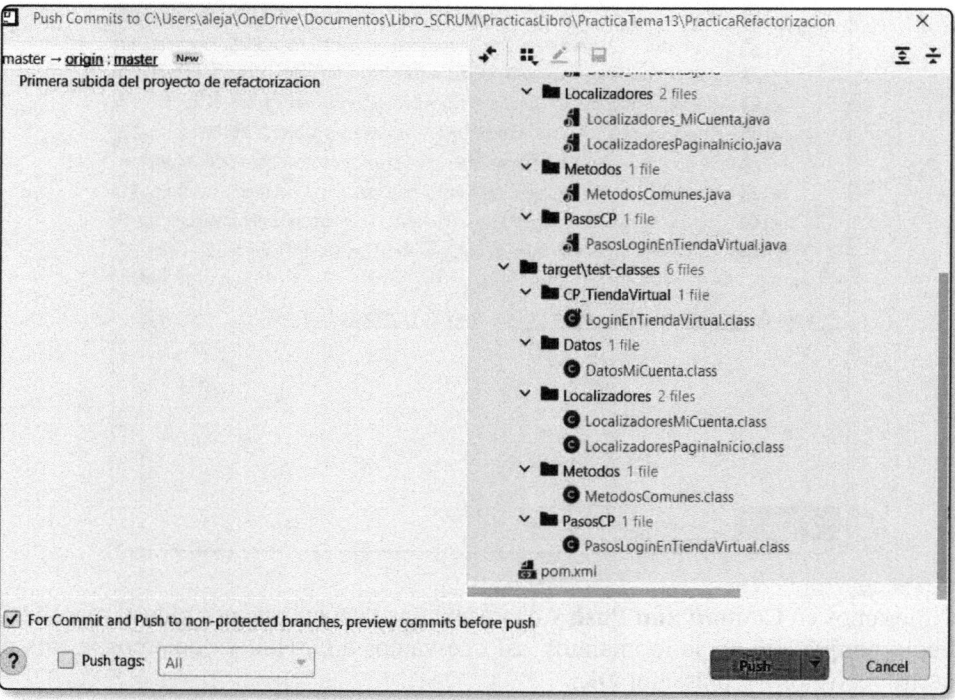

Debería aparecer un mensaje diciendo que ya se subieron los cambios y en el repositorio de GitHub que aparecieran todos los archivos del proyecto.

Ahora para práctica r los comandos de la lección anterior vamos a utilizar el comando **git checkout -b dev** y creamos la rama, con el comando **git branch –list** podemos ver las ramas que existen en el proyecto.

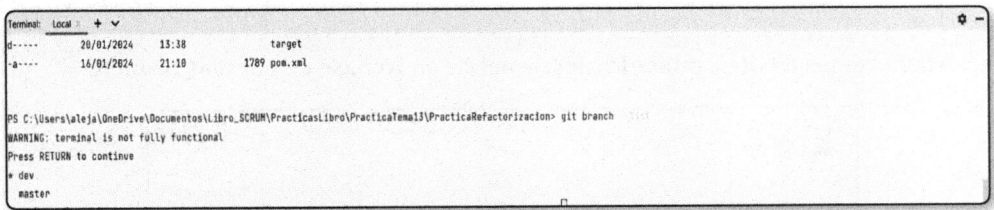

Realizamos unos cambios lo más fácil, renombrar nombres de clases y crear una capeta con una clase y borrarla y ejecutamos los comandos **git add -A** para indicar los archivos que añadiremos al **commit y git status** para ver que se ha hecho.

```
PS C:\Users\aleja\OneDrive\Documentos\Libro_SCRUM\PracticasLibro\PracticaTema13\PracticaRefactorizacion> git add -A
PS C:\Users\aleja\OneDrive\Documentos\Libro_SCRUM\PracticasLibro\PracticaTema13\PracticaRefactorizacion> git status
On branch dev
Changes to be committed:
  (use "git restore --staged <file>..." to unstage)
        new file:   .idea/vcs.xml
        renamed:    src/test/java/CP_TiendaVirtual/LoginEnTiendaVirtual.java -> src/test/java/CP_TiendaVirtual/Login_EnTiendaVirtual.java
        renamed:    src/test/java/Localizadores/LocalizadoresPaginaInicio.java -> src/test/java/Localizadores/Localizadores_PaginaInicio.java
        renamed:    src/test/java/PasosCP/PasosLoginEnTiendaVirtual.java -> src/test/java/PasosCP/Pasos_LoginEnTiendaVirtual.java

PS C:\Users\aleja\OneDrive\Documentos\Libro_SCRUM\PracticasLibro\PracticaTema13\PracticaRefactorizacion> []
```

Ahora vamos a utilizar el **comando commit -m "texto"** para guardar los cambios que se han hecho, se puede ver todo lo que hemos hecho en la rama en la imagen de abajo.

```
PS C:\Users\aleja\OneDrive\Documentos\Libro_SCRUM\PracticasLibro\PracticaTema13\PracticaRefactorizacion> git commit   "cambios de nombre de clases"
[dev 9191eab] cambios de nombre de clases
 4 files changed, 15 insertions(+), 9 deletions(-)
 create mode 100644 .idea/vcs.xml
 rename src/test/java/CP_TiendaVirtual/{LoginEnTiendaVirtual.java => Login_EnTiendaVirtual.java} (91%)
 rename src/test/java/Localizadores/{LocalizadoresPaginaInicio.java => Localizadores_PaginaInicio.java} (88%)
 rename src/test/java/PasosCP/{PasosLoginEnTiendaVirtual.java => Pasos_LoginEnTiendaVirtual.java} (89%)
PS C:\Users\aleja\OneDrive\Documentos\Libro_SCRUM\PracticasLibro\PracticaTema13\PracticaRefactorizacion>
```

Ejecutando **git push -u origin dev** se creará la rama dev en el repositorio remoto y se subirán los cambios. En la imagen de bajo se puede ver que se creó en GitHub la rama dev y que está activa.

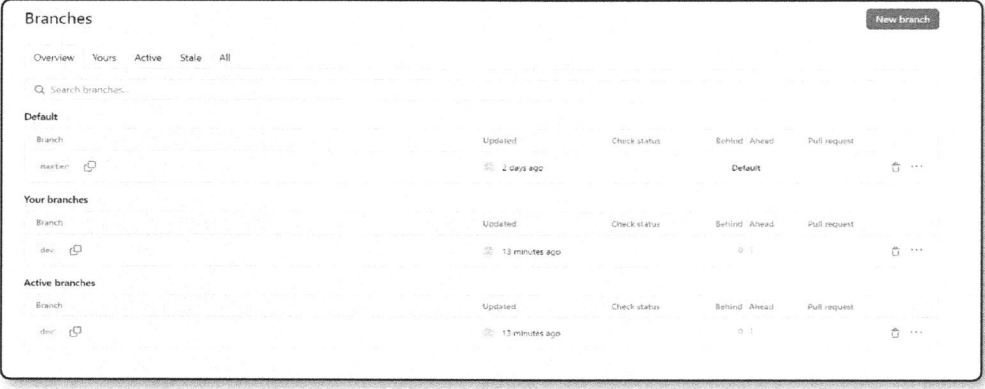

Ahora vamos a **Git- Update Project** y pulsas en **Rebase de current branch.**

Después vamos al árbol de ramas y le das con clic derecho a **Merge origin/dev into dev** y te aparece el botón **verde compare & pull request** que lo hace es aplicar los cambios realizados en esa rama remota (**git fetch**) y hacer un merge de todos los cambios en la rama master.

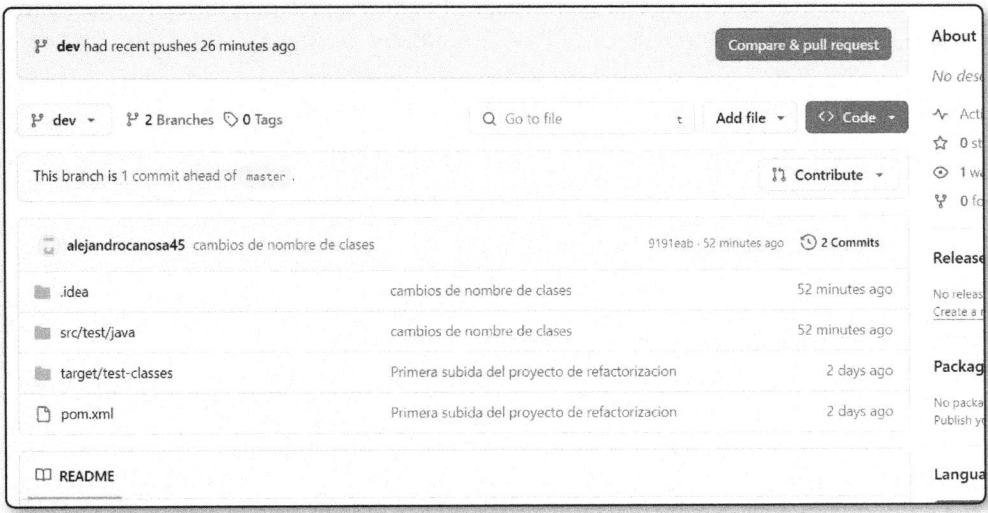

Comparamos la rama master con la rama dev y pulsamos **Create pull request** si hay algún conflicto tendrás que resolverlos antes de hacer el pull.

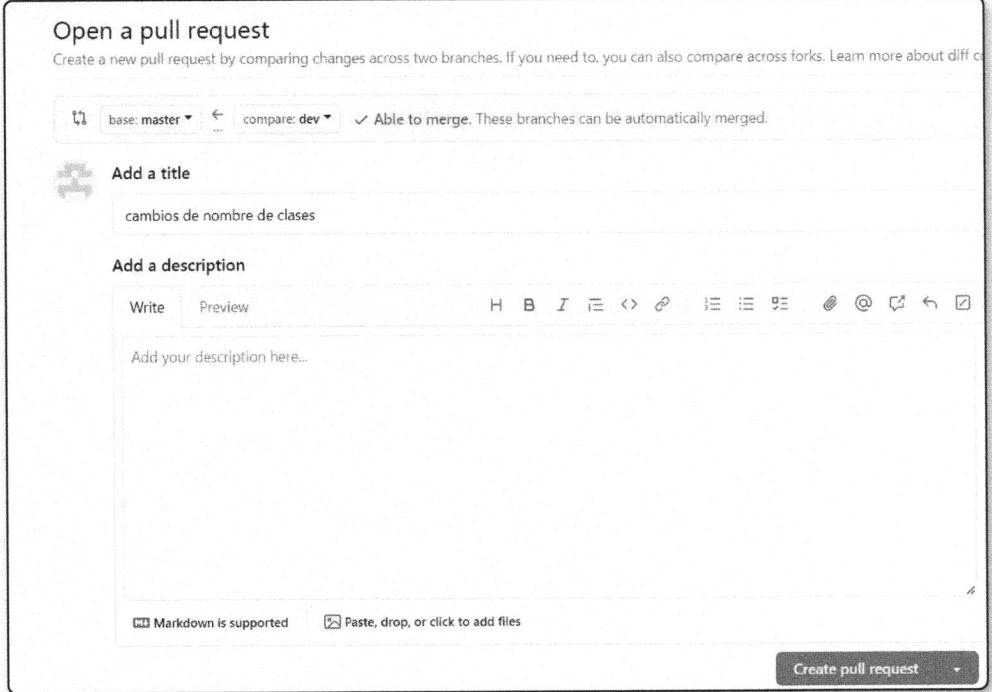

Si todo está bien aparecerá una ventana con el botón **Create pull request** y pulsamos encima y nos pedirá confirmación y pulsamos **Confirm merge.**

Y se ha hecho el **merge** en la rama remota de master ahora hay que aplicar esos cambios en la rama master local, para eso cambiamos la rama master con el comando **git checkout master** y ejecutamos el comando **git merge master** para que el merge también sea local.

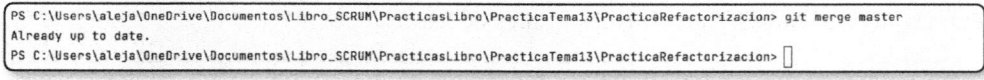

Si todo esta correcto podemos eliminar la rama remota sin problemas.

Hasta aquí el maravilloso mundo de los repositorios de software y empezaremos con el último tema, integración continua, algo que las empresas hoy en día utilizan continuamente en su día a día.

14

PRÁCTICAS FUNDAMENTALES DE INTEGRACIÓN CONTINUA (CI)

Hoy en día todas las empresas utilizan la integración continua, que consiste en utilizar metodologías ágiles, **framework** y herramientas que permitan automatizar las compilaciones, pruebas unitarias, el despliegue en pruebas, pruebas funcionales y rendimiento, generación de informes, despliegue en producción y monitoreo de esa aplicación en tiempo real para ver cómo está respondiendo.

Todo esto se hace porque hay una continua demanda de mejores aplicaciones, los clientes y el mercado demandan continuas mejoras y para eso la integración continua es fundamental, pero comencemos hablando de que ves el concepto de **DevOps** que tanto se habla en la informática y tanto piden las consultoras tecnológicas.

14.1 ¿QUÉ ES DEVOPS?

DevOps realmente es un enfoque que busca promover buenas prácticas para el desarrollo de software. El objetivo es simplificar procesos y unir las fases de desarrollo y operación.

El nombre de **DevOps** viene de la síntesis de dos conceptos, desarrollo (development) y operaciones (operations). Por lo tanto, este enfoque busca integrar estos dos aspectos para hacer más eficiente los procesos de desarrollo de software, pruebas y despliegue de entorno, además utilizando metodologías ágiles, trabajo en equipo y la automatización de procesos y de pruebas se consigue una mejor calidad del software.

Antes los responsables de desarrollo y de operaciones trabajaban de manera aislada pero esta forma de hacer las cosas generaba falta de comunicación y retrasos.

Con **DevOps** se consigue las siguientes ventajas:

▼ *Desarrollo incremental e iterativo donde mediante cortos ciclos de trabajo (Sprints) se entrega software funcionando y que puede recibir feedback del cliente.*

▼ *Pensamiento colaborativo y adaptativo, donde se pone énfasis en la colaboración y en la respuesta rápida ante problemas y con un flujo constante de comunicación entre cliente y personal del equipo de desarrollo.*

▼ *Entornos automatizados basados en el pensamiento CALM (cultura, automatización, aprendizaje y medición continua).*

Esta manera de trabajar permite eliminar los problemas de comunicación creando un ecosistema integral. Al mismo tiempo esta forma de trabajar permite que se pueda actualizar continuamente una aplicación y como cada paso esté ligado al anterior, si hay un error es más fácil de identificar.

Por lo tanto, **DevOps** se compromete con la mejora continua, con la comunicación y con la agilidad en los procesos.

14.2 CULTURA DEVOPS

La cultura **DevOps** se refiere a que no solo es un enfoque, si no que es una cultura, una forma de pensar que se tiene que implantar en toda la empresa y que tiene que entender y aceptar desde el **CEO** de la empresa hasta los ingenieros.

Esta cultura disminuye las pérdidas de tiempo y los bugs cuando se está desplegando la aplicación, porque realmente hasta el mercado demanda ingenieros de **DevOps** que se encargan de implantar las herramientas y prácticas necesarias para implantar esta cultura **DevOps** en la manera de trabajar.

Al hacer que la fase de operación corra al mismo tiempo que la fase de desarrollo se consigue que en las consultorías tecnológicas se mejoren mucho los resultados porque se detectan de manera temprana errores tanto en el despliegue como en la configuración de los entornos.

La comunicación entre equipos es una de las partes fundamentales de esta cultura porque el equipo de desarrollo puede necesitar de manera rápida información sobre los tiempos de carga de las páginas o sobre la configuración de la base de datos mientras que el equipo de operaciones va necesitar información de cómo desplegar la aplicación, qué librerías necesita, etc., todos estos datos solo se consigue si los distintos equipos trabajan conjuntamente.

Por lo tanto, la implantación de esta cultura **DevOps** tarda un tiempo porque tiene que empapar a la parte directiva, la parte de RRHH para que entiendan qué perfiles se necesitan a los ingenieros que deben entender que el estar en un departamento diferente no significa que tengan que estar aislados del resto.

14.3 FLUJO DE DEVOPS

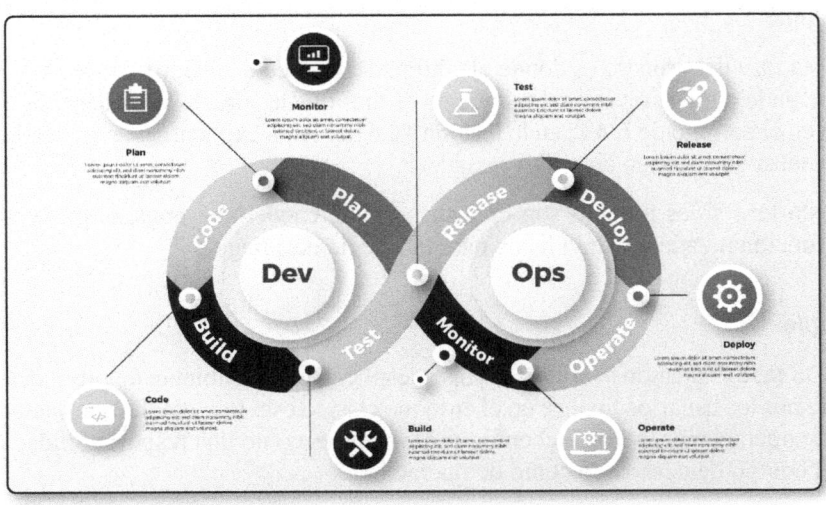

Puede parecer que cada empresa va a tener su propio ciclo **DevOps,** pero la realidad es que la mayoría tiene los mismos principios, y se basa en un ciclo con las siguientes fases y con 5 principios fundamentales:

Planificación

La etapa de planificación consiste en crear un ciclo de vida para tu proyecto, pero tiene que ser diferente a un enfoque tradicional porque si es un enfoque **DevOps** se tienen que repetir las fases las veces que sean necesarias por lo que la planificación va a tener en cuenta la interactividad de procesos.

Esto también significa que todas las fases de tu proceso están conectadas provocando que la interacción previa te dé información de la actual y que alimente a futuras revisiones.

Escritura de código

En esta fase es donde se escribe el código fuente de la aplicación basándose en los requerimientos que se definieron en la fase de planeación y donde el software tiene que cumplir tanto requerimientos funcionales, como no funcionales y operativos.

Construcción

En esta fase es donde el código que se ha escrito se sube a un repositorio como **GitHub** donde se integra con el resto de código que han escrito el resto de los compañeros.

Prueba

En esta fase del proceso es donde se realizan todo tipo de pruebas unitarias, funcionales, no funcionales para cumplir con los estándares del proyecto.

Lanzamiento

En esta fase del proceso es donde el código del proyecto ha sido probado y listo para ser desplegado para su revisión final que no es más que las pruebas de aceptación que se realizan en el entorno de **UAT**; en la lección 14.6 del tema explicaré más en detalle todos los ambientes que existen en el **QA** actual.

En esta fase si las pruebas son exitosas y no se encuentran bugs, el proyecto o las nuevas funcionalidades estarán listos para la fase de despliegue.

Despliegue

En esta fase es cuando el software ya se despliega en el ambiente de producción para ser usado por los usuarios finales; en el enfoque clásico esta fase era llevada a cabo por el equipo de operaciones, pero en el enfoque **DevOps** es como una responsabilidad común tanto del equipo de desarrollo como de operaciones.

Operación

La fase de operación es donde la aplicación ya es usada de manera habitual por los usuarios reales, se evalúa su utilización por los usuarios reales; esta fase es fundamental pero no es el final del proceso porque es donde se puedes descubrir bugs que no se descubrieron en la fase de pruebas o de lanzamiento y es muy importante porque en futuras iteraciones se puede mejorar la aplicación y optimizarla para mejorarla y esto básicamente es lo que se llama mejora continua.

Monitoreo

En esta fase es donde se está monitoreando en tiempo real la aplicación para recopilar problemas, comentarios, consejos de los usuarios. Toda esta información debe tenerse en cuenta en la siguiente iteración del proceso para que los equipos de desarrollo y operación los integren en la planeación de la siguiente iteración de este flujo o proceso **DevOps**.

Si eres un responsable de calidad o **CEO** de una empresa querrás saber por qué es tan importante aplicar en tu organización este proceso **DevOps.**

Básicamente este proceso mejora el flujo de trabajo de una empresa sobre todo de una empresa del sector tecnológico, especialmente las **SaaS**, que puede beneficiarse enormemente de este enfoque o de esta metodología.

Si eres una empresa que te interesa desarrollar software de calidad con actualizaciones continuas, bajo número de bugs, mejor comunicación entre departamentos, la carga de trabajo y estar a la última en tendencias de desarrollo de software y estándares de calidad aplicar esta metodología es tu mejor opción por lo menos hoy en día.

Por último, comentar que esta metodología tiene 5 principios que son bastante simples:

Pensar desde el punto de vista del usuario

Significa que resuelvas todos los problemas en el momento en que se den, centrándote en prevenir e identificar los problemas, teniendo un historial de los problemas más comunes en esa iteración y su solución para que en el momento en que ocurran se pueda aplicar la solución más rápido posible y aprender de esos errores para que errores parecidos se puedan prevenir.

La continuidad es el centro de la estrategia

La metodología DevOps se basa en un enfoque iterativo donde el ciclo es continuo y donde en cada ciclo se tienen que pasar todos los pasos sin saltar ninguno porque cada paso es obligatorio y da información esencial al siguiente, las fases de prueba, lanzamiento y monitoreo son diarias.

El ciclo de DevOps es integral

Cuando planificas una iteración debes tener en cuenta todos los recursos, las tareas que se van a necesitar realizar, posibles problemas que pueden ocurrir y un plan de contingencias para eliminarlos o reducirlos.

El listar todas las tareas en cada fase del proceso de iteración es fundamental para poder identificar aquellas tareas que se pueden automatizar y que permitirán usar esas horas en otras actividades.

Dar autonomía y responsabilidades

Dar autonomía y responsabilidades a los miembros del equipo es fundamental para saber el trabajo que tienen asignado y los requisitos y necesidades que tiene el cliente, además ayuda a una cultura de igualdad entre miembros y una mejora de la eficiencia.

Automatizar todo lo que se pueda

Este enfoque tiene su máxima optimización cuando muchos de los procesos se automatizan mejorando la rapidez de entrega y permitiendo una mejora continua al tener más tiempo para hacer más pruebas y mejorar el diseño de todos los procesos.

14.4 MODELOS DE ENTREGA DE IT

Hoy en día en IT hay tres modelos de entrega de software que serían:

Modelo secuencial > modelo en cascada y **Modelo-V.**
Modelo de alto rendimiento > SCRUM y DevOps.
Modelo hibrido > Demand-Supply y SAFe.

En **modelo en cascada** y el **modelo-V** son claros ejemplos de modelos de entrega secuenciales donde las fases están definidas y que suelen ser de requisitos, diseño, implementación, pruebas y mantenimiento pero son modelos rígidos que les cuesta adaptarse a los cambios de requisitos típicos cuando se está desarrollando un software por lo que este tipo de modelo de entrega se utiliza cuando el cliente rara vez tiene requisitos ambiguos, el desarrollo del proyecto va ser claro en todo momento y son clientes que tienen las ideas claras desde el primer momento y no las cambian cuando ya se está realizando el producto.

El modelo **Scrum** forma parte de lo que ves, un modelo de entrega de alto rendimiento que básicamente se basa en un enfoque iterativo en el que en cada iteración se va a ir entregando parte del código porque lo que se hace es crear software de forma incremental en el que en cada entrega se tiene un código totalmente operativo que cumple una serie de necesidades y no como el modelo de entrega anterior en que se entrega todo de golpe cuando se termina el software.

El modelo DevOps es una evolución natural del enfoque ágil que se basa en una colaboración muy estrecha entre los equipos de desarrollo y operaciones.

Los equipos DevOps trabajan juntos desde el inicio del ciclo de vida del desarrollo hasta la implementación y el monitoreo en producción.

Como sabemos los principios fundamentales de este modelo son integración continua, automatización de procesos y entrega continua lo que favorece la mejora de la calidad del software, acelera la entrega del software y mejora la experiencia de usuario.

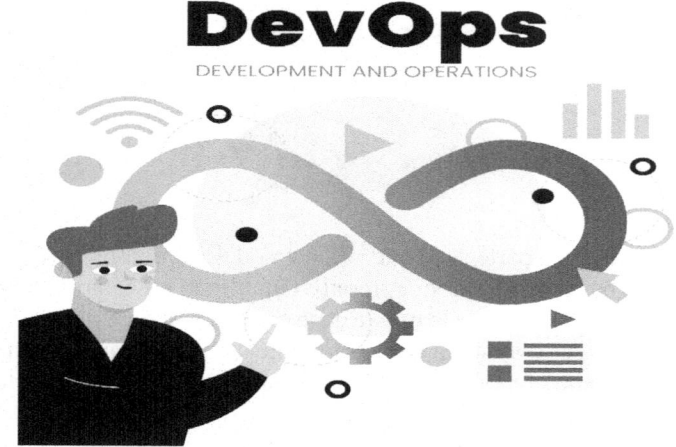

Un resumen de todas las características que nos ofrece este modelo que forma parte del modelo de alto rendimiento son las siguientes:

- *Colaboración estrecha entre desarrolladores y equipo de operaciones.*
- *Automatización de todo.*
- *Integración continua.*
- *Monitoreo continuo.*
- *Escalabilidad.*
- *Seguridad integrada en todo.*
- *Feedback continuo y rápido.*
- *Adaptabilidad al máximo.*

Y por último comentar el modelo de entrega hibrido cuyo principal ejemplo es el modelo **SAFe.**

El modelo **SAFe** es un conjunto de patrones, flujos de trabajo y roles que permiten la implantación de metodologías ágiles a nivel empresarial, es decir, en toda la organización o empresa.

El objeto de este modelo es aumentar la productividad en todos los niveles de la empresa.

Se busca implantar metodologías ágiles pero a alto nivel, es decir, aplicando los conceptos ágiles a la gestión empresarial, que son adaptarse rápidamente a los cambios del entorno, aplicar sistemas de innovación continuos y dar respuesta rápida a las necesidades del **buyer persona** de la empresa.

Por lo tanto, estas prácticas ágiles fomentarán una mayor colaboración entre los equipos, mayor transparencia y descentralización en la toma de decisiones además de una mejora continua de todo el proceso de gestión y creación de un producto o servicio.

En esta metodología **SAFe** los equipos gerenciales trabajan con tableros Kanban donde los proyectos se muestran con columnas de progreso y terminadas que contienen todas las tareas de un proyecto.

El modelo **SAFe** tiene 9 principios fundamentales que son los siguientes:

1. *Tener una visión económica de los proyectos.*

2. *Aplicar un pensamiento global, es decir, entender cómo funciona toda la compañía no solo una parte.*

3. *Asumir los cambios y la incertidumbre, ningún camino es el definitivo.*

4. *Entregar el producto de manera incremental donde cada entrega tiene valor.*

5. *Crear puntos de control donde se evalué todo el producto creado hasta ese momento.*

6. *Limitar el trabajo en curso a un número determinado.*

7. *Trabajar de una manera constante con los miembros de la compañía y se intercambien en periodos de cansancio.*

8. *Impulsar la motivación en los empleados para que rindan al máximo.*

9. *Descentralizar la toma de decisiones para mejorar la creatividad.*

Uno de los problemas más grandes en España es que las empresas no motivan correctamente, creen que todos los empleados quieren serlo toda la vida, ofrecen seguridad y que si das el máximo de ti ascenderás creyendo que todos los españoles quieren ser funcionarios, pero no todos, las personas creativas suelen tener más ambición y quieren crear su propio camino, muchas veces eso da terror a las empresas.

En EEUU las grandes empresas Google, Facebook, Apple fomentan que sus empleados tengan sus propios proyectos personales porque eso hace que la empresa a su vez se alimente de sus ideas y si funcionan puede ser una ayuda para que los empleados más brillantes creen su propio camino.

Una empresa no solo debe generar dinero e innovación también tiene que ayudar a que haya competencia, la competencia hace mejorar a todas las empresas porque lo mismo que alguien que es mejor que tú te ayuda a superarte las empresas deberían aceptar que la competencia a la larga es ley de vida.

14.5 LOS ROLES DE ENTREGA EN DEVOPS

En DevOps hay los siguientes roles y todos son importantes:

▼ **Desarrolladores**: *se encarga de crear el* **back-end** *de la aplicación.*

▼ **Analista UX**: *se encarga de la usabilidad de la aplicación.*

▼ **Analista QA**: *aplica estándares de calidad y realiza todo tipo de pruebas.*

▼ **Arquitecto de software**: *define la arquitectura de la aplicación.*

▼ **Analista de negocio**: *define los requisitos en función de las necesidades del negocio.*

▼ **Diseñador web**: *desarrolla el* **front-end** *de la aplicación.*

▼ **Ingeniero DevOps**: *se encarga de automatizar todos los procesos e integrar todas las herramientas entre sí.*

▼ **Gestor del proyecto**: *se encarga de gestionar los recursos y que el proyecto llegue a buen puerto.*

Todos estos roles se agrupan en 4 grupos que son los siguientes:

▼ **Squads o escuadrones**: *son grupos formados por los roles descritos anteriormente y que son autónomos y tienen un sentimiento pronunciado de grupo.*

▼ **Tribus**: *está formado por un conjunto de* **squads.**

▼ **Chapters**: *son un grupo de personas de distintos* **squads** *que tienen como objetivo solucionar problemas comunes.*

▼ **Guilds o gremios**: *son personas que pertenecen a distintos* **squads** *que están en distintas* **tribus** *y que se intercambian experiencias, conocimientos, prácticas, etc.*

14.6 AMBIENTE DE PRUEBAS

Los ambientes que existen en una empresa de software dependen del dinero que se puede gastar muchas veces pero los ambientes más habituales son los siguientes:

Ambiente de desarrollo

Es el ambiente en que los desarrolladores hacen sus pruebas, tienen sus propias bases de datos y algunas veces los analistas de automatización de pruebas suelen compartir este ambiente con ellos.

Ambiente de pruebas

Es el ambiente que utiliza el equipo de QA y que se utiliza para hacer pruebas con base de datos independientes a la de los desarrolladores porque muchas veces no hay suficientes datos cuando se comparte el entorno de pruebas; en ambientes con metodologías ágiles suele haber un único entorno de desarrollo donde los QA y desarrolladores hacen las pruebas porque como sabemos en los grupos ágiles suelen convivir QA y desarrolladores además con DevOps suele existir también un único ambiente para desarrolladores y QA pero en algunas empresas aún sigue habiendo esta diferencia por temas de gestión de datos sobre todo.

Ambiente de UAT

En este ambiente es donde los usuarios reales prueban la aplicación y se busca garantizar que el software maneja escenarios del mundo real y que el cliente está satisfecho con lo que se ha desarrollado.

Ambiente de preproducción

En este ambiente la configuración técnica es idéntica a la de producción y el hardware es muy parecido porque lo que se busca es que el nuevo incremento con nuevas funcionalidades no genera ningún error al integrarlo con el resto del código en las mismas condiciones que producción.

Ambiente de producción

Es el ambiente donde la aplicación va a ser utilizada en tiempo real por los usuarios finales; suele haber unas herramientas para monitorear en tiempo real una serie de **KPI** o métricas importantes para el rendimiento y funcionamiento correcto de la aplicación.

El orden en que se van realizando las pruebas en estos ambientes suele ser como en la imagen de abajo:

14.7 IMPLEMENTACIÓN DE DEVOPS EN TU EMPRESA

Para implementar DevOps en una organización hay que seguir una serie de pasos en el orden que voy a exponer a continuación.

1. Planificación

Para iniciar la aplicación de **DevOps** en tu empresa es necesario realizar una agenda con los pasos a seguir.

Esta agenda debe incluir los plazos, acciones, prácticas y estrategias a seguir.

Es muy importante que toda tu empresa esté al tanto y comprenda los cambios que se van a implementar y las ventajas que traerá con todo esto para que no se opongan al cambio.

El ser humano en general se resiste bastante a cualquier cambio que ocurra.

2. Definición de herramientas

Después del primer paso que es la planificación, es necesario definir qué herramientas o aplicaciones vamos a utilizar para automatizar los procesos, ya que esto es uno de los objetivos fundamentales de la metodología **DevOps.**

Cada herramienta tiene que venir acompañada de un presupuesto para su puesta en marcha; es importante que esta fase cuente con la ayuda del equipo de seguridad para evitar vulnerabilidades o dificultades con este tema.

3. Capacitación a los equipos de la organización sobre cómo implementar DevOps

Los equipos de trabajo serán la pieza fundamental para la correcta implantación de DevOps, por eso es importante tener un entorno de trabajo que les permite realizar su trabajo sin interrupciones, por eso es importante crear un equipo de trabajo de larga duración y estables y capacitarlos para que puedan trabajar conjuntamente entre departamentos fomentando la integración entre desarrolladores y operadores.

Si quieres implementar DevOps en tu empresa o proyecto lo ideal es tener equipos de desarrollo que sean capaces no solo de desarrollar funcionalidades si no también de validarlas en entornos similares a producción y desplegar la aplicación de una manera rápida y segura.

Algo que también es muy importante es realizar capacitaciones internas para mejorar las habilidades de los equipos.

4. Feedback

La integración de los equipos tiene que ir acompañada de ciclos de retroalimentación en cada paso del proceso, donde se pueda ver las acciones que se están realizando; lo bueno de esto es que facilita la adaptación y se genera un clima laboral adecuado porque se ve lo que se hace y los beneficios que trae.

5. Automatización de pruebas

Otro de los principios fundamentales de **DevOps** es la automatización de todo tipo de pruebas que ayudará al equipo a encontrar rápido donde se encuentran los errores y solucionar rápidamente ese error para que no sea algo mucho más difícil de solucionar y tenga un efecto bola de nieve.

Además como ya comenté en los primeros temas cuanto antes se descubra un error menos costo tendrá para el proyecto en general, es una de los principios fundamentales del **QA**.

6. Métricas

Uno de los principios de **DevOps** es obtener métricas de nuestro código utilizando **KPI**'s sobre todo en el entorno de producción pero también en otros entornos para que los problemas sean detectados y corregidos rápidamente, con el objetivo de implementar DevOps o cualquier herramienta o prácticas.

7. Cultura de aprendizaje continuo

Lo fundamental para poder implementar esta metodología es que las personas sientan que pueden tomar riesgos y para eso pueda recompensar a quienes aporten ideas y tomen riesgos y no señalar a los culpables cuando ocurran inconvenientes.

Esto permite que la gente sienta que su trabajo importa y se esfuercen más en alcanzar los objetivos de la organización.

Cuando ocurra un problema lo mejor es hacer un análisis en equipo e identificar la raíz del problema para prevenirlo en el futuro.

8. Fallos controlados

La calidad y el desarrollo de software son dos prioridades de los proyectos tecnológicos por lo que la última estrategia para implementar **DevOps** es inyectar fallos de producción de manera controlada para aprender como falla el sistema.

Por ejemplo, podemos simular fallos a gran escala, matar procesos de manera aleatoria, generar latencias en la red, todo esto ayudara a mejorar la capacidad de reacción a problemas en tiempo real.

14.8 PRÁCTICA DE INTEGRACIÓN CONTINUA

En esta práctica vamos a utilizar el concepto de DevOps para combinar entorno de desarrollo y operaciones. Nuestro objetivo es crear un **pipeline** que nos permita automatizar todas las tareas. Utilizaremos **Jenkins** para automatizar la compilación y la ejecución de las pruebas unitarias con **JUnit**, utilizaremos **Slack** para que nos vaya enviando mensajes sobre todas las fases que vamos a automatizar, fase de compilación, pruebas unitarias.

Para eso vamos a utilizar la calculadora que creamos en la práctica 10 con mockito.

Para eso las herramientas que vas a utilizar y que tendrás en la carpeta de este libro serán:

- Intellij.
- Jenkins.
- Slack.
- Bitbucket.

Lo primero que vamos a hacer es crear cuenta en **Bitbucket** para poner nuestro código ahí y lo segundo crear cuenta en **Slack** y descargar su herramienta para escritorio.

Te registras en bitbucket con cualquier correo, uno de Gmail sirve, sigues los pasos y una vez tengas la cuenta inicias sesión y te aparecerá la pantalla para iniciar sesión.

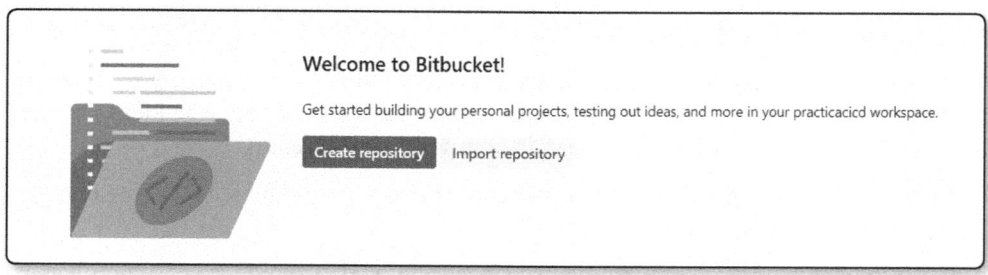

Ahora rellenamos los campos con los datos de la pantalla de abajo y pulsamos en **Create Ropository**.

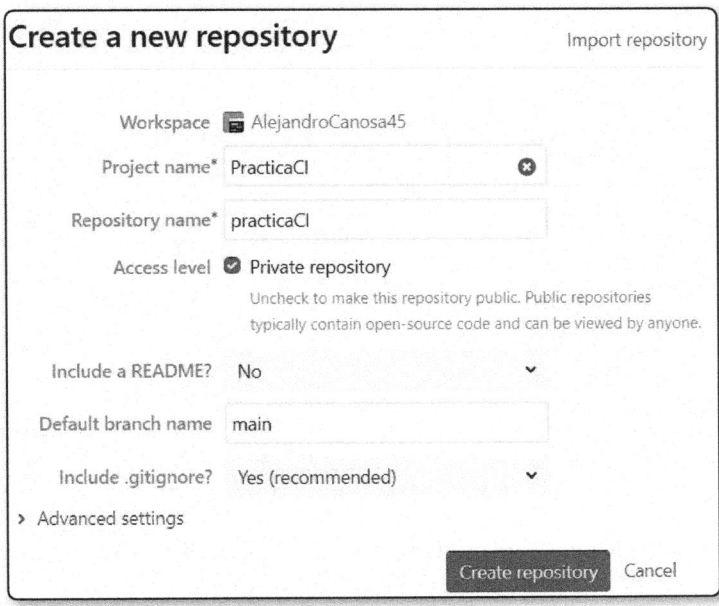

Ahora para subir el proyecto de Practica Mockito del tema 10 vamos a instalar la aplicación **SourceTree** que es una manera visual de trabajar con **Bitbucket** para crear repositorios, ramas, hacer push, pull, es decir las operaciones típicas de Git.

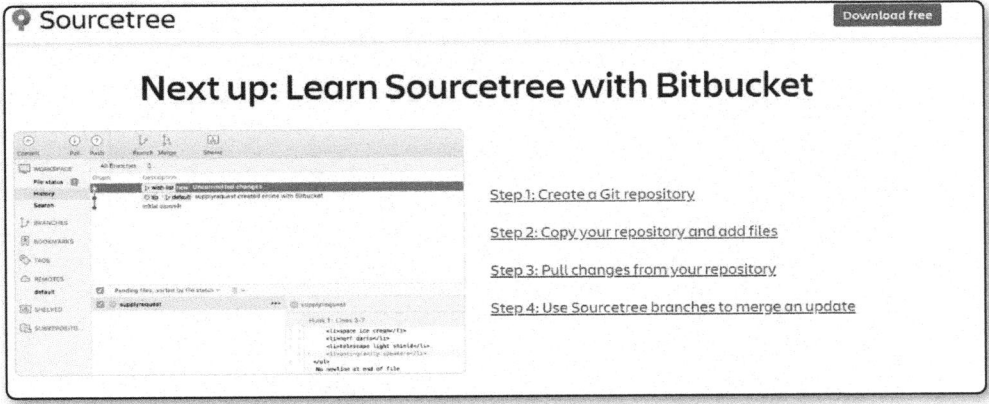

Ejecutamos el archivo de instalación y nos mostrara esta ventana y pulsamos en **Bitbucket**.

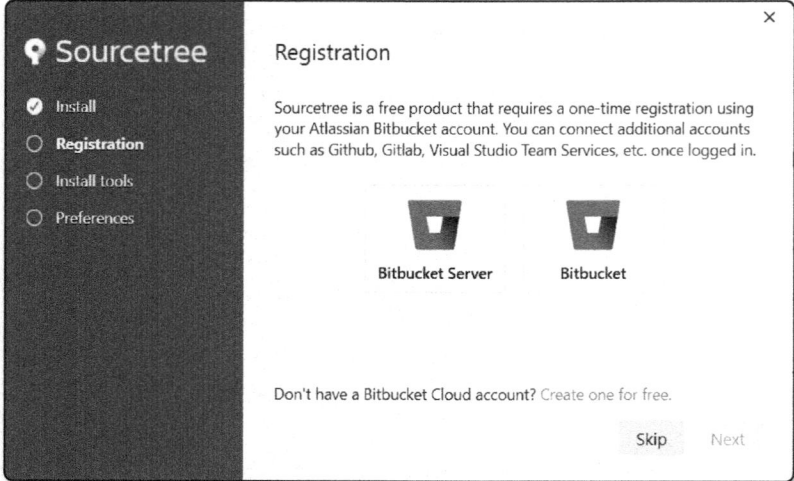

Nos enviara a la pantalla para iniciar sesión de **Bitbucket** nos logueamos y mostrara esta pantalla.

Authentication Successful
SourceTree has been successfully authenticated. You may now close this page.

Y en la ventana de SourceTree mostrará esta imagen.

Después instalara las herramientas Git y Mercurial.

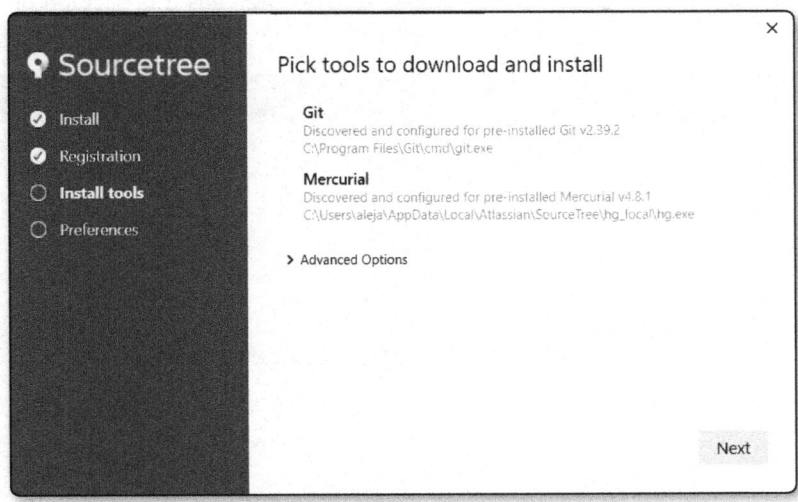

Creamos un repositorio local donde tengas la práctica del tema 10 de **mockito** pulsando en el botón **Create** y seleccionado la carpeta donde está.

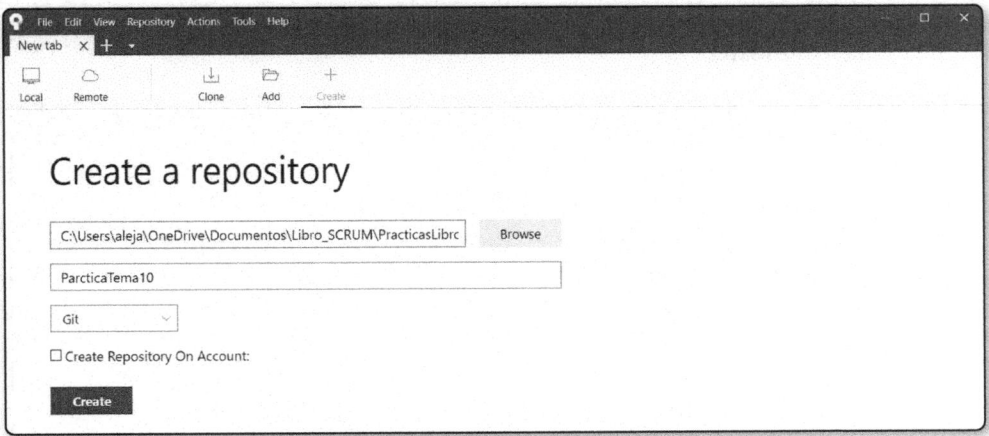

En la parte de **Unstaged files** tendrás todos los archivos que son nuevos cuando las añadas a esta carpeta local los seleccionas todos y los agregas a la sección de **Staged files**, pones un texto al commit y pulsas **Commit**.

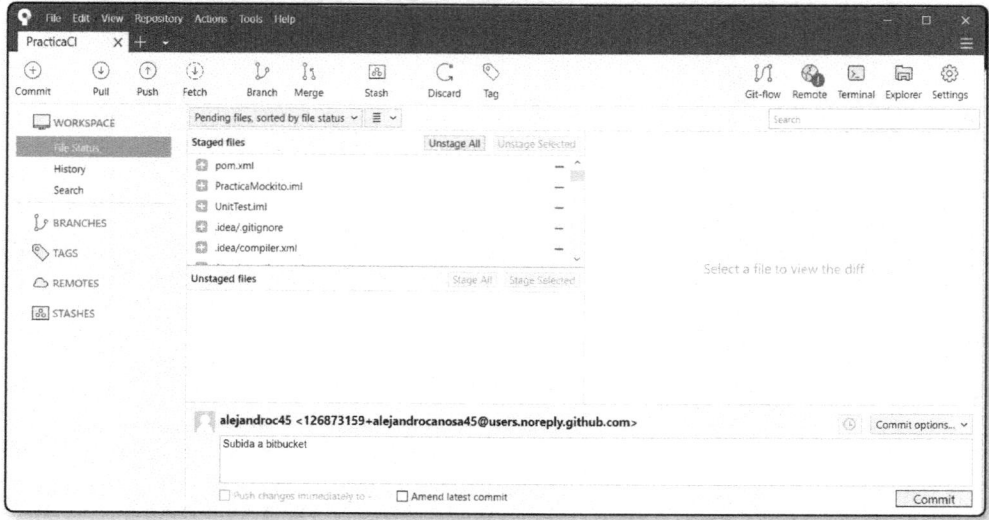

Ahora pulsando **Push** subirás todos los archivos al repositorio que creamos antes en su rama principal **Master**.

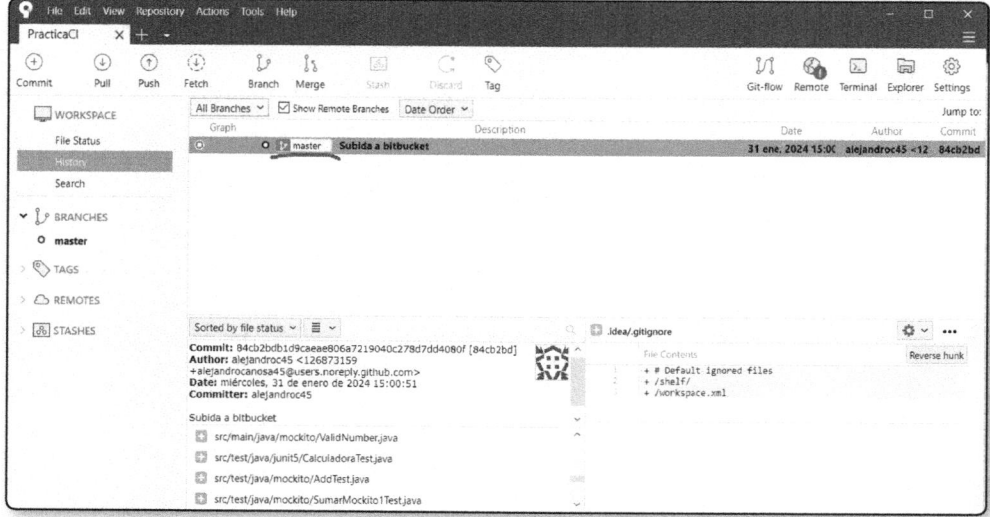

En **Repository Setting** vamos a tener que agregar la ruta de nuestro repositorio remoto que podemos verlo si vamos a nuestro repositorio remoto y es nuestra URL pero agregándole **Git**, le damos un nombre y en el campo URL se la ponemos.

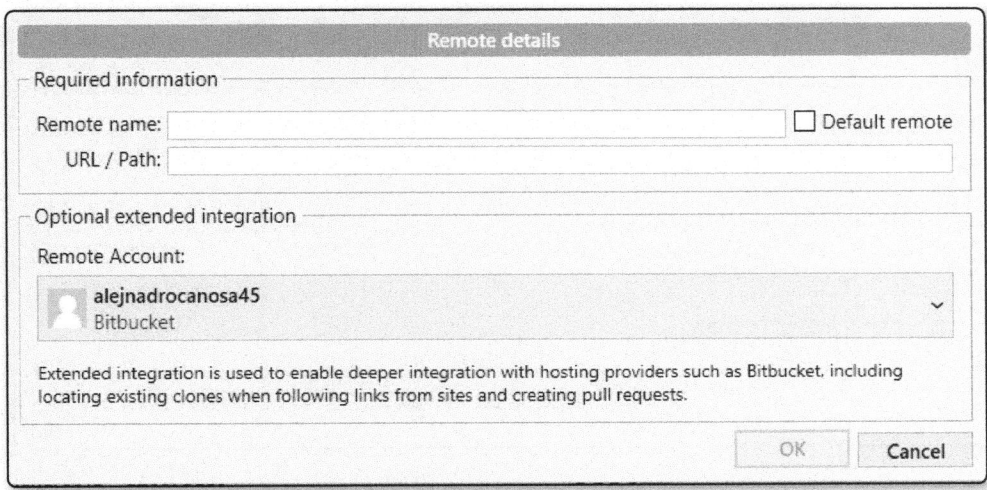

Una vez la tengamos agregada se va a ver parecida a la imagen de abajo.

Pulsamos **Push** y si lo sube todo correctamente tendremos una imagen como la de abajo.

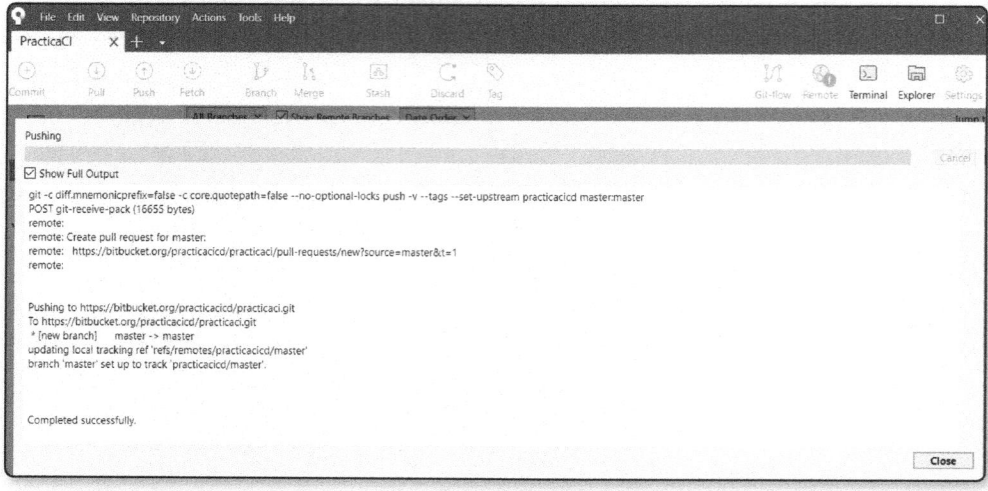

Ahora vamos a crear una cuenta en **Slack** y descargar su herramienta **de escritorio.**

Para crear una cuenta en **Slack** puedes hacerlo con una cuenta de Gmail.

Al iniciar sesión con tu cuenta de Gmail te va a pedir que confirmes que quieres iniciar sesión con Gmail en **Slack**.

Te pedirá que crees un espacio de trabajo.

Aquí se mostrará un resumen de los conceptos más importantes del libro.

Te pedirá que pongas un nombre y una foto para tu perfil.

Te pedirá si quieres invitar a compañeros le das a saltar y al final te preguntará en que estás trabajando ahora mismo.

Después te dice si quieres plan gratuito, le decimos que sí.

Descargamos **Slack de escritorio**.

Pulsamos en **Conectarse a Slack**.

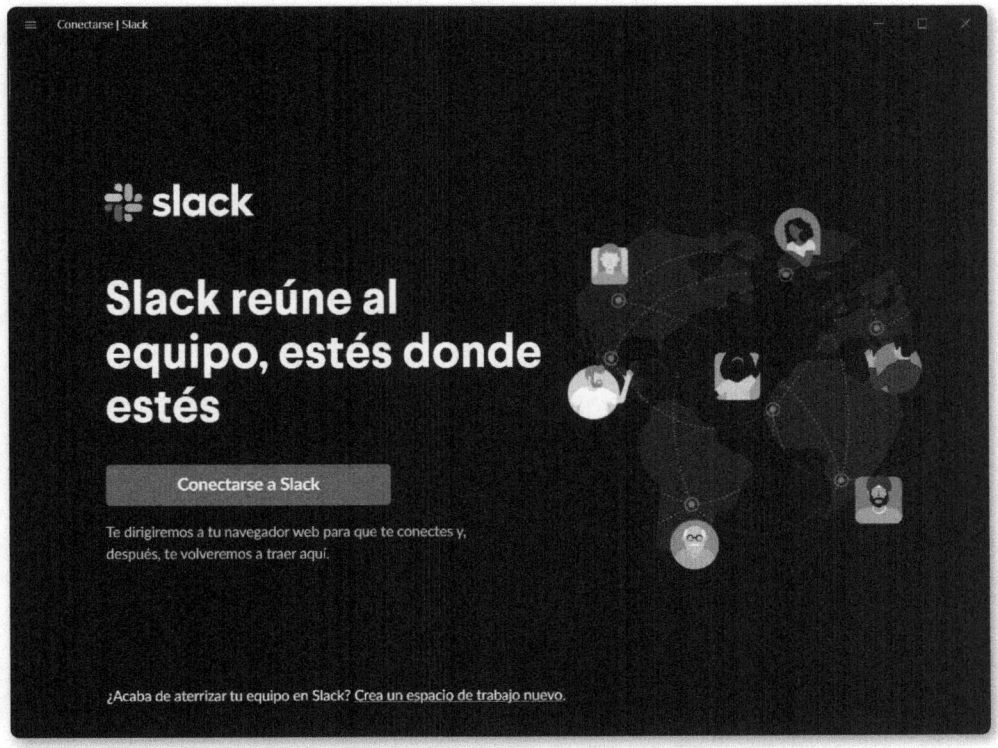

Te pedirá que inicies sesión con la cuenta con la que te registraste y después haces clic en **Abrir en Slack** y ya se conectará con el **Slack de escritorio**.

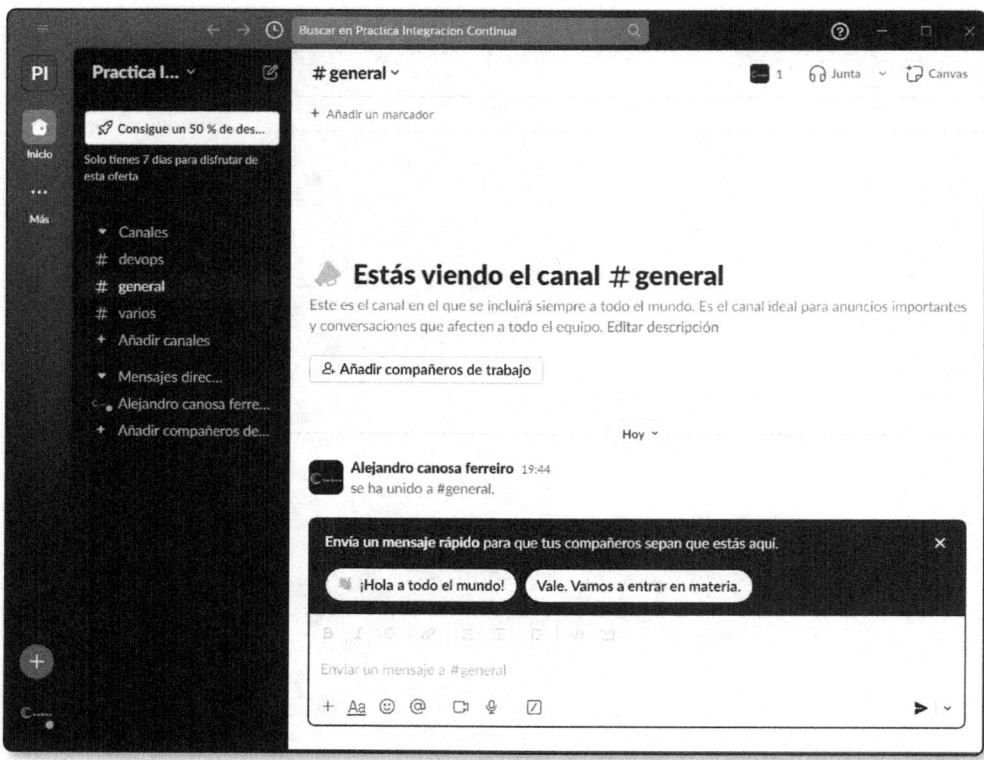

Ahora vamos a descargar **Jenkins**, instalarlo, instalar los **plugins** necesarios y crear el pipeline para poder automatizar una serie de tareas.

Abajo pulsamos en Windows del lado de Jenkins 2.443 y se descargará el archivo msi para instalar Jenkins en Windows.

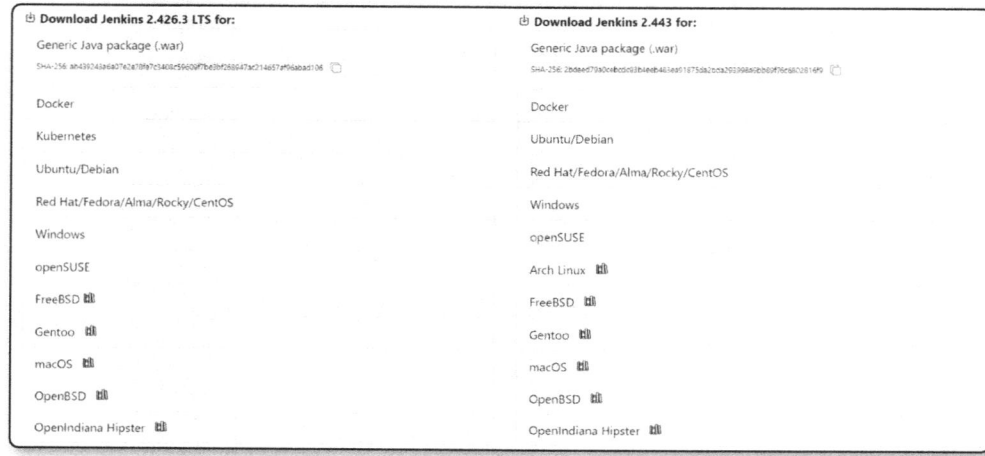

Hacemos dos clics sobre el archivo y le indicamos en dónde queremos que se instale.

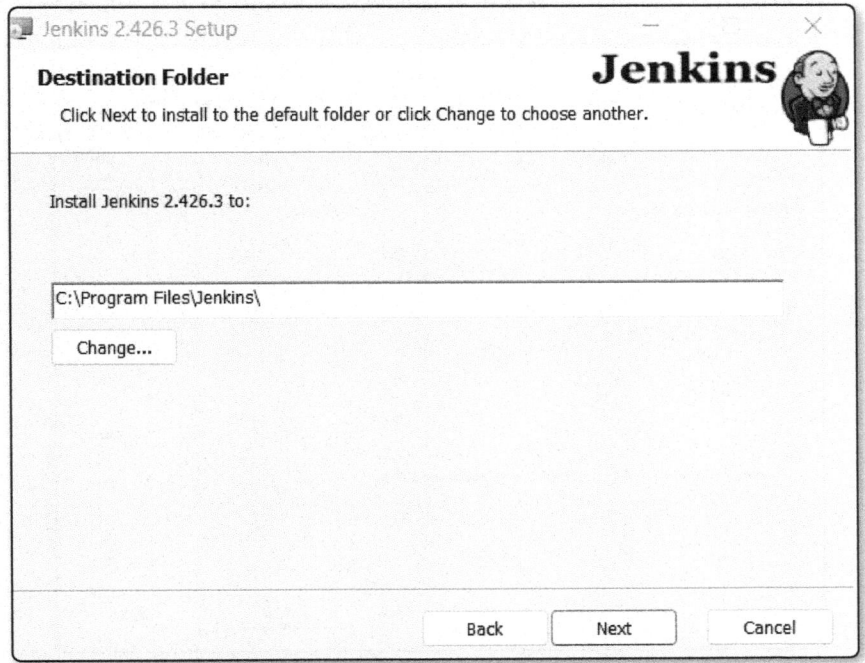

Instalamos **Jenkins** como servicio local.

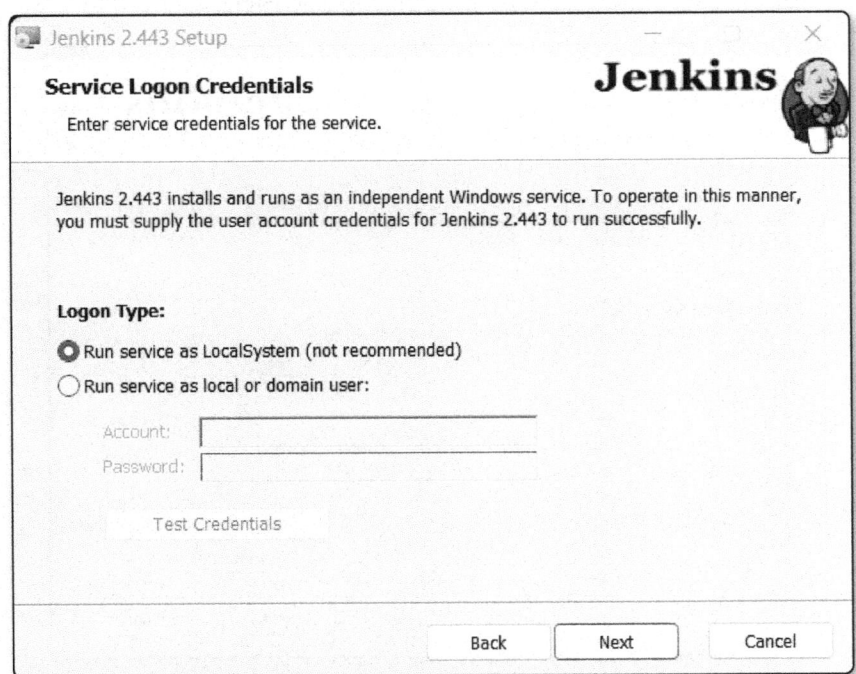

Seleccionamos el puerto **8081** para que trabaje ahí y pulsamos al botón **Test Port** para comprobar que está libre ese puerto y ya tenemos habilitado el botón **Next**.

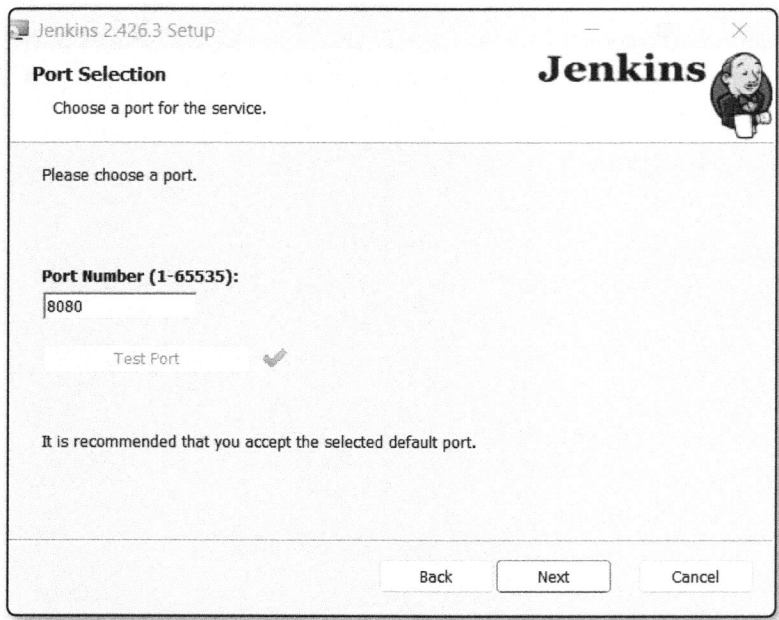

Seleccionamos la carpeta donde este JDK, Jenkins soporta 1.7 así que si no lo tienes debes instalarlo; puedes descargarlo desde la página de **Oracle**.

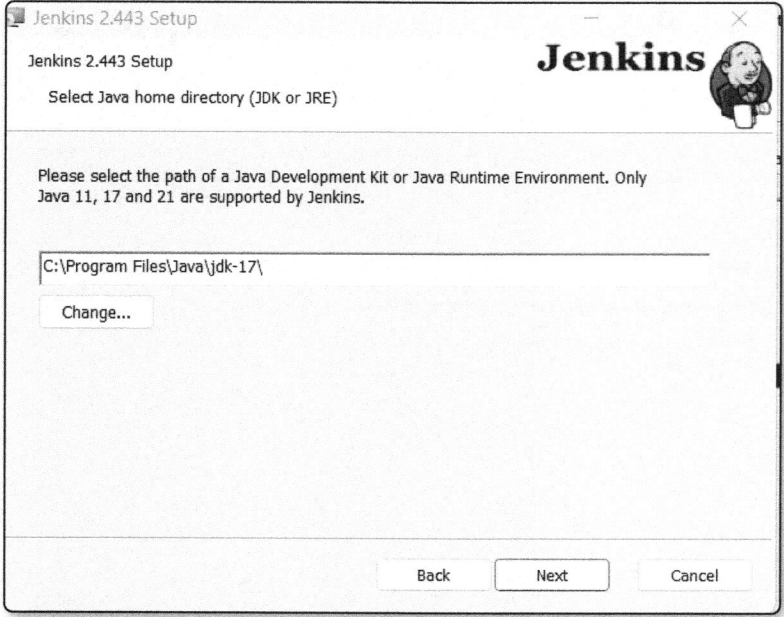

Le indicamos que lo instale como servicio en Windows y que ponga una excepción en el firewall de tu equipo.

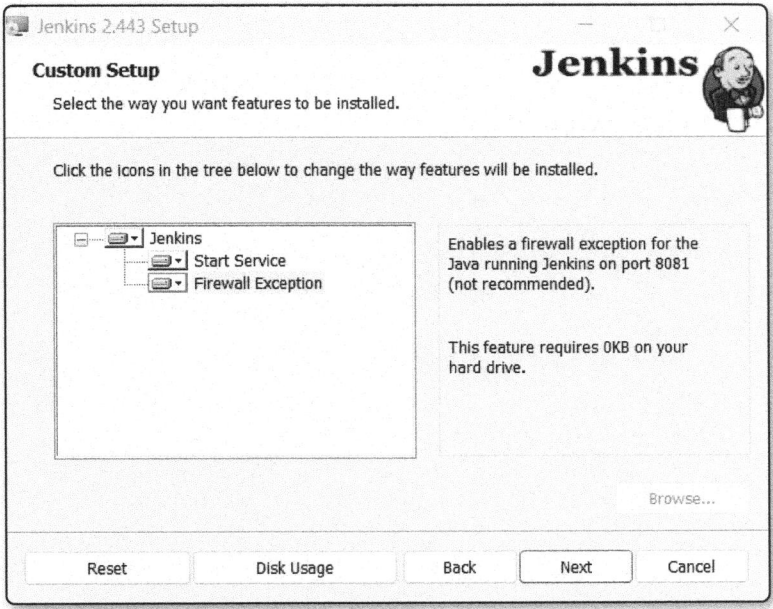

Pulsamos en **Install** te pedirá permiso de administrador y te instalará **Jenkins**.

Si se instala correctamente **Jenkins** mostrara esta ventana.

Vamos a localhost:8080 y tiene que aparecer esta página, vamos a la ruta que dice ahí y pegamos el password en el campo.

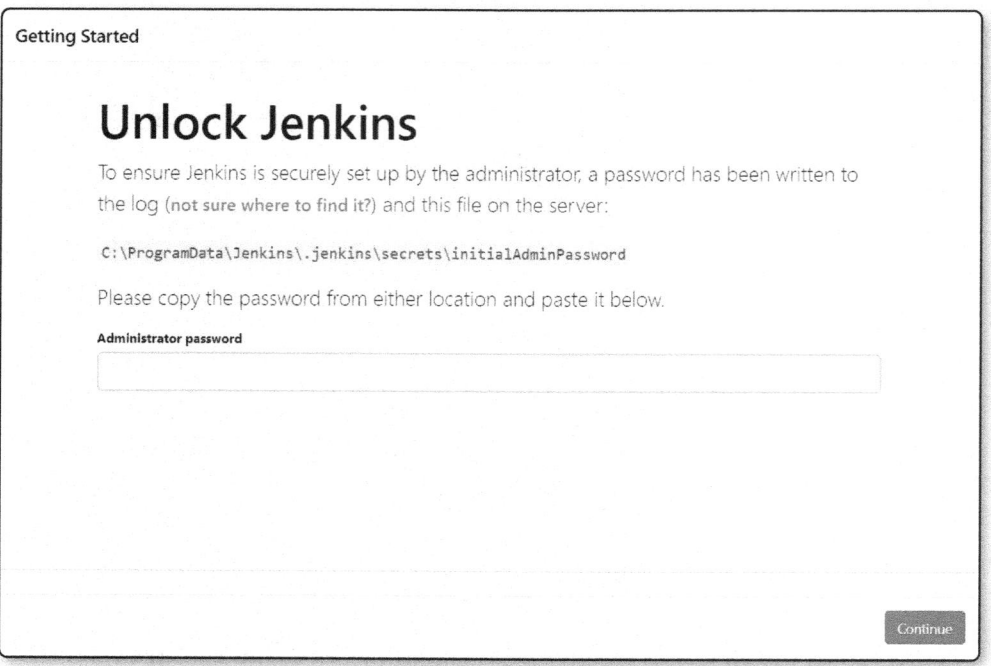

Seleccionas **Install suggested plugins**, que son los plugins recomendados por Jenkins.

Se empiezan a instalar todos los plugins recomendados por Jenkins.

Getting Started

Getting Started

Folders	OWASP Markup Formatter	Build Timeout	Credentials Binding	** Ionicons API Folders OWASP Markup Formatter
Timestamper	Workspace Cleanup	Ant	Gradle	** JSON Path API
Pipeline	GitHub Branch Source	Pipeline: GitHub Groovy Libraries	Pipeline: Stage View	
Git	SSH Build Agents	Matrix Authorization Strategy	PAM Authentication	
LDAP	Email Extension	Mailer		
				** - required dependency

Jenkins 2.426.3

Después creamos un usuario, con su nombre y contraseña y correo; guarda en un lugar seguro la contraseña porque si la pierdes va a ser muy difícil iniciar sesión en **Jenkins** y pulsamos en **Save and continue**.

Getting Started

Create First Admin User

Usuario

Contraseña

Confirma la contraseña

Nombre completo

Dirección de email

Jenkins 2.426.3   Skip and continue as admin   Save and Continue

Después indica en la URL que es localhost porque será para tenerlo de manera local.

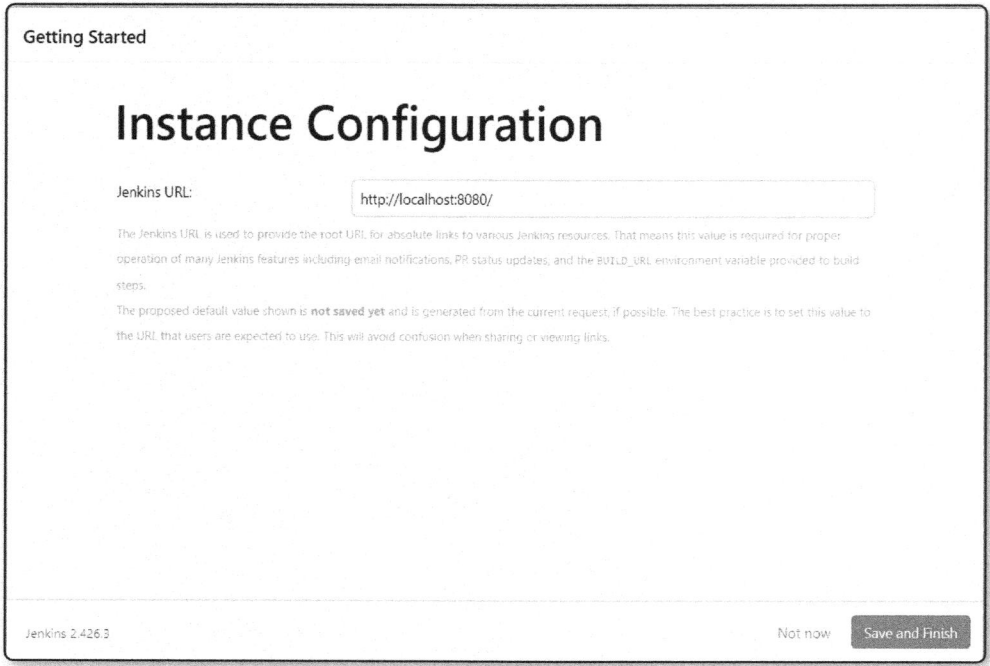

Getting Started

Instance Configuration

Jenkins URL: http://localhost:8080/

The Jenkins URL is used to provide the root URL for absolute links to various Jenkins resources. That means this value is required for proper operation of many Jenkins features including email notifications, PR status updates, and the BUILD_URL environment variable provided to build steps.

The proposed default value shown is **not saved yet** and is generated from the current request, if possible. The best practice is to set this value to the URL that users are expected to use. This will avoid confusion when sharing or viewing links.

Jenkins 2.426.3   Not now   Save and Finish

Cuando ya esté instalado correctamente aparecerá la ventana de abajo.

Pulsamos a **Start using Jenkins** y nos enviara a la pantalla de inicio de Jenkins.

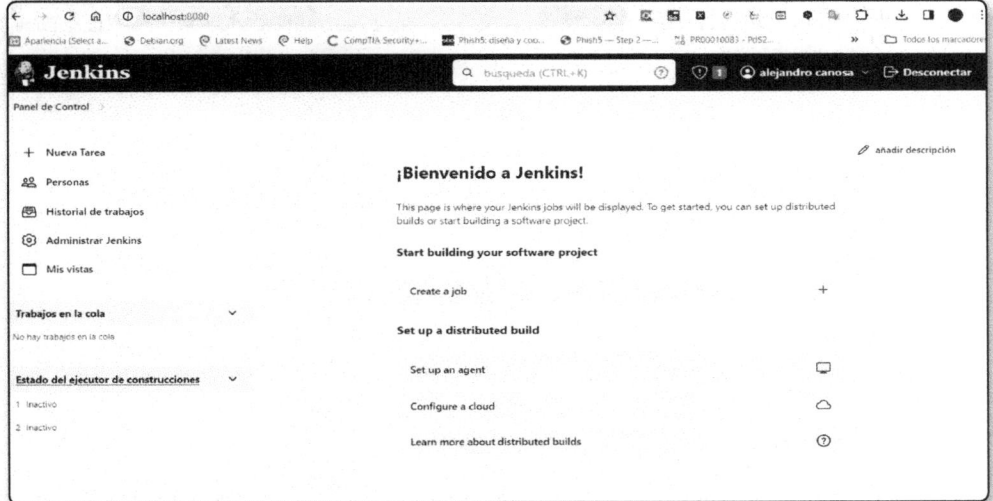

Ahora vamos a administrar Jenkins y pulsamos en **plugins**.

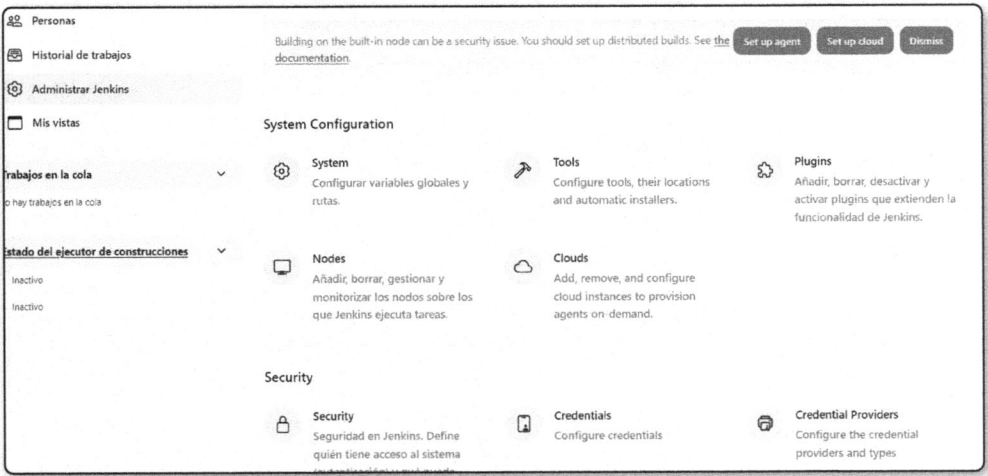

Necesitamos instalar estos 4 plugins para la práctica:

- ▼ **Maven integration Plugin** (para crear jobs con Maven y ejecutarlos).

- ▼ **Slack Notification Plugin** (notificaciones de Slack con Jenkins).

- ▼ **Delivery Pipeline Plugin** (para mostrar de manera visual el pipeline de Jenkins y ver si está bien configurada).

- ▼ **Bitbucket Plugin** (para interactuar con bitbucket desde Jenkins).

Vamos a la pestaña de Avaiable plugins y en el campo buscas los 4 plugins.

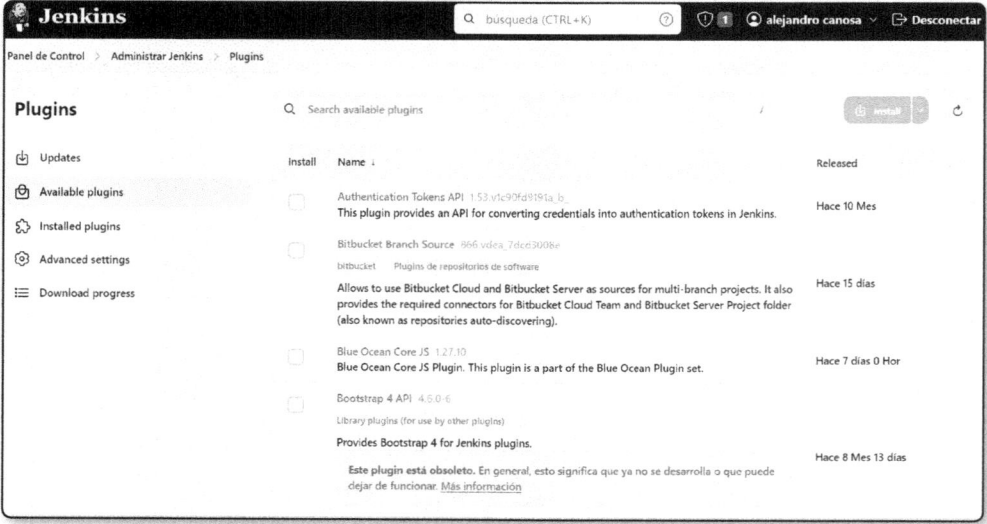

Buscamos **Maven integration** y lo seleccionamos y así con el resto de **plugins** y cuando se hayan seleccionado los 4 pulsamos el botón de Install.

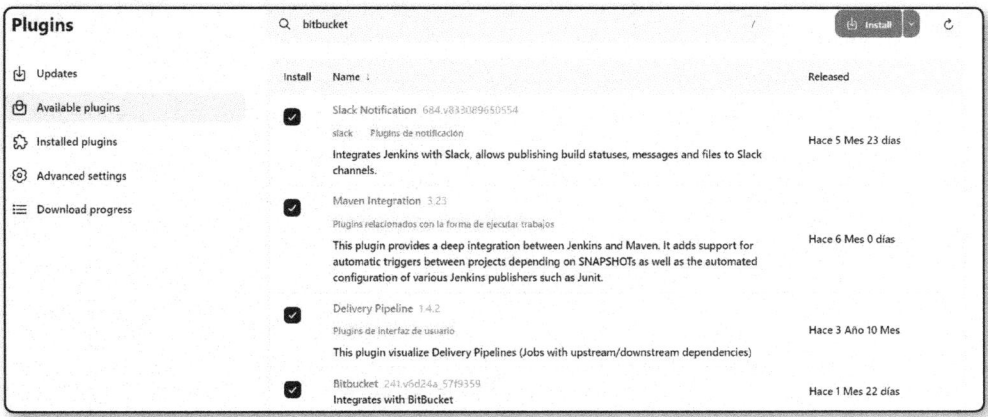

Pulsamos el botón **Install** y nos lleva a una pantalla donde se ven todos los **plugins** actualizados y algunos instalados que son los que tienen al lado **Success**.

Matrix Authorization Strategy	✓ Actualizado
PAM Authentication	✓ Actualizado
LDAP	✓ Actualizado
Email Extension	✓ Actualizado
Mailer	✓ Actualizado
Loading plugin extensions	✓ Success
Slack Notification	✓ Actualizado
Javadoc	✓ Actualizado
JSch dependency	✓ Actualizado
Maven Integration	✓ Actualizado
Parameterized Trigger	✓ Actualizado
SSH server	✓ Actualizado
Oracle Java SE Development Kit Installer	✓ Actualizado
Command Agent Launcher	✓ Actualizado
jQuery	✓ Actualizado
Delivery Pipeline	✓ Actualizado
Mercurial	✓ Actualizado
Bitbucket	✓ Actualizado
Loading plugin extensions	✓ Success

→ Volver al inicio de la página
(puedes empezar a usar los plugins instalados inmediatamente)

Para que los cambios sean efectivos hay que marcar el **checkbox** al final para que reinicie **Jenkins**.

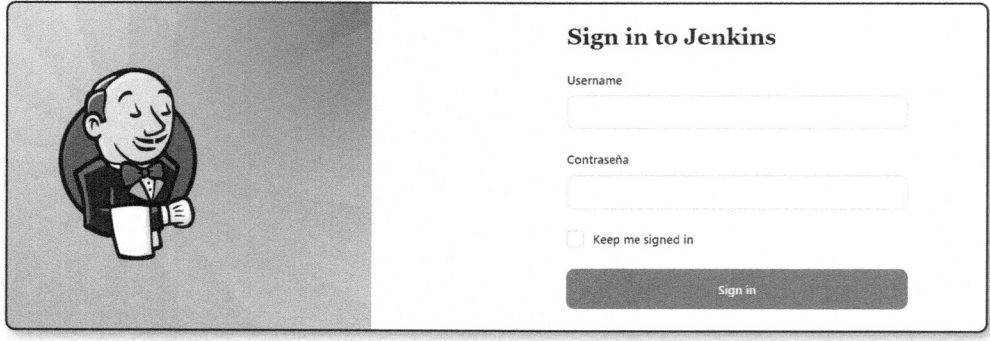

Cuando se reinicie aparecerá la pantalla de login de **Jenkins,** escribe tu usuario y contraseña y accederás a la pantalla principal de Jenkins.

Al iniciar sesión en la pantalla de inicio tenemos que ir al icono de usuario y hacer clic y luego hacer clic en **Configurar** para acceder a la creación de un **token.**

Pulsamos en **Add new Token** para crear un token.

> **Clave del API (Token)**
>
> Current token(s) ?
>
> There are no registered tokens for this user.
>
> Add new Token

Le ponemos un nombre al token y pulsamos en **Generate** para que se genere el token.

Se genera el token.

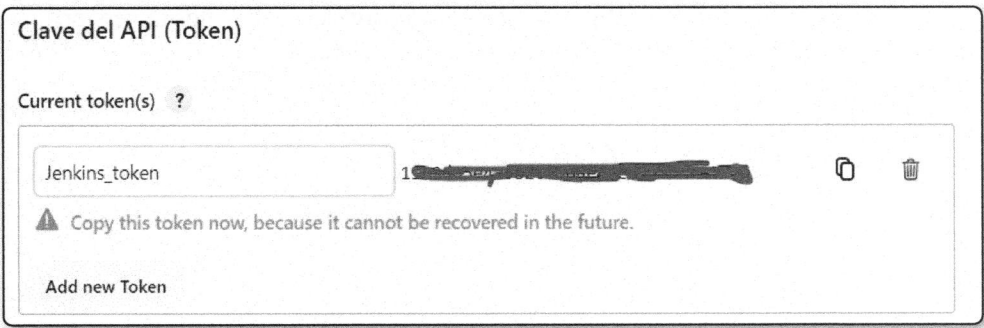

Ahora vamos a **Configurar Maven** en Jenkins para eso vamos a la página de inicio de Jenkins y hacemos clic en Administrar Jenkins.

En la sección **System Configuration** en el enlace Tools hacemos clic.

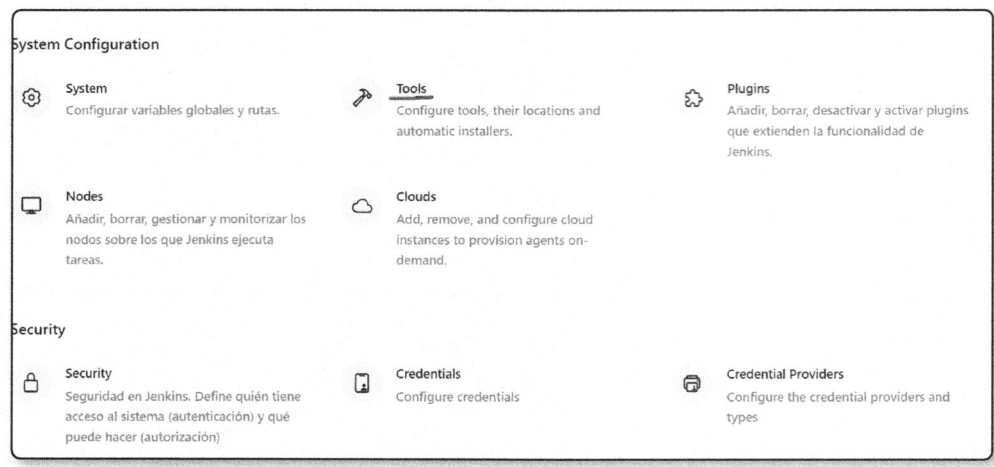

Al final de la nueva pantalla tenemos la sección de **Maven** donde podremos añadir una instalación de **Maven** haciendo clic en el botón **Añadir Maven**.

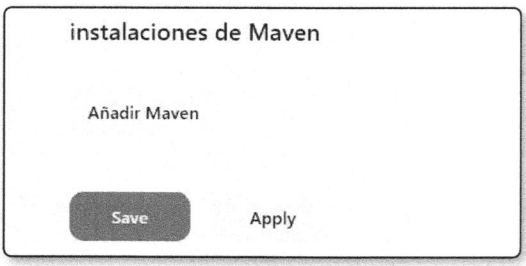

Hacemos clic en el checkbox **Instalar desde Apache,** seleccionamos la versión más reciente que sería 3.9.6 y le ponemos un nombre a la instalación y pulsamos en el botón **Save.**

Al pulsar en el botón se guarda y nos manda a la pantalla de **Administrar Jenkins.**

Ahora para configurar **Slack** en **Jenkins** se necesita instalar una integración en el chat personal de **Slack** para que admita conexiones entrantes generadas por **Jenkins** para eso la mejor forma es utilizar la versión de escritorio de **Slack** que ya la tenemos instalada.

Abrimos la aplicación de **Slack** en el escritorio, presionamos sobre el icono de barras horizontales en la esquina superior izquierda y damos clic en '**Ajustes y administración**' > **Gestionar aplicaciones**.

Aparece la siguiente pantalla que se muestra en la imagen.

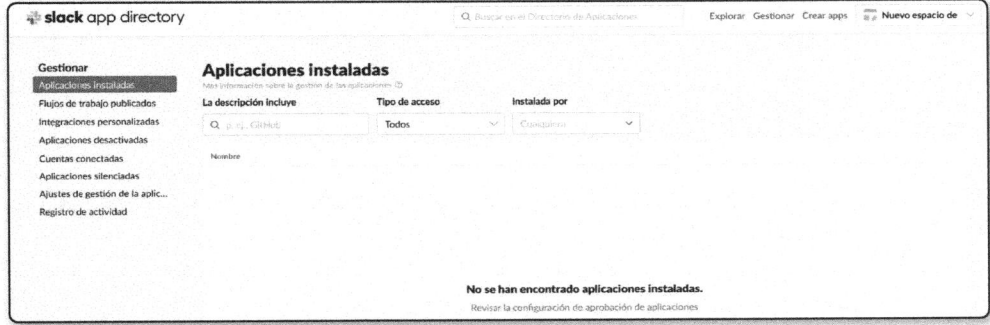

Hacemos clic en el enlace **Explorer** del menú arriba a la derecha y vamos a otra página donde hacemos clic en Consigue las aplicaciones esenciales.

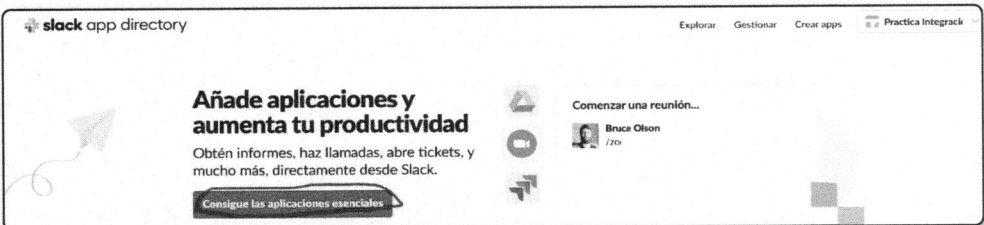

Una vez en la siguiente página, escribimos '**Jenkins**' en el buscador y seleccionamos del '**Jenkins CI**' del desplegable.

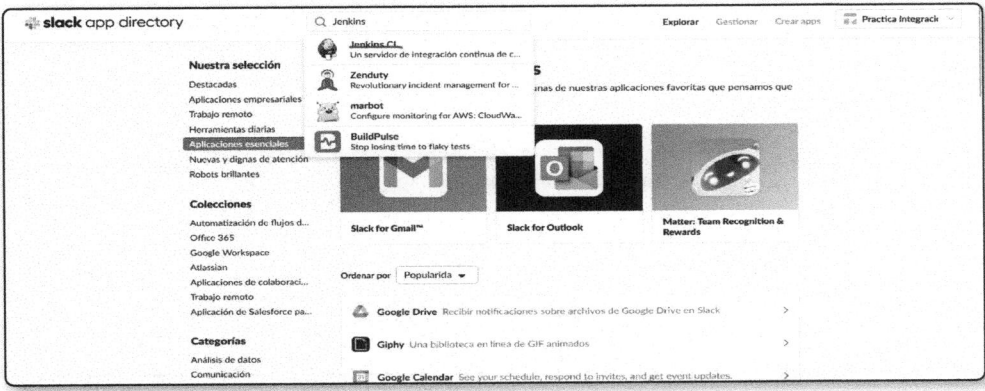

En la siguiente pantalla, presionamos '**Añadir a Slack**'.

Ahora seleccionamos el canal donde queremos publicar los mensajes de **Jenkins** que será **DevOps** para eso lo creamos.

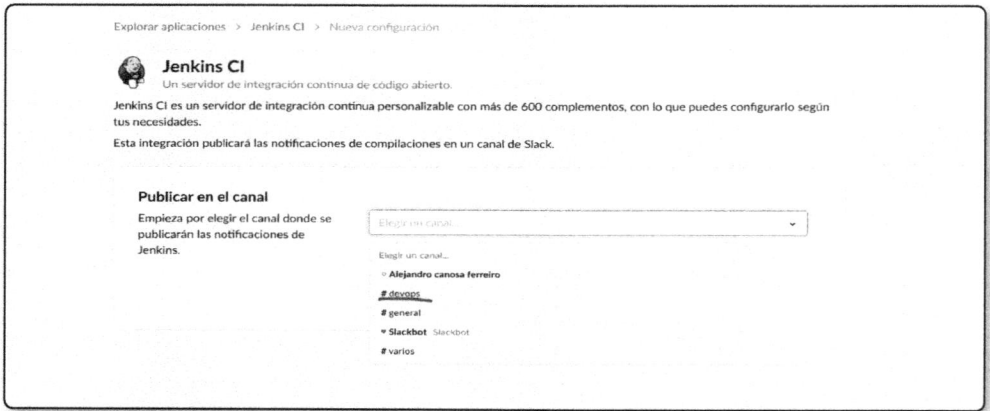

Hacemos clic en el botón verde **Añadir integración con Jenkins CI**.

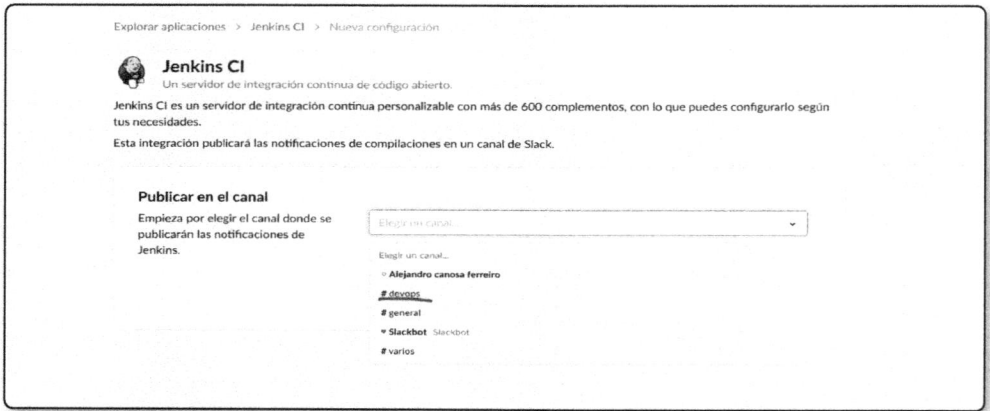

Ahora vamos a seguir el paso 3 que dice **Slack** para realizarlo en Jenkins e integrar **Slack** a **Jenkins**. Lo más importante de aquí es el valor del **subdominio del equipo** y el **ID del token de integración**.

Ahora vamos a la página de Administrar Jenkins y desde ahí hacemos clic en el enlace **System** para configurar **Slack** en **Jenkins**.

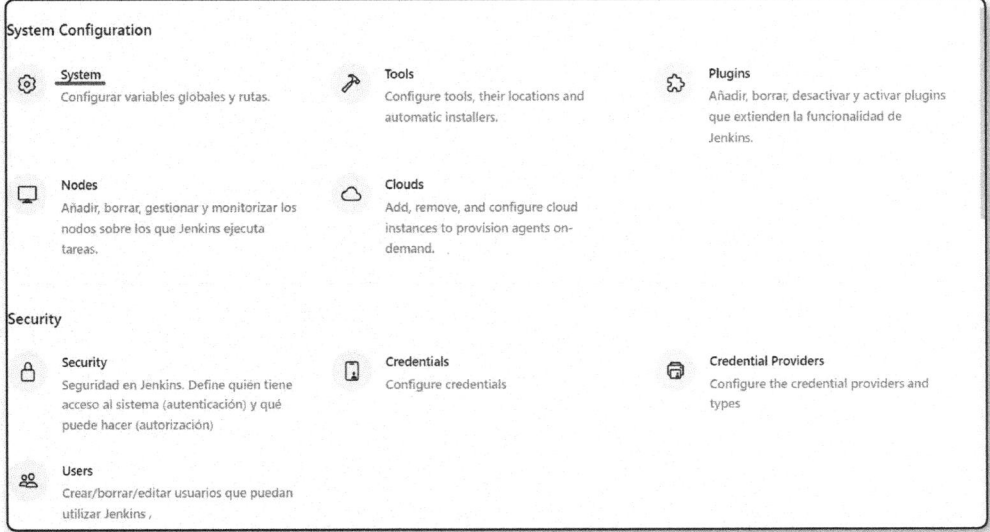

Al final de esta pantalla encontramos la sección de **Slack.**

En Workspace poner el nombre de tu espacio en **Slack,** el *https://practicainteg-neh6393.slack.com*

Puedes ver cuál es yendo al enlace del grupo y copiando su URL desde ahí.

Pulsar el botón **Add** para añadir la conexión a **Jenkins**. Seleccionar del desplegable **Kind** y seleccionar **Secret Text,** luego en el campo **Secret** ponemos el ID del token de integración. Los demás campos los podemos dejar en blanco y hacemos clic en el botón **Add**.

El canal donde mandaremos los mensajes de **Jenkins** es **#devops,** en el campo **credentials** seleccionamos TokenJenkins, que es el token de **Slack** de la página anterior y pulsamos el botón **Test Connection** para ver si se conecta correctamente.

En la imagen de abajo se ve que conecta correctamente y además el navegador nos manda un mensaje indicando que llego un mensaje al **canal devops.**

Si vamos al **Slack** del escritorio podemos ver que ya llegan mensajes como vemos en el mensaje de abajo.

Ahora vamos a configurar **Git** para eso hacemos clic en el botón azul **Guardar,** guardará los cambios y nos enviará a la pantalla de inicio de **Jenkins**.

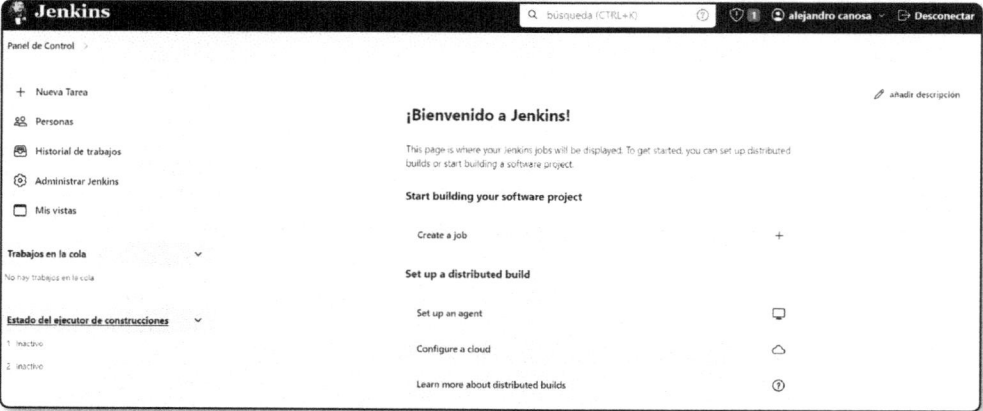

Hacemos clic en **Administrar Jenkins** y hacemos clic en **Tools.**

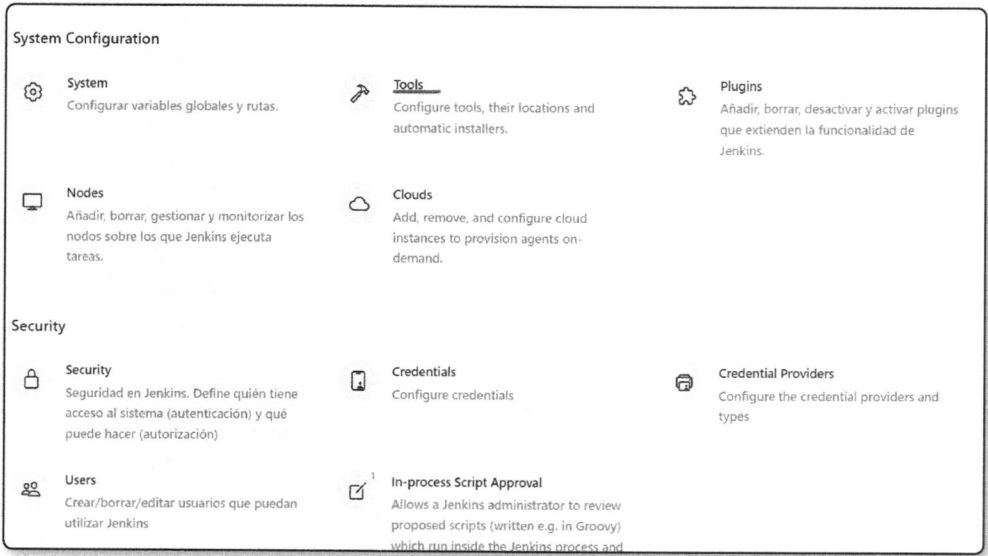

En la sección **Git installations** dejamos el nombre por defecto y hacemos clic en el checkbox de instalar automáticamente que añade **git.exe** en el campo **Path to git executable**.

Pulsamos en el botón **Save** para guardar los cambios y nos mandará a la página de inicio de **Jenkins**.

Si te acuerdas de la sección del flujo de DevOps teníamos las fases de planificación, codificación, compilación, pruebas, creación de release, despliegue, operativa y monitorización.

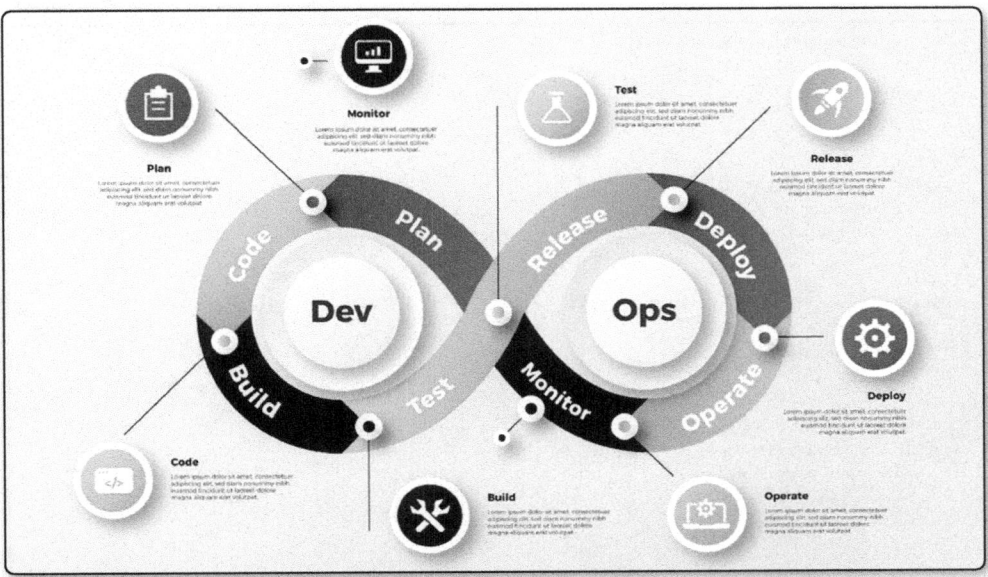

La última no las realizaremos porque la aplicación que utilizamos es una calculadora no una aplicación web, si fuese web podíamos desplegar en **Tomcat**, que estuviera recibiendo solicitudes de clientes (navegadores) y utilizar una herramienta de monitorización **open source** como **Prometheus**.

Hasta ahora hemos estado en la fase de planificación y preparación del entorno en nuestro **flujo DevOps.**

Ahora empezamos con la fase de desarrollo y vamos a utilizar un proyecto en **Maven** que crearemos con **Intellij.**

```xml
<dependencies>
    <dependency>
        <groupId>org.junit.jupiter</groupId>
        <artifactId>junit-jupiter-api</artifactId>
        <version>5.8.2</version>
    </dependency>
    <dependency>
        <groupId>org.junit.jupiter</groupId>
        <artifactId>junit-jupiter-engine</artifactId>
        <version>5.8.2</version>
        <scope>test</scope>
    </dependency>
    <dependency>
        <groupId>org.apache.maven.plugins</groupId>
        <artifactId>maven-surefire-plugin</artifactId>
        <version>3.2.1</version>
    </dependency>
```

Arriba es la imagen del archivo de **POM** de **Maven** con las dependencias.

Abajo tenemos los métodos de la clase Calculadora.

```java
public int sumar(int n1, int n2){
    resultado = n1 + n2;
    return resultado;
}

2 usages
public int restar(int n1, int n2){
    resultado = n1 - n2;
    return resultado;
}
2 usages
public int multiplicar(int n1, int n2){
    resultado = n1 * n2;
    return resultado;
}

2 usages
public int dividir(int n1, int n2){
    resultado = n1 / n2;
    return resultado;
}

1 usage
public int divideByZero(int n1, int n2){
    if(n2 == 0){
        throw new ArithmeticException("No se puede dividir por cero");
    }
    resultado = n1 / n2;
    return resultado;
```

El código de la clase de prueba de **JUnit** está abajo dividido en varias imágenes.

```java
@BeforeEach
public void setUp(){
    calculator = new Calculadora();
    System.out.println("Instanciamos objeto");
}


@AfterEach
public void tearDown(){
    calculator = null;
    System.out.println("Eliminamos el objeto de memoria");
}



@Test
void sumarTest() {
    //1.- Arrangue
    int resultadoEsperado = 40;
    int resultadoActual;
    //2.- Action
    resultadoActual = calculator.sumar(15,25);
    assertEquals( expected: 30, calculator.sumar(10,20));
    assertEquals( expected: 12, calculator.sumar(9,3));
    //3.- Assert
    assertEquals(resultadoEsperado, resultadoActual);
    System.out.println("@Test -> sumarTest()");
}
@Test
void restarTest() {
    //Forma rapida
```

```java
@Test
void restarTest() {
    //Forma rapida
    assertEquals( expected: 5, calculator.restar(7,2));
    assertEquals( expected: -12, calculator.restar(10,22));
}


@Test
void multiplicarTest() {
    //Forma rapida
    assertEquals( expected: 25, calculator.multiplicar(5,5));
    assertEquals( expected: -56, calculator.multiplicar(7,-8));
}


@Test
void dividirTest() {
    //Forma rapida
    assertEquals( expected: 2, calculator.dividir(10,5));
    assertEquals( expected: 5.0, calculator.dividir(17,3));
}


@Test
void divideByZero() {
    //Forma rapida y comprobando una excepcion de tipo aritmetico
    assertThrows(ArithmeticException.class, ()->calculator.divideByZero(2,0), message: "No se puede dividir por cero");
}
```

Ahora utilizamos el plugin **Maven-Surefire** para poder ejecutar las pruebas de **JUnit** con **Maven** utilizando el comando **mvn test** desde la terminal de **Intellij.**

```
PS C:\Users\aleja\Intellij\Practica_CI> mvn test
[INFO] Scanning for projects...
[WARNING]
[WARNING] Some problems were encountered while building the effective model for org.example:Practica_CI:jar:1.0-SNAPSHOT
[WARNING] 'build.plugins.plugin.version' for org.apache.maven.plugins:maven-compiler-plugin is missing. @ line 19, column 21
[WARNING]
[WARNING] It is highly recommended to fix these problems because they threaten the stability of your build.
[WARNING]
[WARNING] For this reason, future Maven versions might no longer support building such malformed projects.
[WARNING]
[INFO]
```

Si todo va bien debería mostrar un mensaje parecido, en este caso la clase tiene 5 métodos que probamos.

```
INFO] Tests run: 5, Failures: 0, Errors: 0, Skipped: 0, Time elapsed: 0.052 s -- in org.JUnit5.CalculadoraTest
INFO]
INFO] Results:
INFO]
INFO] Tests run: 5, Failures: 0, Errors: 0, Skipped: 0
INFO]
INFO] -----------------------------------------------------------
INFO] BUILD SUCCESS
INFO] -----------------------------------------------------------
INFO] Total time:  1.636 s
INFO] Finished at: 2024-02-01T18:19:43+01:00
```

Ahora vamos a la **fase de build** o compilación. Vamos a la página inicial de Jenkins y pulsamos en **Crear Tarea.**

+ Nueva Tarea

👥 Personas

🗄 Historial de trabajos

⚙ Administrar Jenkins

🗔 Mis vistas

Le ponemos el nombre Build a esta tarea y seleccionamos que sea un **proyecto Maven** y pulsamos en el botón **OK.**

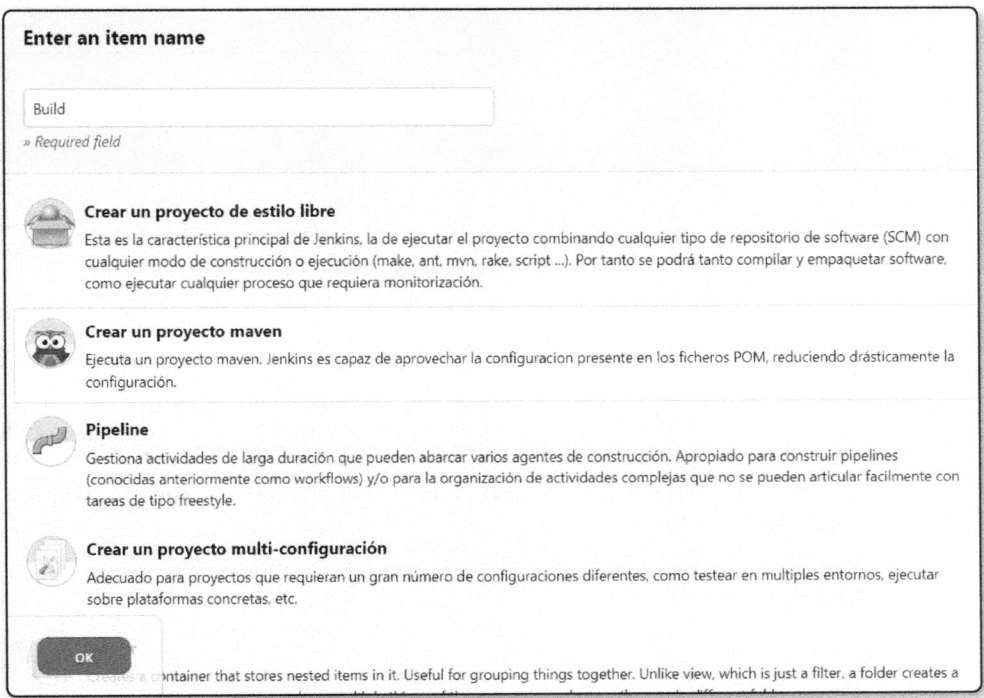

Necesitamos permisos para acceder a **Bitbucket** para eso vamos a **Personal Bitbucket Settings.**

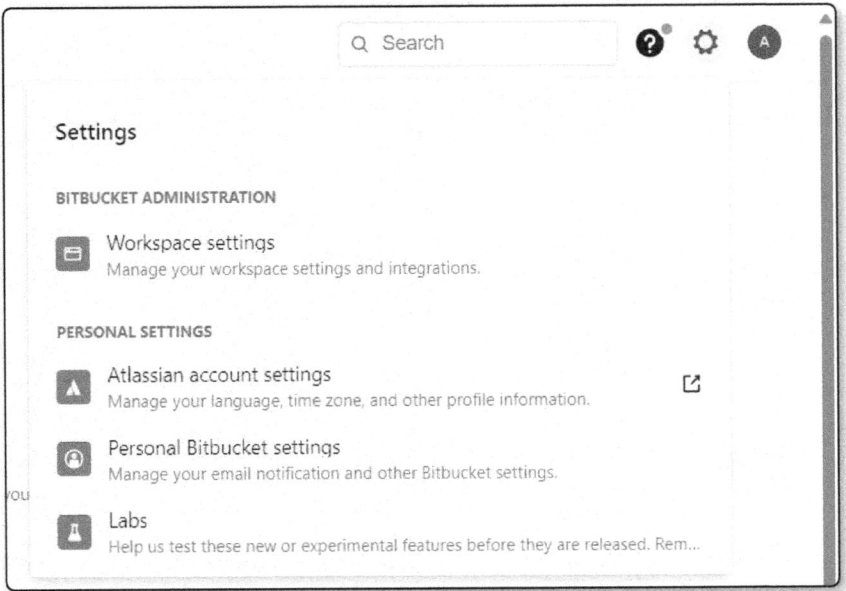

Pulsamos en **Create app password**.

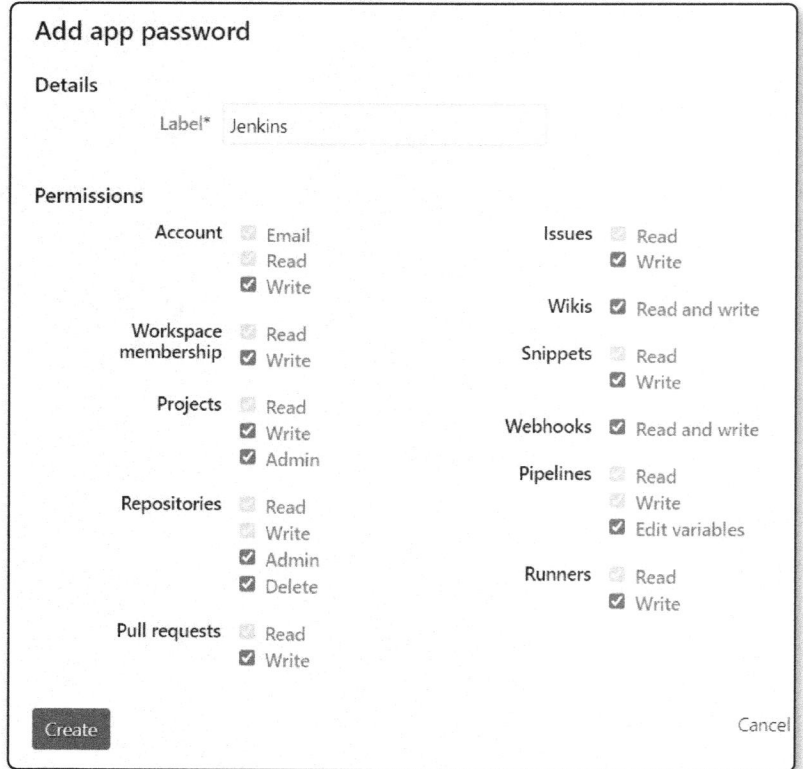

Le damos todos los permisos y le damos el nombre de Jenkins a la **app password** y pulsamos en **Create.**

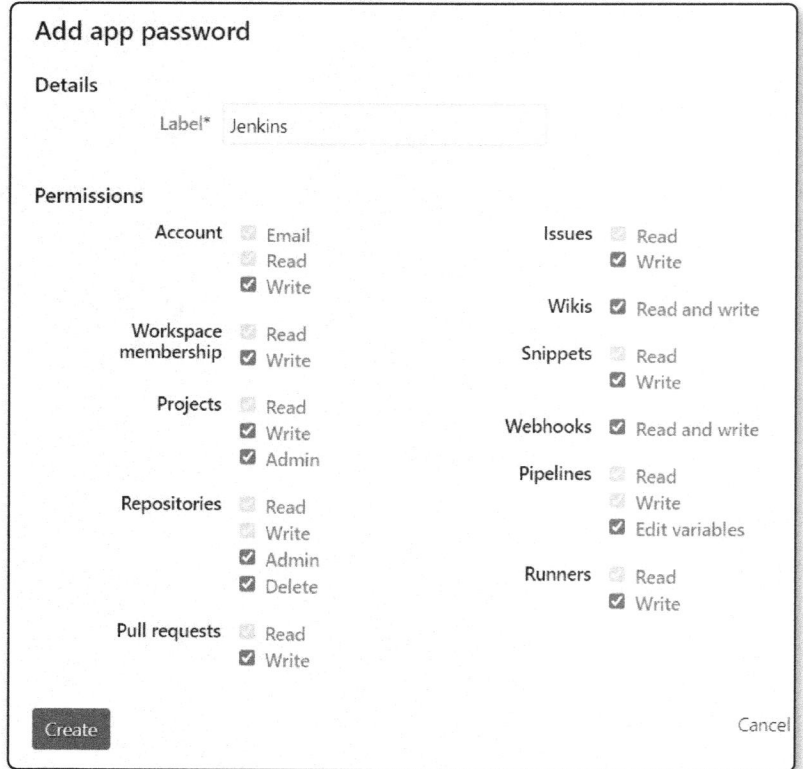

Aparece una ventana con la contraseña y pulsamos en el botón **Close** después de guardar esa contraseña que utilizaremos para crear nuestra compilación.

Ahora configuramos en la tarea o job que tengamos como origen del código fuente Git, le metemos la URL del repositorio de Bitbucket y pulsamos en el botón **Add**.

En la clase de autenticación Kind seleccionamos Username with password.

Metemos el username que sería el nombre de nuestro usuario en Bitbucket y la contraseña sería nuestra contraseña de app password y pulsamos en el botón **Add.**

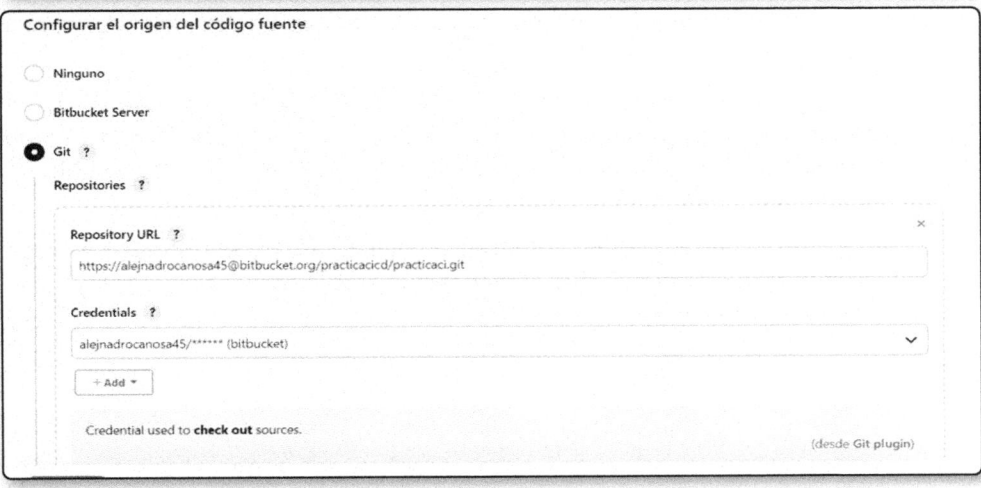

> **ⓘ NOTA**
>
> Si Jenkins ha conectado correctamente con el repositorio no deberemos ver ningún mensaje de error bajo "Repository URL".

Vamos a configurar el **job** para que se lance sin asistencia manual cuando detecte un cambio. Para ello, en la sección **Disparadores de ejecuciones** marcamos la opción **Consulta repositorio** (SCM) y ponemos el valor ***/10 * * * ***. Esto provocará que Jenkins esté escuchando los cambios cada minuto. En cuanto detecte uno, lanzará el job de manera automática.

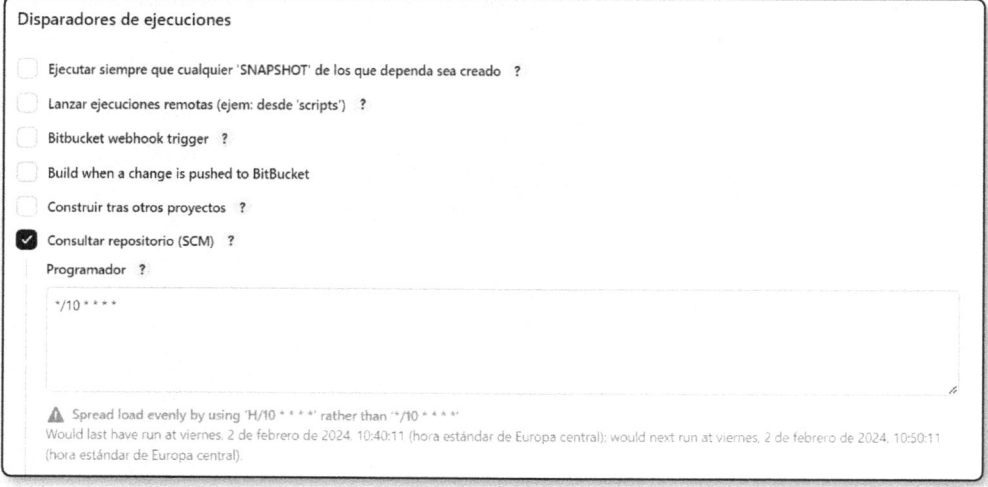

En escenarios reales, la opción a utilizar sería "Build when a change is pushed to Bitbucket". En este caso tendríamos que crear un **webhook** en nuestro repositorio de Bitbucket pero ahora no nos funcionaría porque la URL de nuestro Jenkins no está expuesta públicamente si no que es local.

A continuación, configuramos la fase de **Build** o de compilación del **job**. Como el proyecto que nos bajamos del repositorio de **Bitbucket** es un proyecto **Maven** y el job es un **Maven Project**, en la sección **Proyecto**, podemos ejecutar comandos de Maven directamente, sería como la sección compilación del proyecto **Maven**.

Añadimos en el campo **Goals and options** los comandos **clean compile -DskipTests**; el comando **compile** de **Maven** es para compilar el proyecto descargado de Git, ya que, este es el propósito del job Build.

Que se ejecute siempre sea cual sea el resultado.

Finalmente, configuramos **Slack** para notificar el estado del **job**. En el apartado **Acciones para ejecutar después.** Vamos a marcar casi todas porque nos interesa que notifique cuando empiece compilación, cuando aborte, notificar cada fallo, etc.

Pulsamos en el botón Guardar para guardar todo.

En la página inicial de Jenkins tiene que aparecer la tarea.

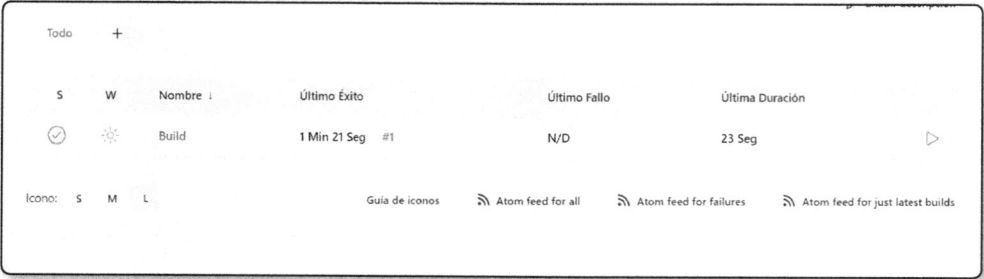

Ahora vamos a pasar a la fase de pruebas o **test** para eso creamos una nueva tarea o **job** de tipo **Maven Project** como en la fase anterior.

Este **job** o tarea se encargará de ejecutar los test unitarios que creamos en la fase de desarrollo de las operaciones de nuestra calculadora simple. No necesita descargarse el código porque ya lo tiene gracias a la tarea **Build** que se debe utilizar ya que el **job** test solo se ejecutara si la compilación se ha realizado correctamente.

Como este **job** test solo se ejecutará si la compilación ha sido correcta debemos indicárselo, para eso hay que ir a la sección Disparadores de ejecuciones e indicaremos que este **job** se construya después del **job Build** anterior que es el de compilación y le indicamos que el **job** solo se dispare si la compilación anterior es estable.

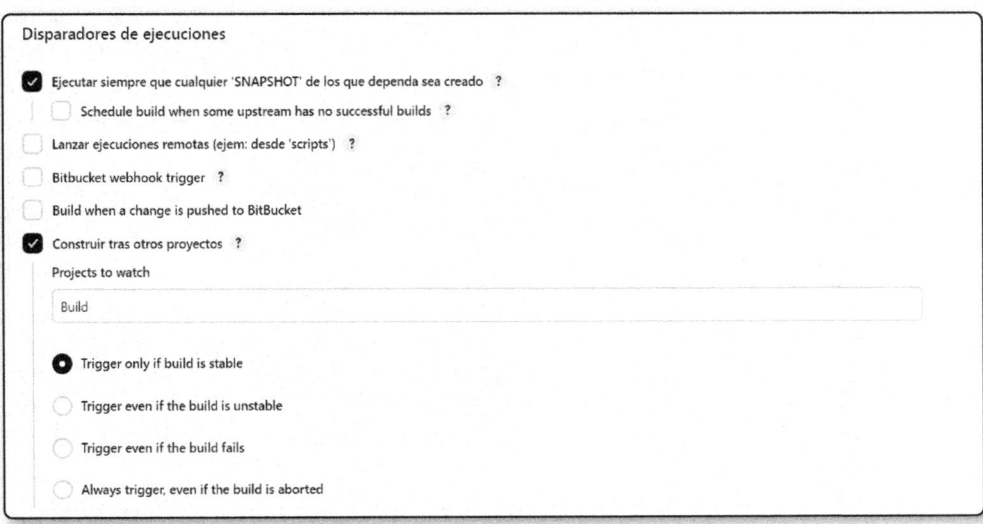

Después vamos a indicar que queremos que este **job** se ejecute automáticamente cada 10 minutos.

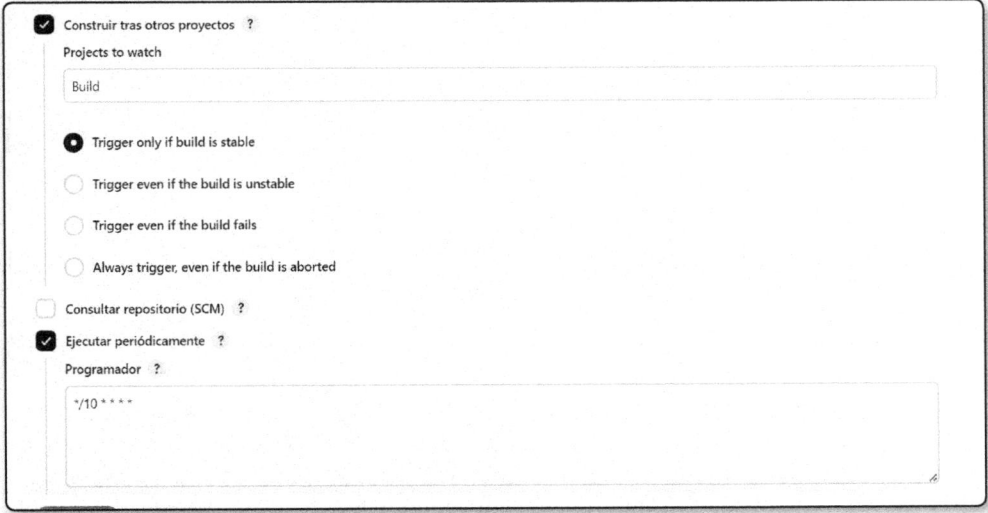

Para ejecutar el fichero POM (fichero que contiene las dependencias de nuestra calculadora) del **job** Build (anterior en el pipeline), indicar en el campo **Fichero POM raíz** en la sección **Proyecto** los textos que aparecen en la imagen de abajo.

Después le indicamos que se ejecute siempre sin importar el resultado y en la sección notificaciones de **Slack** seleccionamos los mismos valores que en el job anterior y pulsamos el botón Guardar.

Ahora creamos una nueva tarea de tipo **Proyecto Maven** igual que hemos hecho con las otras tareas o Jobs anteriores. En esta fase lo que haremos será generar el fichero **release** de la aplicación, en este caso será una extensión **.jar**, si fuera un **.war**, que significa Web Application Archive, sería un archivo típico de las aplicaciones web desarrolladas con el **framework** de **Java Spring**.

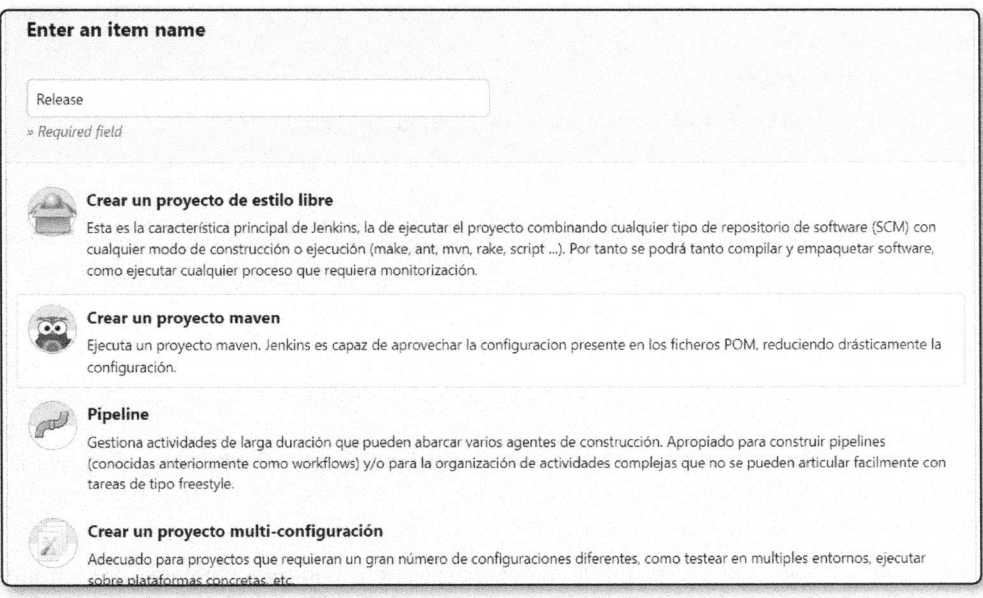

Este **job** se ejecutará si la fase de **test** ha sido correcta, por eso debemos indicársela, en el apartado disparador de ejecuciones hacemos lo mismo que en los Jobs anteriores, pero le indicamos que se debe construir si la ejecución del job Test anterior es estable.

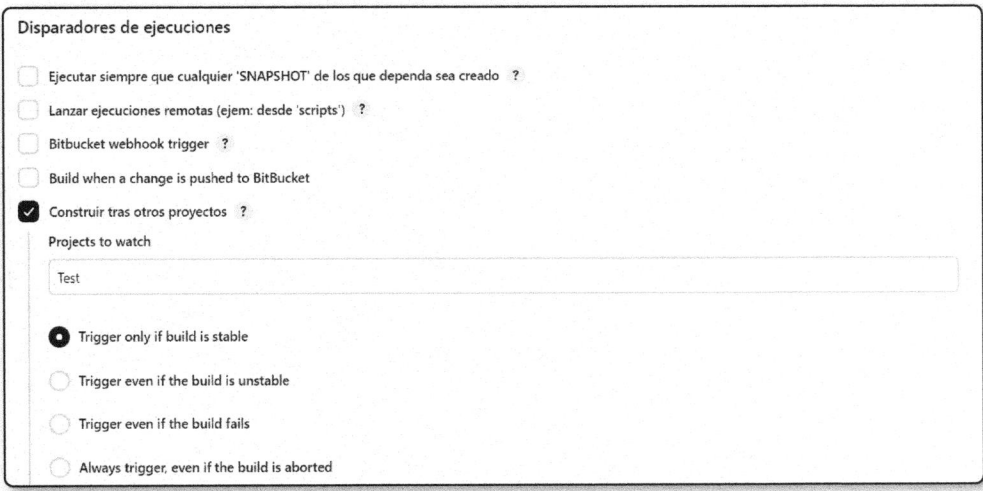

Ahora queremos generar el **release** de nuestra calculadora, para eso debemos utilizar una orden de Maven y reutilizar el **job** de **Build** que hemos utilizado anteriormente porque contiene el código de la aplicación.

Para eso vamos a la sección de Proyecto y ponemos el siguiente comando **clean package-DskipTests** en el campo Goles y opciones y generará el archivo **.jar** en la carpeta **../build/target.**

El fichero **POM** raíz debería ser como se ve en la imagen.

Proyecto

Fichero POM raíz   ?

../Build/pom.xml

Goles y opciones   ?

clean package-DskipTests

Después le indicamos que se ejecute siempre sin importar el resultado y en la sección notificaciones de **Slack** seleccionamos los mismos valores que en el **job** anterior y pulsamos el botón Guardar.

Después de hacer esto se ha automatizado las tareas de compilación para que compile si el código ha cambiado en el repositorio de Bitbucket, es decir, si se ha subido algún cambio y esa consulta se hace cada 2 minutos, cada 10 minutos hacemos las pruebas y compilamos y generamos el archivo jar, lo hice así para que vierais cómo se automatiza y se va viendo los informes de los Jobs, pero en un entorno real lo normal sería que solo hiciera compilación, tests, release y despliegue cuando haga cambios en el repositorio de **Bitbucket.**

En la imagen de abajo podemos ver las ejecuciones de los **Jobs.**

S	W	Nombre ↓	Último Éxito		Último Fallo		Última Duración	
✓	☀	Build	32 Min	#2	N/D		9 Seg	▷
✓	☀	Release	8 Min 9 Seg	#13	17 Min	#6	6,9 Seg	▷
✓	☀	Test	8 Min 21 Seg	#8	N/D		5,6 Seg	▷

También podemos ver en nuestro canal de devops de **Slack** cómo nos llegan los mensajes de los Jobs satisfactorios.

Ahora vamos a hacer automatizar la fase de despliegue, en nuestro caso no tiene sentido pero si fuera un archivo **.war** lo normal sería hacer el despliegue en Tomcat y utilizar alguna herramienta de monitoreo como **Prometheus** monitorear la aplicación web en la fase operativa para enterarnos lo más rápido posible si hay un error en producción y solucionarlo cuando antes.

Vamos a crear una tarea de tipo proyecto libre para nuestra tarea de despliegue de la aplicación calculadora que no tiene mucho sentido pero es para terminar la práctica. Pulsamos el botón OK.

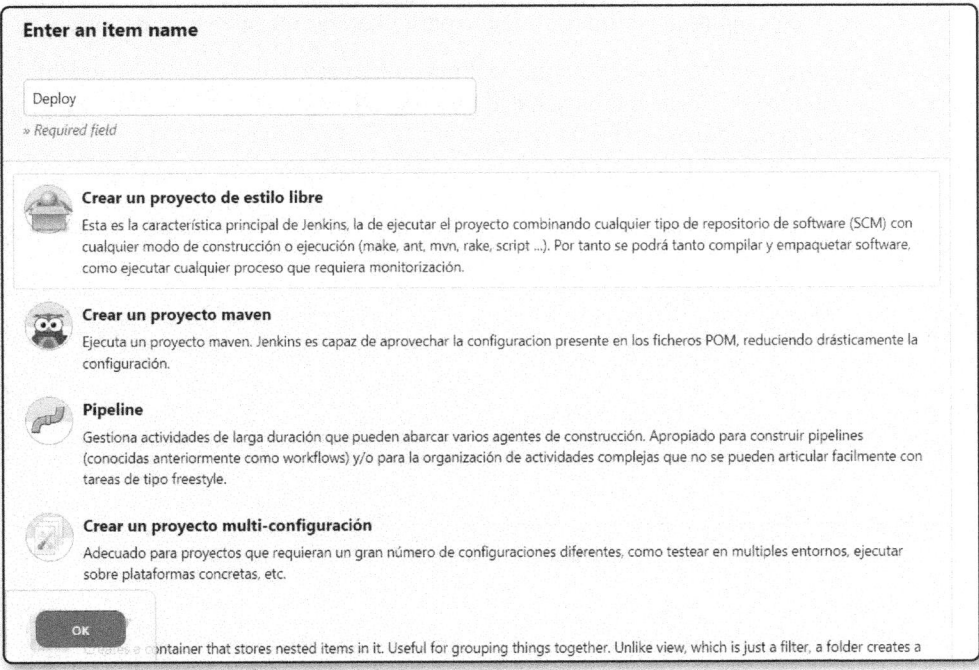

Esta tarea se lanzará si la tarea de **Release** fue correcta. Por lo tanto, ponemos como en la imagen de abajo.

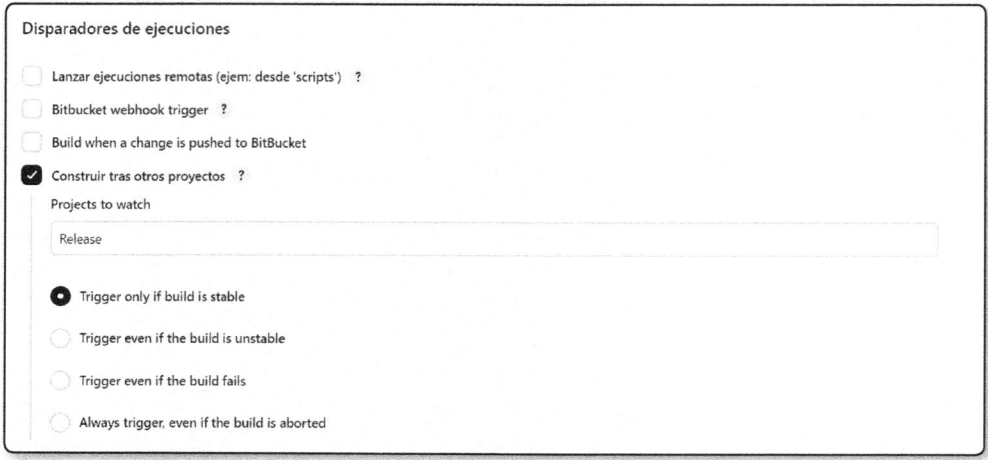

Ahora vamos a la sección de **Build Steps**, que son pasos de la compilación y le indicamos que queremos ejecutar el siguiente comando de Windows:

Cd ..

DIR

Lo que hace es ir al directorio padre y listar por consola el contenido que tiene, supondremos que es como hacer un despliegue para finalizar nuestro ciclo devops.

Para asegurarnos la ruta donde lo pone Jenkins puedes ir a la tarea donde se ejecuta y haces clic en el número de ejecución y luego en **Console Output**, al final de esa página encontraras la ruta donde te lo pone Jenkins.

Por último vamos a crear una vista con el plugin **Delivery Pipeline,** para eso vamos a la pantalla inicial de **Jenkins** y hacemos clic en el +.

Le damos el nombre de Pipeline a la vista y le decimos que sea de tipo **Delivery Pipeline** la vista y pulsamos en el botón **Create**.

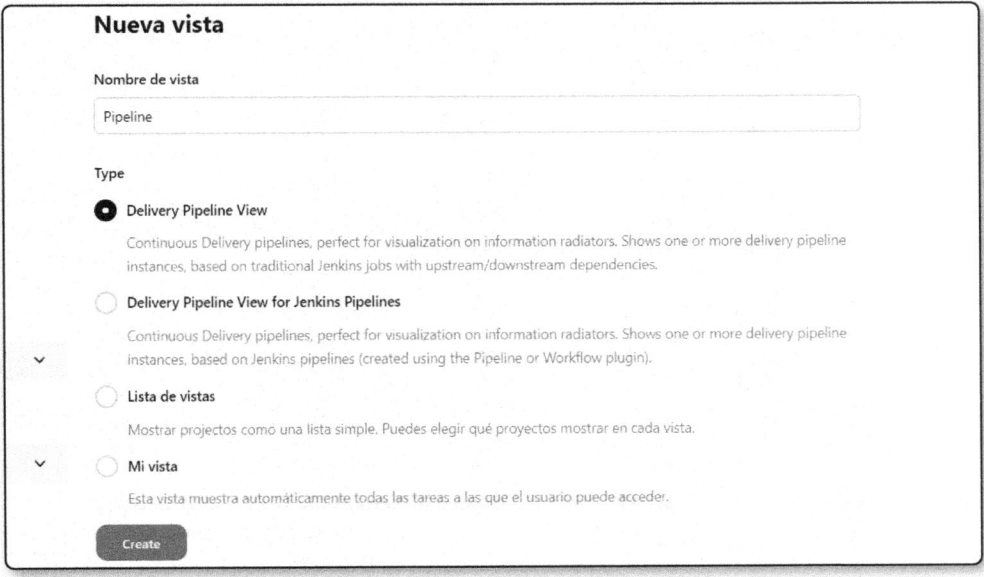

Configuramos la vista indicando que muestre toda la información posible, por eso marcamos todos los checkbox en la pantalla.

☑ Enable start of new pipeline build   ?

☑ Enable manual triggers   ?

☑ Enable rebuild   ?

☑ Allow cancelling pipeline builds   ?

☑ Show avatars   ?

☑ Show commit messages   ?

☑ Show absolute date and time   ?

☑ Show job description   ?

☑ Show job promotions   ?

☑ Show test results   ?

☑ Show static analysis results   ?

☑ Show total build time   ?

☑ Use relative links for easier navigation   ?

☑ Use direct link to console log   ?

En la sección de **Pipeline** pulsamos en **Add** para añadir los componentes del pipeline.

Pipelines

Components

Añadir

Y después le indicamos cual va a ser el **job de inicio** y el **job final** porque esta **vista** es para ver la ejecución de una entrega continua que está formada por 5 de las 6 fases habituales la última es la operación donde se monitorea la aplicación web pero como ésta no lo es no lo hacemos.

Al pulsar en Ok nos manda a una pantalla donde podemos ver todos los Jobs y su ciclo.

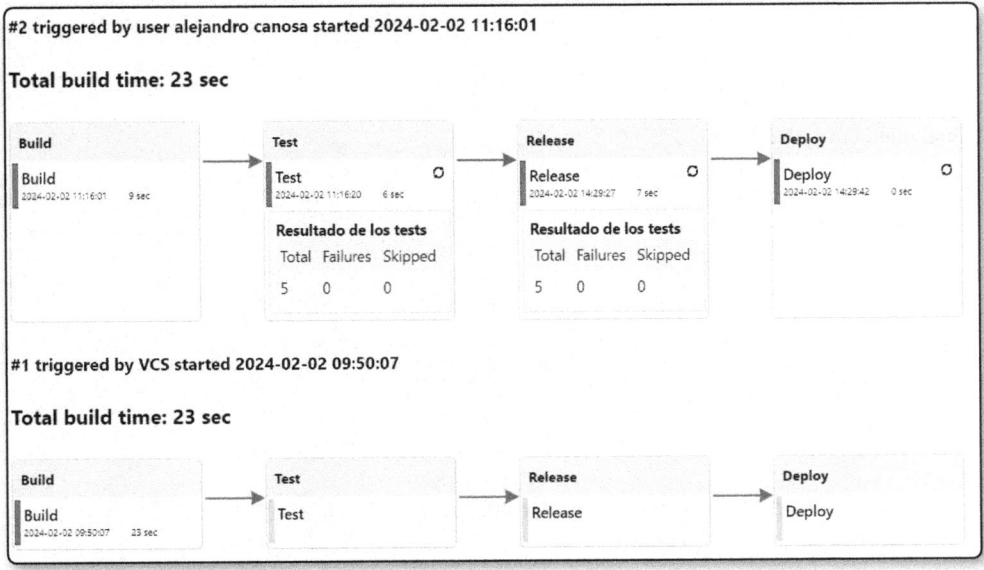

Ahora como última comprobación vamos a subir un cambio al repositorio de **Bitbucket** y como hemos habilitado el **polling** en el job de Build debería lanzar todo el ciclo automáticamente.

Después de hacer cambios podemos ver en la primera imagen que automáticamente en Jenkins el **job Build** detecta el cambio y salta.

Después en la vista de entrega continua, se ve que pasan todos los **jobs** del ciclo.

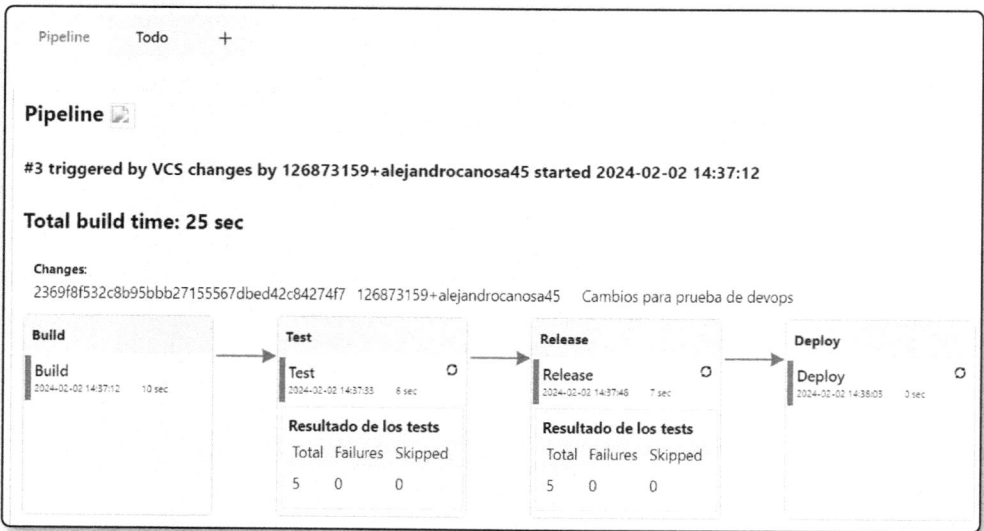

Por último, en nuestro canal de **Slack** aparecen todos esos mensajes de superación de ejecución.

Quiero hablar para terminar de un plugin que se llama **ThinBackup** que nos permitirá hacer **backup** de todo el contenido de nuestro Jenkins.

Para eso instalamos ese **plugin**, reiniciamos **Jenkins** y vamos a la pantalla de administrar **Jenkins** y en la sección de **Tools and Actions** haz clic en **ThinBackup**.

Aparece esta pantalla con estas tres opciones, en **Settings** realizamos la configuración del **backup**, de hecho en la carpeta de esta práctica del capítulo 14 encontrareis el proyecto de la calculadora, el **backup** del contenido de Jenkins y los programas.

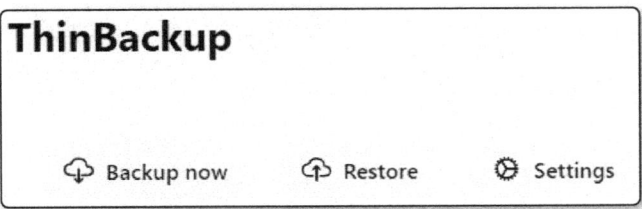

En las dos imágenes siguientes veréis la configuración para hacer un **backup**, indicamos el directorio del **backup** en tu equipo y todo el contenido que queremos guardar en el **backup** que será todo y dejamos lo demás por defecto.

Al final pulsamos en el botón **Save** para guardar la configuración.

ThinBackup Configuration

Thin Backup settings

Backup directory   ?

C:\BackupJenkins

Backup schedule for full backups   ?

Backup schedule for differential backups   ?

Max number of backup sets   ?

-1

☑ Wait until Jenkins is idle to perform a backup   ?

Force Jenkins to quiet mode after specified minutes   ?

120

☑ Backup build results   ?

☑ Backup build archive   ?

☑ Backup only builds marked to keep   ?

☑ Backup userContent folder   ?

☑ Backup next build number file   ?

☑ Backup plugins archives   ?

☑ Backup config-history folder   ?

☐ Backup additional files   ?

☑ Clean up differential backups   ?

☑ Move old backups to ZIP files   ?

☑ Stop the backup as soon as an exception occurs in the file handling   ?

Save

Luego para restaurar el contenido en un Jenkins recién instalado como el que tendrás tú, si no quieres seguir los pasos puedes ir a la opción de **Restore** y restaurar el archivo que tendrás que descomprimir en una carpeta como arriba para que te lo detecte indicando que restaure también **plugins** y pulsando **Restore**.

Este es el último capítulo del libro, espero que hayáis disfrutado de la lectura de este libro como yo he disfrutado escribiéndolo.

Espero que os ayude para conseguir el objetivo por el que lo comprasteis.

Os mando un cordial saludo y que la fuerza os acompañe.

GLOSARIO

Aquí se mostrará un resumen de los conceptos más importantes del libro.

▶ **27001:** La norma ISO 9001 busca mejorar la confianza y satisfacción del cliente, así como de las partes interesadas; establecer una cultura proactiva de prevención, mejora y protección medioambiental y asegurar la consistencia de calidad de productos y servicios.

▶ **API:** En español quiere decir Interfaz de Programación de Aplicaciones, es un conjunto de funciones y métodos que permite integrar sistemas, permitiendo que sus funcionalidades puedan ser reutilizadas por otras aplicaciones o software.

▶ **Appium:** Es el estándar en automatización de pruebas para móviles. Es un framework open source que permite probar aplicaciones nativas o híbridas. Se basa en Selenium, pero para probar aplicaciones para móviles.

▶ **Bamboo:** Es una herramienta de integración continua y despliegue que reúne compilaciones, pruebas y versiones automatizadas en un solo flujo de trabajo. Pertenece a Atlassian la empresa creadora de Jira.

▶ **BDD:** Behavior Driven Development (BDD), o desarrollo orientado al comportamiento, es una metodología ágil de desarrollo software en la que una aplicación se documenta y diseña en función del comportamiento que los usuarios esperan experimentar al interactuar con ella.

▶ **Bitbucket:** Es un repositorio online que es compatible con el control de versiones Git y forma parte de la familia de soluciones de Jira.

▶ **Burndow Chart:** Es el término en inglés para referirse a un gráfico burndown o gráfico de trabajo pendiente en el entorno de Scrum. Se trata de un diagrama que muestra el trabajo que queda por hacer con respecto al tiempo necesario para completarlo.

▼ **Caso de uso:** Los casos de uso pretenden ser herramientas simples para describir el comportamiento del software o de los sistemas. Un caso de uso contiene una descripción textual de todas las maneras que los actores previstos podrían trabajar con el software o el sistema.

▼ **Chapters:** Se refiere a un grupo de miembros de diferentes equipos que trabajan en el mismo campo o tecnología y que suelen tener el mismo rol.

▼ **CI/CD:** CI/CD, o integración continua/entrega o implementación continuas, es una práctica de desarrollo de software que es posible gracias a la automatización.

▼ **Criterio de aceptación:** Los criterios de aceptación definen los requisitos de una historia de usuario para la aceptación de los interesados y los clientes. Se pueden definir los criterios de aceptación que se utilizan para decidir si se ha finalizado una historia de usuario.

▼ **Cucumber:** Framework de Java basado en BDD.

▼ **Cypress:** Es una herramienta de automatización de pruebas de front-end, de código abierto, diseñada específicamente para probar aplicaciones web modernas. Ofrece una combinación de pruebas end-to-end y pruebas unitarias. Utiliza JavaScript y tiene una plataforma de pago para las empresas.

▼ **DevOps:** Es un conjunto de prácticas, herramientas y filosofía cultural que sirve para automatizar e integrar los procesos que comparten el equipo de desarrollo de software y el de TI u operaciones.

▼ **DoD:** Significa (Definition of Done) y es el conjunto de criterios definidos por el equipo Scrum que determinan si una historia de usuario puede ser considerada como terminada.

▼ **DoR:** Significa (Definition of Ready) y se establece cuando una historia está lista para ser desarrollada, y por lo tanto, puede incluirse dentro de un Sprint Backlog. Por ejemplo: está refinada y estimada en puntos de historia por el equipo.

▼ **Feedback:** Es una respuesta automática que da otra persona para saber el estado de un tema, se utiliza para entrevistas o para pruebas.

▼ **Framework:** Define la estructura de tu futuro proyecto y proporciona las herramientas necesarias que puedes usar como bloques de construcción, suele incluir bibliotecas con métodos y funciones.

▼ **GitHub:** Es un repositorio online que es compatible con Git y que se integra con la mayor parte de las herramientas ya que es el repositorio más utilizado por los desarrolladores.

▼ **Historia de usuario:** Es una explicación informal de una función de software, escrita desde la perspectiva del usuario final. Se utiliza en las metodologías de desarrollo ágil y es una manera de que desarrolladores y usuarios finales puedan entenderse.

▼ **Intellij IDEA:** Es un entorno de desarrollo integrado muy ágil que se integra con todo tipo de herramientas.

▼ **ISO 9000:** Abarcan un conjunto de directrices orientadas a la óptima gestión de una organización. Tienen como finalidad unificar criterios para reducir los costes de producción y aumentar la productividad.

▼ **JDK:** Significa kit de desarrollo de Java y es una colección de herramientas de software que se pueden utilizar para desarrollar aplicaciones de Java. Puedes configurar el JDK en el entorno de desarrollo si lo descargas e instalas.

▼ **Jenkins:** Jenkins es un servidor open source para la integración continua. Es una herramienta que se utiliza para compilar y probar proyectos de software de forma continua, lo que facilita a los desarrolladores integrar cambios en un proyecto.

▼ **Jira:** Herramienta muy utilizada para la gestión de proyectos con metodologías ágiles.

▼ **JMeter:** Es una herramienta para hacer pruebas de rendimiento, sobre todo aplicaciones web, pero también puede usarse para hacer pruebas a base de datos, protocolos como FTP y servicios web.

▼ **JUnit:** Es un framework utilizado para realizar pruebas unitarias sobre aplicaciones escritas en Java. Se puede utilizar en todo tipo de entornos de desarrollo como Eclipse, Intellij, etc. Es el más utilizado.

▼ **Kanban:** Se trata de una metodología visual de gestión de proyectos que permite a los equipos visualizar sus flujos de trabajo y la carga de trabajo.

▼ **Katalon DevOps:** Es la plataforma de Katalon que nos permite integrar herramientas como Jenkins o Jira y que permite guardar los informes de ejecuciones hechas desde Katalon Studio Enterprise o desde TestCloud.

▼ **Katalon Runtime Engine:** Es la herramienta que permite ejecutar los scripts creados con Katalon Studio desde consola y lanzándolos desde Jenkins. Es una herramienta con licencia comercial.

▼ **Katalon TestCloud:** Es la plataforma de pruebas online de Katalon que permite ejecutar pruebas en los 5 navegadores en los 3 sistemas operativos y en distintos sistemas operativos de móviles y en distintos modelos de móviles.

▼ **Katalon:** Es una herramienta comercial, pero con parte libre para automatizar pruebas funcionales y de API sobre aplicaciones web, app´s y de escritorio. Tiene una plataforma de pruebas online y está creciendo mucho su utilización junto con Cypress.

▼ **KPI:** Un KPI, en inglés key performance indicator (indicador clave de rendimiento), es una métrica cuantitativa que muestra cómo tu equipo o empresa progresa hacía tus objetivos empresariales más importantes. Un ejemplo número de casos de prueba no exitosos en una prueba de regresión.

▼ **LOPD:** Ley orgánica de protección de datos española.

▼ **Manifiesto ágil:** Es un documento que se centra en los 4 valores y 12 principios del desarrollo de software con metodologías ágiles.

▼ **Mantis:** Es un gestor de incidencias, una herramienta web que permite a empresas y profesionales independientes gestionar de forma ordenada y eficiente las incidencias.

▼ **Maven:** Es un framework de gestión de proyectos de software, que proporciona un modelo estándar de gestión y descripción de proyectos. Te permite distribuir, desplegar y documentar proyectos. Descarga dependencias de manera fácil.

▼ **Mockito:** Es un framework de código abierto para simular objetos y sus métodos; se utiliza en las pruebas unitarias junto con **JUnit** para simular aquellos servicios que aún no están implementados. Es una técnica que se está utilizando mucho en proyectos que consumen servicios API Rest.

▼ **MVP:** Producto mínimo viable, es una versión de un producto que se desarrolla con la menor cantidad de esfuerzo posible para obtener valoraciones de los clientes antes de invertir más recursos en este.

▼ **Newman:** Newman es una herramienta que te permite ejecutar las colecciones de Postman desde línea de comandos y te permite generar los reportes del testing.

▼ **Patrones de diseño:** Son elementos reutilizables creados para resolver problemas comunes. Corrigen diferentes problemas que presenta nuestro código de una manera segura.

▼ **PMI:** Son las siglas de Project Management Institute (Instituto de Gestión de Proyectos), que es una organización profesional sin ánimo de lucro para gestores de proyectos y gestores de programas.

▼ **Postman:** Es una herramienta gratuita para hacer pruebas sobre API´s que es utilizada por testers y desarrolladores por su potencia y facilidad de uso. Puede automatizar las pruebas de API.

▼ **Producción:** Es el entorno donde los usuarios reales trabajan con la aplicación o el sistema creado por los desarrolladores.

▼ **Product backlog:** Es una lista ordenada de todas las tareas que se harán para el desarrollo de un producto, cuando utilizas la metodología Scrum. Digamos que es el trabajo pendiente en un proyecto.

▼ **Product Owner:** Sus siglas son PO, es la persona que debe asegurarse de que el equipo con el que trabaja aporta auténtico valor al proyecto, encargándose de gestionar las tareas del backlog y decidiendo sobre las características del producto.

▼ **Pruebas ágiles:** Las pruebas ágiles implican la prueba continua durante el ciclo de desarrollo de software para entregar un producto de alta calidad a los usuarios finales.

▼ **QA Lead:** Es responsable de un equipo de QA (Quality Assurance). Se encarga de gestionar el día a día de un equipo de testers y planifica su trabajo, además de participar activamente en tareas de testing como los demás miembros.

▼ **QA:** Significa Quality Assurance y básicamente las personas que hacen esta labor garantizan que cualquier software o hardware cumplen con los estándares de calidad de la empresa o proyecto.

▼ **Release:** Es la distribución de la versión final o la versión más reciente de una aplicación de software. Un lanzamiento de software puede ser público o privado y generalmente significa la presentación de una versión nueva o mejorada de la aplicación.

▼ **Requerimiento:** Los requerimientos de software son las necesidades de los Stakeholders que requiere que la aplicación deba de cumplir de manera satisfactoria.

▼ **RGPD:** Ley general de protección de datos europea.

▼ **SAFe:** El Scaled Agile Framework es un modelo que implementa prácticas Agile a nivel empresarial. En otras palabras, ayuda a las empresas a incorporar Agile en sus procesos a medida que su negocio crece. SAFe fue lanzado en 2011 por Dean Leffingwell y Drew Jemilo.

▼ **Script:** Es un conjunto de instrucciones que se ejecutan en un ambiente en tiempo de ejecución. Son pasos para realizar un objetivo. Normalmente, los scripts son interpretados, lo que significa que las instrucciones se leen y ejecutan una por una en tiempo real.

▼ **Scrum Master:** Es básicamente un líder de equipos Scrum. Ayuda al equipo a mantenerse enfocado en los objetivos del proyecto y elimina los impedimentos que van apareciendo durante el camino

▼ **Scrum:** Scrum es un marco de trabajo para desarrollo ágil de software que se ha expandido a muchas industrias. Es un proceso en el que se aplican un conjunto de buenas prácticas para trabajar colaborativamente.

▼ **Selenium IDE:** Es la herramienta de grabación de Selenium, se puede instalar como extensión en los navegadores Chrome, Firefox como mínimo. Para ello nos permite grabar, editar y depurar casos de prueba, que podrán ser ejecutados de forma automática después.

▼ **Selenium:** Es un framework de automatización de pruebas funcionales sobre aplicaciones web. Es una de las herramientas que más se utilizan para este objetivo, es Open Source y gratis.

▼ **Skateholder:** Son todos los interesados en un proyecto tecnológico, desarrolladores, proveedores, clientes, etc.

▼ **Slack:** Es una herramienta que se integra con las herramientas más importantes para poder enviar mensajes entre ellas a través de canales que se crean.

➤ **SonarQube:** Es una herramienta que permite realizar un análisis estático de código. Lo que hace es identificar los puntos susceptibles de mejora, que facilitarán la obtención de métricas necesarias para la optimización del código.

➤ **Sourcing:** Búsqueda de talentos, es la primera etapa del proceso de contratación en cualquier sector; hoy en día se hace una búsqueda a nivel global buscando perfiles en países cuyo nivel de vida sea más bajo para reducir costes.

➤ **Sprint Backlog:** Es una lista de historias de usuario y tareas que ayuda a los equipos de agile a centrarse en sus objetivos y priorizar su trabajo de forma eficaz en un Sprint.

➤ **Sprint Goal:** Son los objetivos que se marcan en un sprint. Se crea durante la Sprint Planning mediante la colaboración de todo el Equipo Scrum y se añade al Sprint Backlog. Normalmente, es el Product Owner quien la propone.

➤ **Sprint:** Es un período breve de tiempo fijo en el que un equipo de Scrum trabaja para completar una cantidad de trabajo establecida. Suele ser entre 2 semanas y un mes el periodo de tiempo establecido.

➤ **Squads:** Es un pequeño equipo multifuncional y autoorganizado de hasta 8 personas donde cada uno tiene un rol diferente, aunque varios pueden tener el mismo.

➤ **Story mapping User:** Es una técnica utilizada en el diseño de un producto; permite esbozar un nuevo producto o una nueva característica para un producto existente, el resultado es un diagrama en que todas las historias de usuario están ordenadas en grupos funcionales.

➤ **Tarea:** Es una serie de acciones que se tienen que completar para conseguir un objetivo. Puede dividirse en subtareas. Una historia está compuesta de tareas y subtareas.

➤ **TDD:** En español desarrollo guiado por pruebas, es un enfoque de programación que se utiliza durante el desarrollo de software en el que se realizan pruebas unitarias antes de escribir el código.

➤ **Testers:** Especialista que se encarga de realizar las pruebas en un proyecto tecnológico.

➤ **TestNG:** Es un framework utilizado para realizar pruebas unitarias sobre aplicaciones escritas en Java. Se puede utilizar en todo tipo de entornos de desarrollo como Eclipse, Intellij, etc. Es el segundo más utilizado.

➤ **TimeBoxing:** Es el tiempo para realizar una tarea. Aquí lo determinante es crear el mayor valor posible en el timebox seleccionado para la tarea. Esto se hace para que no se extienda alguien demasiado haciendo una tarea y afecte al sprint.

➤ **TMAP:** Significa (Test Management Approach) y es la metodología de pruebas de SOGETI, una empresa española, diseñada especialmente para abordar los principales problemas de calidad, tiempo y costes ocurridos durante todo el ciclo de vida de desarrollo de una solución tecnológica.

- **TTM:** Significa Time to Market que es el tiempo para que un producto esté preparado para salir al mercado. Cuanto más pequeño sea este tiempo mejor, porque estamos en un mercado competitivo donde el primero en llegar gana.

- **UAT:** Pruebas de aceptación con usuarios reales en la aplicación desarrollada.

- **VUCA:** Es un modelo de gestión de entornos complejos, volátiles, impredecibles y ambiguos que persigue preparar a los gestores para una nueva realidad en la que es necesaria tener una gran capacidad de reacción.

- **WebDriver:** Es una herramienta de código abierto para pruebas automatizadas de aplicaciones web en varios navegadores. Provee la capacidad de navegar por páginas web, sistema de usuarios, ejecución de JavaScript y muchas más cosas.

- **XP:** El Extreme Programming (XP) es un método ágil creado a finales de los años 90 para el desarrollo de software. Se trata de una metodología cuyo objetivo es crear sistemas de alta calidad, basados en una continua interacción con los clientes.

- **XRay:** Extensión de Jira para gestionar las pruebas sobre software. Es de pago.

MATERIAL ADICIONAL

El material adicional de este libro puede descargarlo en nuestro portal web: *https:// www.ra-ma.es*.

Debe dirigirse a la ficha correspondiente a esta obra, dentro de la ficha encontrará el enlace para poder realizar la descarga.

Cuando descomprima el fichero obtendrá los archivos que complementan al libro para que pueda continuar con su aprendizaje.

INFORMACIÓN ADICIONAL Y GARANTÍA

- ▼ RA-MA EDITORIAL garantiza que estos contenidos han sido sometidos a un riguroso control de calidad.

- ▼ Los archivos están libres de virus, para comprobarlo se han utilizado las últimas versiones de los antivirus líderes en el mercado.

- ▼ RA-MA EDITORIAL no se hace responsable de cualquier pérdida, daño o costes provocados por el uso incorrecto del contenido descargable.

- ▼ Este material es gratuito y se distribuye como contenido complementario al libro que ha adquirido, por lo que queda terminantemente prohibida su venta o distribución.

SÍGUENOS EN INSTAGRAM Y ACCEDE GRATIS A NUESTRA BIBLIOTECA DIGITAL DURANTE 30 DÍAS.

@grupoeditorialrama

¡ENVIANOS TU MAIL POR PRIVADO!

Grupo Editorial
ra-ma

40 ANIVERSARIO